이름 바꾸고 대박 났다구?

이름 바꾸고 대박 났다구?

초판 1쇄 인쇄 | 2023년 9월 25일
초판 1쇄 발행 | 2023년 9월 27일

지 은 이 | 우규보 · 예지연
펴 낸 이 | 안영란

펴 낸 곳 | 도서출판 다지음
등록번호 | 제 420-2022-000001
등록일자 | 2022년 2월 3일

주 소 | (25643) 강원도 강릉시 왕산면 안소재길 84-11
대표전화 | 1644-0178
팩 스 | (032)867-0342
이 메 일 | yejiyeon7@hanmail.net

편집 · 디자인 | 박나라

ⓒ 이름 바꾸고 대박 났다구? 2023, Printed in Seoul, Korea
ISBN 979-11-978096-4-4
값 25,000원

• 잘못된 책은 바꾸어 드립니다.

이름 바꾸고 대박 났다구?

우규보 · 예지연 공저

(사단법인) 다지음한글구성성명학회

❀ 다지음

차례

책을 펴내며…08

제1부 스님과 목사와의 시절인연

규보스님과의 인연 또한 하늘의 뜻이거늘…12
시절인연이 도래했는지…17
장좌불와로 눈을 감고 있다보면…25
회장직을 수락한 이유도…28
어떻게 사는 것이 잘 사는 것인가?…32
구성성명학을 터득하고 보니…36
진정한 보시(布施)는…41
처덕 없는 이름에서 불행이…46
위선인가? 진심인가?…50
남편과의 이혼이 개명 때문에…54
예배(禮拜)는 법답게 해야…60
생사윤회(生死輪廻)…65
개명하면 효력은 언제부터?…70
관음보살의 영험함이 이름에서도…73
자식을 불행하게 만드는 이름 때문에…77
팔십 먹은 노인도 실천하기 어려워…81

뭔지 모를 마음 안에 분노가…84
참된 지식엔 반드시 실행이 따라야…88
망할 수밖에 없는 상호 때문에…91
하느님의 나라인 한국…95
상호가 돈을 벌어준다…101
사주대로 이름을 짓는다…104
노파를 보니 어렴풋한 기억이…107
천부경의 깊은 배경을 모르다보니…110
운명을 바꾸려면 이름을 먼저 바꿔라…119
개명은 잘해야 한다…122
이름 바꾸고 좋아진 운세…125
상호덕을 톡톡히…129
상호는 사업주와 맞아야…132

제2부 정치하고 싶다면 이름부터 바꿔라

정치인의 덕목은…136
아호는 제2의 인생의 프로필…139
전)국정원장 박지원…143
대한민국헌정대상 김병욱의원…147
민주화에 앞장선 우상호의원…151
더불어민주당 이재명 당대표…155
전)농수산부장관 정운천…162
대한민국헌정대상을 수상한 조경태의원…166

대권에 도전한 대구시장 홍준표…171
신분이 알려지는 것을 주저하기에…176
대통령이름은 따로 있다…181
- 이승만
- 박정희
- 전두환
- 노태우
- 김영삼
- 김대중
- 노무현
- 이명박
- 박근혜
- 문재인
- 윤석열

제3부 인연은 무엇이고, 필연은 무엇인가!

인연은 무엇이고 필연은 무엇인가!…212
이름을 바꾼다는 것은…217
목사들이 지어준 이름때문에…223
이름이 왜 중요한가?…227
666은 태극기…232
이름에는 하나님의 뜻과 계획이…237
복받기 위해 기도할거면 차라리 개명을!…242

이름을 남기고 싶어하는 이유는…246

묵시와 아리랑…250

이름(稱) 속에 담긴 의미는?…255

성서의 이름에는 하나님의 섭리가…259

신앙생활에는 개명이 도움을…264

책을 마치며…268

부록…272

(사)다지음한글구성성명학회 활동계획

(주)다지음 가맹지사 모집

(주)다지음의 책들

책을 펴내며

요즘 흔히 인생관이란 말들을 많이 쓴다. 공부를 많이 했다는 사람들에게 그것을 물으면 도리어 엉뚱한 소리만 한다. 나름대로 인생관에 대해 장황한 설명을 늘어놓다가 '당신이 과거 생에 어느 곳에서 어떤 모습으로 존재하다가 왔는지 그걸 말해 보라' 하면 갑자기 벙어리가 된다.

그게 원숭이가 남 흉내 잘 내는 것과 뭐가 다른가. 인생관이란 인생 문제에 확연한 것을 이름인데 그게 학식이나 재주로 알아지겠는가? 그래서 성인의 가르침이 필요한 거다.

우리가 흔히 자동차에 비유해서 말해보면 자동차는 그것을 운전할 수 있는 운전수가 있어야 비로소 자동차로서의 쓸모가 있다. 그렇다면 우리의 이 몸을 자동차라 할 때 그것을 운전하는 운전수는 무엇인가?

도대체 어떤 존재가 있어 이 몸을 이끌고 다니는가. 그것을 말해보라하면 다들 모른다고 한다. 사실 모르는 게 당연하다.

우리의 몸뚱이는 죽은 송장과 똑같은 것이다. 그렇지만 송장은 보고 듣고 말하지 못하는데 우리 몸은 보고 듣고 말한다. 보고 듣고 말하는 그 놈이 우리 몸을 이끌고 다니는 운전수지만 그것에는 일체의 이름이 없다. 그러나 그것은 나무, 돌 등의 무정물(無情物)과는 똑같지 않다. 그것이 바로 불문(佛門)의 8만 대장경의 글자이며 최고의 핵심이다.

그렇다면 무엇이 이 몸뚱이를 끌고 다니는가! 모르겠거든 그것을 의심해 보라. 그게 바로 공부하는 법이다. 그 의심을 꾸준히 갖고 있다가 의심이 자꾸 커지면 마침내 그것이 터득되어 물리(物理)가 터지게 되는데 그런 사람은 어떤 분야에서든 최고의 자리를 차지하게 된다.

내가 만난 사람 중에 유일하게 다지음 한글구성성명학회의 예지연회장이 바로 그런 사람이었다. 처음 그를 만났을 때 제일 먼저 나눈 대화가 나의 속명(俗名)과 법명(法名)에 대한 이름풀이였다. 막상 듣고 나니 십년 묵은 체증이 싹 내려앉듯 속이 뻥 뚫리는 기분이었다.

그동안 청년 시절부터 수십 년간 명산을 유주하며, 주역, 사주명리, 자미두수, 기문둔갑, 기공수련 그리고 물 한 모금 마시지 않고 49일간 단식 등 고행을 통해 얻어진 것으로 수많은 사람들을 상담해 오면서 무언가 부족함을 느낄 수밖에 없었던 것은, 그 무엇으로도 다시 말해 불교의 경전으로도 그들의 당면한 과제들을 해소시켜줄 수 없었던 점이었다. 세상풍파에 찌들어 신음과 고통의 한(恨)이 가득 차 있는 사람들의 그 마음을 어떤 경전으로 풀어줄 수 있겠는가!

그래서 늘 뭔가 개운치 않아 답답하고 안타까웠던 차에 그때 구성성명학과의 만남은 내게 큰 행운임과 동시에, 비로소 대승불교라는 대 명제 앞에 중생을 교화하는 하화중생(下化衆生)의 가르침을 바로 실천할 수 있는 시절인연이 도래한 것 같아 안심이 되었다.

마치 천 년 동안 깜깜했던 깊은 동굴에 갇혀 있던 나의 가여운 영혼에 한줄기 빛이 보이듯 저만치서 밝은 내일이 손짓하고 있는 것 같았다. 아무런 준비도 없이 무작정 떠나느라 먼 길 여행길에 배고픔과 갈증으로 허기진 나에게 구성성명학은 사막에서의 오아시스 같은 존재였다.

무엇보다 사람들은 늘 불러주는 이름 속에서 살아간다. 그래서인지 타고난 사주팔자와 더불어 운명에 강력한 작용을 하고 있는 것이 있다면, 그것이 바로 성명(姓名)이라 생각한다. 성명의 뜻을 고취해 보면 저녁 석(夕)자에 입 구(口)자다. 이는 저녁이 되면 앞이 보이지 않아 입(소리)을 통해 자신의 뜻을 상대에게 나타내는 파동 즉 구성성명학의 진위다.

이러한 구성성명학의 우수성을 불자들과 일부 사람들만이 독점하기엔 그 원리적 우수성이 너무나 탁월하여 더 많은 국민이, 나아가 세계인이 함께할만한 가치로 보았고 이에 진중한 걸음으로 책을 출간하게 되었다.

실은 내게 있어 도(道)보다는 글 쓰는 일이 더 어렵기 때문에 결코 욕심을 내지 않으리라 다짐해 보면서도, 사자(獅子)의 울부짖음에 모든 짐승이 두려워 굴복(屈服)하는 부처의 위엄 있는 설법(說法)처럼 글의 힘을 알기에 감히 사자후처럼 인간의 운명에 이름이 어떠한 영향을 미치는가를 거침없이 토해낼 생각이다.

끝으로 이 책이 나오기까지 물심양면으로 지원해주신 예지연회장님과 (주)다지음의 전국 150여 가맹지사장 모든 분들께 한 식구로서 이 글을 통해 감사의 말씀을 전한다.

강릉 경포호에서
규보

제1부
스님과 목사와의 시절인연

규보스님과의 인연 또한 하늘의 뜻이거늘

 옛날에 어떤 상좌가 노선사에게 신도가 가져온 수박을 바쳤다. 선사가 수박 한입을 베어 먹고,
 "수박이 참 달구나"
 맛있게 먹으면서 상좌에게 물었다.
 "수박의 단맛이 입으로 좇아 나느냐, 아님 수박으로 좇아 나느냐?"
 상좌가 나름 기지 있게 대답했다.
 "수박이라도 입이 아니면 단맛을 모르고, 입이라도 수박이 아니면 단맛을 모르오니, 인연이 합해서 단 것입지요"
 그러자 노선사가 먹던 수박을 방바닥에 팽겨 쳤다.
 그런데도 옆에 있던 혜암선사가 입을 다물고 아무 말이 없자, 그때 곁에 있던 젊은 남자가 갑자기 수박이 내팽겨 친 이유가 궁금해 졌다. 그래서 말없이 그 장면을 지켜만 보고 있던 혜암선사 한테 물었다.
 "그러면 어떻게 대답을 해야 합니까?"
 한참 동안을 잠자코 있던 선사가 궁금해 하는 그 젊은이한테

은근슬쩍 일러주었다.

"수박이나 잡숩쇼. 이렇게 하는 거지."

그렇다면 노선사가 상좌한테 수박의 단맛을 왜 물었을까?

당시는 그 뜻을 깊이 헤아리지 못했지만 나이가 들다보니 삼성하(三星下)의 반월(半月)이란 문구가 문득 떠오르면서 이제야 그 뜻의 의미를 헤아리게 되었다.

삼성하의 반월은 고려말 조선왕조의 역성혁명(易姓革命)을 준비 중이던 멤버들이 국사(國師) 감을 구하려고 전국 사찰을 찾아다녔다. 그들은 곳곳으로 고명하다는 대사를 찾아가 구슬 시험처럼 물었다.

"최초의 부처님이 누구인가?"

대개의 대사들은 모두 비바시불(毘婆尸佛)이라고 대답했다. 불교에서 석가 이전의 지난 세상에 나타난 부처를 '과거 7불'이라고 하는데 그중 맨 첫 번째 있던 부처가 비바시불이다. 비바시불의 시대는 현세로부터 91겁(怯) 전이고, 그때 사람의 수명은 8만 4천세였다. 그러나 개국 멤버들은 고명한 대사들의 그런 대답을 신통치 않게 여겼다. 그들은 마침내 오대산으로 가 한 늙은 중을 만나서 역시 같은 질문을 던졌다. 그때 노승이 삼성하의 반월이라고 대답했다. 그러자 질문한 사람들이 무릎을 탁 쳤다. 그것은 바로 마음 심(心)자다. 마음이 곧 첫 번째의 부처란 뜻이다.

부연설명을 하자면 오대산의 그 노승이 바로 나옹 대사였다. 나옹 대사는 개국 멤버들의 국사 추대 요청을 거절하고 그 자리에 무학대사를 천거했다.

나는 젊은 시절 이상하게 도(道)에 관심이 많다보니 구도 소설을 즐겨 읽었다. 그때 전법계를 만공선사로부터 물려받은 혜암선사가 백 세때, 스물 세 살 밖에 되지 않은 젊은 청년한테 그 전법계를 물려주었는데 그가 바로 '구나의 먼 바다'를 쓴 강인봉선생님이다. 나 역시 젊은 시절 그 분과의 인연으로 선문답의 법거량을 나누는 것을 즐겼다. 그때는 경허선사한테 푹 빠져 있는 상태라 그야말로 8년 동안 '이뭣꼬'의 화두를 들고 참선에 깊이 심취되었다. 그리고 저마다 한 소식(도통)했다는 스님들과도 만남이 잦았었다. 그러한 젊은 시절의 경험들을 뒤로 하고 지금은 본래의 자리인 기독교로 회귀하여 돌아왔다.

각설하고 나는 대한예수교장로회 목회학 박사다. 현재 강릉서머나교회서 현역으로 목회사역을 하고 있지만 솔직히 말하면 삼성하(三星下) 반월(半月)의 뜻을 깨닫고 난 이후로는 목사들보다 도리어 스님들과의 대화가 더 잘 통하고 흥미롭다.

그러기에 목사가 된 이후로 만난 규보스님과의 인연은 내게 있어 매우 뜻 깊고 의미 깊은 만남으로 다가왔다. 왜냐하면 비록 영적인 세계로 진입하는 길은 서로 다르지만 도(道;길)를 추구하는 방향에선 삼성하 반월처럼 불가에서는 마음이 곧 첫 번째의 부처라고 했듯이, 성경에서도 하나님의 말씀이 심령 안에 심겨진 그 마음 밭(心田)이 천국이라 했다.

그래선지 규보스님 역시도 학창시절부터 꿈꿔왔던 영원한 대자유인의 꿈을 실현하기 위해 96년 하던 사업을 정리하고 부처를 찾기 위해 정진했다고 한다. 십 수 년간 전국 명산 대첩의 눈 푸른 선지식을 찾아 운수행각(雲水行脚)하며 수행을 하셨던 분이라 그런지 어디에도 걸림이 없어 보였다. 여느 스님들처럼 위선의 삭발이 아닌 그 분의 선한 눈빛에서 스님의 향기를 맡아서 좋았다.

다시 말해 불교의 기본 경전이 『반야경(般若經)』『법화경(法華

經)』『화엄경(華嚴經)』인데 이러한 거창한 대승(大乘) 불교의 경전이 아닌 대중(大衆)이란 경전(세상) 안에서 부처를 본 듯한 느낌이어서 좋았다.

스님 스스로가 자적과(自適果)를 얻어 불교에서 추구하는 목표인 상구보리(上求菩提) 즉 위로는 깨달음을 구하고, 아래로는 중생을 교화하는 보살의 수행을 실천하는 하화중생(下化衆生)을 실현코저 경북 봉화에 터전을 마련했다고 한다. 그런데 토목공사를 하던 중, 불현듯 큰 스님이신 서암스님의 이런 말씀이 떠올랐다고 한다.

"여보게 어떤 사람이 논두렁 밑에 앉아서 그 마음을 청정히 하고 있다면, 그 사람이 중이요, 그곳이 절이지……!"

순간 모든 것이 다 부질없다는 생각에 불사를 멈추고, 그리고는 출가 전 조계종 포교사시절 전국 군법당을 순회하며 포교를 했던 것이 기억나 다시 군인들 상대로 포교활동을 시작했다. 십년 가까이 해오던 자장면 봉사활동은 코로나19 펜더믹으로 인해

중단하게 되었다고 한다.

  그때쯤에 규보스님이 우연찮게 유튜브를 보다 한글구성성명학을 알게 되었고, 그게 계기가 되어 나와의 인연도 그렇게 해서 맺게 되었다. 비록 영적인 분야에선 극락과 천국으로 가는 길목은 서로 다르지만, 구성성명학에 대한 열정만큼은 한 곳을 바라보고 있다. 이 또한 하늘의 뜻이 아닌가 싶다.

(주)다지음대표
예지연

시절인연이 도래했는지

인생은 운명의 이중주이다. 가능성과 필연성으로 인해 우리의 힘으로 어떻게 할 수 없는 영역 때문에, 다시 말해 선택의 여지가 없는 운명이란 것에 지배를 받다보니 각 삶의 양상들도 다 제 각각이다.

태어나는 시대와 사회와 나라와 부모와 얼굴과 재능과 심지어 피부 색깔조차 선택할 수 없는 것이 바로 우리네 인생이다. 성별조차도 나의 자유 의지와 관계없이 신(神)에 의해 이미 결정되었기에 그래서 늘 고뇌가 따른다.

그러다보니 나는 늘 무언가에 홀린 듯이 삼십여 년 전, 서울에서 사업을 하면서 주말이면 전남 곡성을 오가며 기공 수련에 심취해 있었다. 그곳에서 인연은 광주의 김某선생과 지금은 고인이 된 사람이지만 딸아이 난치병을 치료하러 왔다 수련을 한 사람과 수원서 약국을 운영하던 김약사 내외와 이렇게 셋이 인연이 되어 지금까지 도반으로 탁마를 하고 있다.

2000년 초봄 어느 날, 광주 김某선생한테서 연락이 왔다. 이제 때가 됐으니 지리산 천황봉 정상에 올라가 하늘에 고(告)하고 뜻을 펼치자는 거였다.

뜻을 모아 셋이 함께 수원에서 지리산까지 도보로 시작했다. 걸어가는 동안 수많은 이적(異蹟)들을 경험 했는데 그중 한 가지만 소개할까 한다.

얼마나 걸었을까 산모퉁이를 지나 어느덧 구례 읍내가 보이기 시작하자 김약사가,

"에~고. 지금 뒤에서 누가 총을 겨눈다 해도 더 이상은 못 걷겠네."

그때 옆에 있던 광주 김某선생이,

"스님! 축지 신장 한번 부르시죠?"

순간 뭔지도 모르면서 일념으로 간절히 생각했다. 그런데 얼마만큼 갔을까. 한적한 시골도로 위를 걷던 세 사람한테 무슨 일이 있어나고 있다는 것이 느껴졌다. 왜냐하면 도로 앞길은 뻥 뚫렸는데 뒤로는 차들이 길게 거북이걸음을 하고 있었다. 그러다보니 어떤 이는 차 창문을 열고 우리를 신기한 듯 쳐다보기도 했다. 그래서 낌새가 이상해 지나가는 사람한테 물어봤더니 아뿔사!

"걸음이 차 속도보다 더 빨라요."

걸음속도가 얼마나 빠르면 지나가는 사람들이 신기해 바라볼 정도였다. 그래서 앞사람을 보니 우리 일행의 속도가 다른 사람들에 비해 엄청나게 빨랐다. 그때 비로소 나 자신을 곰곰 생각해 보니 내 의지로 걷는 것이 아니라 뒤에서 누군가 떠미는 듯한 느낌으로 가다보니 무언가의 힘에 의해 떠밀리는 듯 했다. 그렇게 가다보니 어느새 읍내 목욕탕 앞까지 도착했는데 2층 욕실로 올라가자니 도저히 발이 떨어지지 않았다. 나만 그런 것이 아니라 일행들도 이구동성으로 힘들다고 했다. 겨우 한 계단 한 계단 올라서는데 발이 천근만근이었다.

목욕을 마치고 곧바로 화엄사 산내에 있는 암자로 향했다. 도

착하자마자 그곳 주지스님이 반갑게 맞아주셨다. 그분과의 인연 또한 청학동 때부터 거슬러 올라가면 참으로 기이한 인연이라 아니할 수 있다.

그해 여름 사상 유례 없는 수해가 났었다.

홍수로 인해 야영객들 중에 여러 명이 떠내려가는 바람에 그 밑 저수지에 수장된 시신을 찾느라 잠수부들이 동분서주 했었다.

몇 일이 지나는 동안 두어 구의 시신은 인양했지만 더 이상의 진척은 없었다. 그때 그 지역 책임자가 정중히 예를 갖추고 도움을 청했다. 오죽 답답했으면 나한테 까지 찾아와 도움을 청하겠나 싶어 무엇이든 내 도움이 필요하면 하다못해 잠수라도 할 요량으로 따라갔다.

숨을 깊이 들이쉬고 내쉬길 반복하면서 일념으로 집중했다. 그때 무언가의 이끌림에 의해,

"저쪽 한번 들어가 보시죠?"

말하는 순간 시신 한 구를 안고 나왔다. 그때 주위가 술렁이기 시작했다. 모든 시선이 나에게 집중되다보니 괜시레 떨렸다. 실제로 내 눈에 보이는 것은 아무것도 없다. 다만 강한 어떤 느낌에 이끌려 말했을 뿐이었다. 그리고 또 다시,

"저기요~"

손가락을 펴서 시신 쪽을 가리켰다. 그때도 어김없이 또 한 구의 여성 시신을 안고 나왔다.

"이젠 더는 못하겠습니다."

마음이 내키지 않아 그만하겠다는 뜻을 비치자,

"제발! 그러지 말고 조금만 더⋯⋯."

도와 달라고 사정하는 그를 외면한 채 돌아서려 하는데 나도 모르게 시신있는 쪽으로 눈길이 갔다.

"저기도 한번 들어가 보세요."

이렇듯 나도 모르게 불쑥 나오는 말에 솔직히 부담이 갔다. 손가락으로 가리키는 곳마다 거기서 기적처럼 시신이 나오고 있으니 참으로 난감했다.

"저쪽도 한 번 더 살펴보시지요?"

그러는 순간 또 한 구의 시신이 인양되었다.

이런 사실이 여러 사람들 입을 통해 소문이 나자, 많은 사람들이 찾아오는 통에 그만 청학동을 떠나 계룡산으로 자리를 옮겼다.

그때 그 소문을 듣고 찾아온 주지스님이었다. 당시는 목이 아파 치료차원에서 찾아왔는데 지금도 가끔 지나가는 길에 들르면 반갑게 맞아 주신다. 그렇잖아도 몇 년 전, 남원 구례 대홍수로 전국 국군장병들이 복구 작업에 투입되었다. 구슬땀을 뻘뻘 흘려가며 열심히 작업하는 장병들을 위해 자장면을 해줄 요량으로 갔을 때도 그 스님 암자에서 신세를 졌었다.

사전에 연락 없이 불시에 방문했는데 스님이 얼마나 반갑게 맞이해 주었으면 김약사 말에 의하면 전쟁터서 살아 돌아온 낭군 맞이하듯 그렇게 좋아했다고 놀리는 투로 말했다.

"광인(光印. 당시 호) 선생!"

서울서 여기까지 걸어왔다고 말하기도 전에 스님이 먼저,

"대체 서울서 여기가 어디라고 걸어서 왔어요?"

그때나 지금이나 참 별나다고 놀리면서 따끈한 아랫목을 우리 일행들한테 내주었다. 종일 속보(速步)로 걷다보니 정신없이 골아 떨어져 깊은 잠에 들었다. 암자가 높은 산자락에 위치하고 있어 한 여름에도 이불을 덮고 자야 할 정도로 기온이 낮은 곳이다. 당시는 초겨울 추운날씨인지라 웅크리고 한참을 자고 있었다. 잠결에 너무 더워 깨어보니 주지스님이 새벽까지 군불을 때고 있었다. 불을 밤새 얼마나 땠으면 아랫목 장판이 둥근 쟁반만큼 시커

멓게 타 있었다.

스님의 따뜻한 보살핌을 뒤로 하고 우리 일행은 다시 또 청학동을 향해 걷기 시작했다.

그런데 청학동에서도 기이한 현상이 일어났다. 풍수지리(風水)를 가르쳐 주셨던 스승님이다. 그분은 청학동에서 태어나 팔십평생을 한 번도 고향을 떠나 살아본 적이 없는 그야말로 목욕탕조차 단 한 번도 가본 적이 없는 아직도 상투를 틀고 있는 분이다. 그런 스승님을 찾아뵙고 거기서 하룻밤을 유하고 일찍 서둘러 정상을 향해 올라갔다. 그런데 이상하리만큼 오가는 사람들이 단 한명도 없었다. 그러다 얼마만큼 올라가다보니 위에서 배낭을 메고 내려오는 사람을 만났다. 너무나 반가운 마음에,

"어디로 가시는 건가요?"

하고 말을 건넸다. 그때 그 사람이 하는 말,

"당신들 여긴 어떻게 들어 왔소?"

이차 저차 한 이유를 말하니,

"지금 백두대간 자연 휴식년 제라……."

어이없다는 표정을 지으며,

"동행제한 중인데 이렇게 다니시면 안 됩니다."

단호하게 말하면서 자신은 국립공원 단속직원이란 신분을 밝혔다. 그러면서,

"더 올라가면 노루목 산장이 있고 그곳에 직원 몇 명이 있을 겁니다."

그러면서 본인은 지금 밤 근무 후 내려가는 중이라 하면서,

"그냥 내려가시는 게 좋을 겁니다."

단속직원의 말을 듣자, 여기까지 힘들게 올라와서 소기의 목적을 달성하지도 못한 체 그냥 내려가는 게 뭔가 찝찝한 생각에 마음이 썩 내키지 않았다. 그런데 이게 웬 조화란 말인가?

흐르는 물과 함께 웅덩이가 보이는데 일부러 우리가 올 것을 알고 미리 준비해둔 것처럼 큰 너럭바위가 마치 제단같이 우리 일행을 향해 미소 짓고 있었다. 반가운 마음에 그곳서 식을 거행하고 가벼운 마음으로 돌아 중산리 쪽으로 내려오는데 긴장이 풀려서인지 발걸음이 천근만근이었다.

그때 김선생이,

"스님 차나 한 대 부르시죠?"

도저히 내려갈 자신이 없어 그렇잖아도 차를 어디서 불러야 하나 고민하고 있는데 거짓말처럼 부슬부슬 내리는 빗속에서 차 한 대가 올라오고 있었다. 두 손을 번쩍 들고 차를 세웠다.

"죄송합니다. 아랫마을까지……."

좀 태워줄 수 없느냐고 물었다.

"타세요. 어디까지 가시죠?"

태워다준다는 말에 냉큼 올라타면서,

"이 산중에 비가 이렇게 오는데……."

어디 가는 중이냐고 물었다.

"진 부산 사람입니더."

이곳 도로포장 공사장 인부로 왔는데 비가 와서 현장사무실에서 혼자 무료하게 있다가 답답해 바람이나 쐴까하고 나왔다고 했다.

그때도 우리 일행은 그 인부 덕분에 편히 중산리 목욕탕 앞까지 올 수 있었다. 목욕탕 주인이 무슨 짐이 그렇게 많으냐고 묻기에 자초지종을 말하니, 자기에게 맡기고 얼른 목욕부터 하라고 손짓했다.

개운하게 씻고 나오니까 어떻게 했는지 비에 젖어 눅눅했던 옷들이 뽀송뽀송해졌다. 그래서 감사한 마음에,

"다음에 찾아뵙게 되면 신세 톡톡히……."

그렇게 감사의 인사를 전하고는 아직까지 한 번도 가보지 못했다.

이와 같이 지난 삼십 여년의 세월을 전국명산을 유유자적하며 돌아다니다 지금은 경북 봉화 토굴에 정착해 처음 발심할 그때를 생각하여 정진의 뜻을 갖고 있는 찰나였다. 비록 본래의 뜻은 이루지는 못했지만 그래도 한 가지 감사한 점은 그동안 수많은 이적과 기적을 경험하고 실전에서 체험한 것들이 많았다. 그럼에도 불구하고 그런 것들에 깊이 빠지지 않고 항상 그 자리서 여여하게 수행했다는 것에 간혹 감사할 때가 있다.

지금도 정확히는 모르나 삼십 여년 아니 더 긴 세월 동안 지금의 나를 이끌어주고 인도하고 있는 그 무엇이 있다는 생각에는 변함이 없다. 그래서 늘 그 무엇에 감사하고 또 나 스스로한테도 대견하게 여길 때가 있다.

만약 그때 경험했던 이적들이 마치 하늘의 기운을 받은 나만의 특별한 능력인양 착각했다면 지금쯤 혹세무민하여 둘 중에 하나는 되어 있을 거란 생각이 든다. 우선 허경영처럼 사이비교주가 아니면 국립선방(감옥)에서 '이뭣고'의 화두나 적당히 들면서 그러고선 세상 밖에 나오면 그럴듯한 중(僧) 흉내나 내고 있을 터였다.

어쨌거나 그때나 지금이나 늘 공부에 부족함을 느끼고 수행의 끈을 놓지 않고 살다보니 이 또한 시절인연이 도래해 그런지 예지연 회장을 만났다. 여성이지만 대장부 못지않은 대범함과 고집스러우리만치 강직한 그러한 성품이 하나의 새로운 학문을 개척하는데 한 몫 했겠지만, 그보다도 목사지만 목사티를 내지 않는 그런 모습이 참으로 보기 좋았다. 어떻게 보면 도인의 향기가 풍겨 나오는 또 다른 부처의 모습을 보는 듯해 사단법인 한글구성성명학회의 독자적인 운영을 맡아달라고 했을 때, 망설임 없이 수락한 것도 이러한 성품 때문이 아니었나? 그리 생각해 보는 바다.

 이제는 학회를 맡은 이상 '한글학회'로 시작해서 '한글문화예술대학교' 설립까지 계획하고 있는 예지연 대표와 뜻을 합해 그간의 수행과 연마한 학문들을 총망라하여 미력하나마 학회의 발전에 힘을 보탤까 하는 확고한 다짐이다.

장좌불와로 눈을 감고 있다보면

　사람은 누구나 두 번 태어난다. 한번은 존재하기 위해 태어나고 한번은 생활하기 위해 태어난다. 어머니의 뱃속에서 태어나는 순간은 몸뚱이인 육체가 태어나지만, 다음은 자아의 탄생인 정신이 태어난다.

　사람은 제 2의 탄생과 더불어 참된 자아(自我)를 찾아 본래의 '나(自省)'를 찾아가는 것이 인간 삶의 행로(行路)기에 그래서 신체적인 존재인 동시에 정신적 존재라고 할 수 있다.

　인간은 육(肉)을 가진 영(靈)이다.

　육체의 차원에 속하면서 동시에 자아의 인격과 정신의 차원에서 살아간다. 그렇기 때문에 내 한 몸이 태어나기 전에는 어떤 모습이었을까를 늘 생각하게 된다. 그러다가 이 몸이 죽은 뒤에는 어떤 모습이 될까? 생각해 보면 모든 망념이 불 꺼진 재처럼 식고 본성만이 고요히 남아 '내'가 아닌 또 다른 '나'만이 남아 절대적인 자유로운 경지에서 노닐 수 있게 된다.

　그래선지 삼십대 후반 새 중(사미)시절 태백산에서 금식수행을 할 때도 '나' 만의 세계에서 노닐다보니 수많은 경험들을 했다. 그야말로 장좌불와로 눈을 감고 앉아 있노라면 누군가인지는 알 수 없으나 허공 속에 어떤 존재를 감지하곤 했다. 오랜 금식으로 위장이 비어 허기져 있을 때면 영락없이 누군가가 수저로 밥을 떠서 입에 넣어주면 생각할 겨를도 없이 허겁지겁 받아먹었다. 사실 그때는 허공 속에 수저만 보였지만……! 그리고는 대접에 물을 떠서 입술에 갖다 대면 자연 반사적으로 꿀꺽꿀꺽 마시기도 했다. 그리고 체력이 바닥까지 고갈되어 체력이 한계에 도달할 때쯤이면 또 누군가가 정사각 하얀종이에 싼 옛날 방식의 약봉지를 대각으로 접어 가루약을 입에다 털 넣어주면 나도 모르게 꿀꺽 삼키곤 했다.

그리고 또 홀로 고요히 선정에 들 때면 어느 순간 누군가가 필요한 과일이며 알 수 없는 열매나 이름 모를 약초 등을 입에다 넣어주면 내 정신은 삼매 중에 있지만 내 의식은 반사적으로 그것을 냉큼 받아먹곤 했었다.

그리고 어느 때는 이런 일도 있었다.

자명종시계를 누르지 않고 깜빡 잠이 들었는데 누군가 밖에서,

"스님! 스님!"

하고 부르는 소리에 깜짝 놀랐다. 순간 나도 모르게,

"네"

하고 문을 열어보니 아무도 없었다. 그리고 시계를 보니 정확히 기도(수련)시간이었다. 그때도 또 누군가 나를 공부시키기 위해 알 수 없는 그 무언가의 기운(靈)이 나를 인도하기 위해 깨웠다고 생각했다.

또 어느 날은 자시(子時)에 이런 일도 있었다. 태백산은 한 여름에도 해 떨어지면 추워 군불을 떼야 한다. 그때는 초겨울이었는데 찬물로 목욕재계하고 바위에 앉아 눈을 감고 앉아 있었다. 선정(禪靜)에 들기까지 나의 의식은 춥다춥다 못해 온 몸이 덜덜

떨리면서 윗니 아랫니가 서로 부딪쳐 이가 깨질 정도였다. 그때였다, 순간 옆구리에서 따스한 온기가 스며드는 듯해 문득 이상하다는 느낌이 들었다. 눈을 살짝 떠보니 옆에 호랑이가 앉아 있는 것이 아닌가! 비록 삭발한 머리지만 순간 머리카락이 바싹 곤두섰다.

오싹한 마음에 숨을 죽이고 가만있었다. 그리고 얼마간의 시간이 흘렀을까? 두렵고 무서운 마음에 슬며시 눈을 뜨고 옆을 살짝 살펴보니 그때는 호랑이가 이미 온데간데없었다.

그리고 숙소로 돌아와 곰곰이 생각해 보았다. 아직도 긴가? 민가? 그런 의심이 풀리지 않았지만, 지금까지 호랑이 사건은 내게 있어 풀지 못한 숙제처럼 수수께끼로 남아 있다. 정말 진짜 호랑이였을까? 아님 내가 너무 추워 온기를 간절히 바라는 마음을 알고 산신(山神)께서 내 의식 안으로 그 온기를 느끼게 해준 그야말로 착시적인 환상이었을까? 아직도 내 뇌리엔 미스터리로 남아 있는 풀지 못한 숙제다.

이렇게 현대 의학적으로 불가능하다는 49일을 물 한 모금 마시지 않고 기도에 정진하면서 지금까지 이렇게 건재한 것을 보면 이 또한 나의 능력이 아닌 또 다른 보이는 않는 거대한 힘에 의한 보살핌이 아니었나. 그리 생각이 든다. 그렇지 않고서는 절대 가능한 일이 아니기 때문이다.

사람들은 누구나 삶의 여정 앞에서 정신적 고뇌와 인생의 좌절감을 수없이 겪으며 살아간다. 그러다보니 우리의 정신은 늘 불안의 골짜기를 헤매고 절망의 절벽 앞에서 갈등하며 몸부림친다. 그러나 그것 또한 한 소식(道) 깨닫고 나면 삶 자체가 그야말로 아무것도 아닌, 빛과 어두움이 동시다발적인 교차로 느끼게 된다.

회장직을 수락한 이유도

　부처님 가르침 중에 대기설법(對機說法) 듣는 사람의 이해 능력에 맞추어 하는 설법과 응병여약(應病與藥) 병에 따라 약을 주듯이 가르침을 듣는 자의 능력이나 소질에 따라 그에 알맞은 가르침을 설하여 주는 것이 있다.
　절에 오는 거의 대부분의 신도들의 추세를 살펴보면 경전을 듣고자 절을 찾는 것이 아니라 스님께 당면한 문제를 상담 받고자 찾아오는 신도들이 대다수다. 그야말로 부처님의 말씀을 듣고 싶어 법당에 오는 것보다 철학관이나 무속인들이 하는 사주나 궁합 또는 택일이나 작명 등이 필요해서 오는 것이 다반사다.
　그러다보니 작은 암자나 또는 포교원들이 부처님의 말씀을 전하기 위한 방편이란 미명아래 대부분의 스님들의 포교원 운영과 신도 관리 차원에서 무당들이나 하는 상담을 해주거나 아님 죽은 자의 영혼을 빌어주는 천도재나 49재나 또는 백일기도 등을 통해 절을 유지하는 것이 오늘날의 작은 암자의 현실이다.
　그런 면에서 이름의 중요성을 언급하고자 한다. 왜냐하면 이름처럼 인간의 운명에 직접적인 영향을 미치는 것이 없기 때문이다. 대개의 사람들이 어려움을 극복하기 위해 백일기도니 산신재니 이런 걸 드리기 위해 산신각서 치성을 드린다. 단언컨대 그런 걸로 아무리 기도하고 치성을 드려도 이름이 흉하면 결국 그 이름 때문에 굴곡진 삶을 살게 된다는 점이다.

  그래서 이름이 인간의 운명에 어떤 영향력을 끼치는가를 알아야 이름의 중요성을 더욱 인지할 수 있다. 국내에 성명학 이론서가 너무나 많다. 그리고 그 종류도 매우 다양해 중구난방으로 펼쳐져 있다. 그래서 무엇이 옳고 그른지를 판별하기 어려울 정도로 성명학이론서가 천차만별이다. 따라서 올바로 알고 깨우쳐야 좋은 이름으로 삶의 질도 향상될 수 있다. 그런 점에서 도(道)를 깨우치는 이치도 이와 마찬가지다.

  그렇다면 알고 깨친다 함은 무엇을 말하는가?

  과거 내가 어디서 왔는지, 그것은 학식과 재주로도 풀 수가 없다. 오직 신앙으로 터득할 수 있을 뿐이다. 누구든지 공부하면 풀리게 마련이다. 물론 깨친다는 것은 쉬운 일이 아니다. 그래서 이런 이야기가 있다.

  남편과 그의 부인 그리고 딸 셋이 한 가정에서 모두 깨쳐 성인이 된 후, 남편이 말하기를.

  "깨친다는 것은 기름칠한 백 길 나무를 오르는 것처럼 어렵고 어렵더라."

  그때 부인은,

  "세수할 때 코만지는 것만큼 쉽더라."

  그때 옆에 있던 딸이,

  "쉽지도 어렵지도 않다"

  이와 같이 각기 다르게 말을 하였는데, 그때 아버지가,

  "그래. 그 말이 맞다"

  이는 딸의 말에 공감했다는 뜻이다. 밥 먹고 자식 낳는 것은 미

물인 짐승도 할 수 있는 일이다. 그러나 깨치는 일은 사람이나 할 수 있는 일이다. 누구나 자기 일을 열심히 하는 사람들은 그 분야에서 깨친 사람들이라 할 수 있다.

이는 전문적인 지식뿐만이 아니라 종교도 마찬가지다.

예수를 올바로 믿으면 부처도 알게 되는 것이요, 불교를 바르게 믿으면 예수도 믿게 되는 거다. 이를 쉽게 설명하면 달은 오직 하나다. 즉 천강유수 천강월(千江有水 千江月)로, 달 밝은 밤에 수 천 개의 그릇에 물을 담아 놓으면 그 그릇에 비쳐진 달은 수 천 개로되 비추이는 달은 오직 하나이기 때문이다.

따라서 국내에 성명학 이론서가 전부 제 각각이다. 그 각각의 이론서들 중에 어느 이론을 선택해 내 이름으로 사용하느냐에 따라 각자의 운명도 달라진다. 무엇보다 개인이 차지할 수 있는 이름은 오직 하나뿐이다. 그런데 그 이름을 무엇으로 짓는가에 따라 그 운세는 제 각각 다 다르다. 다시 말해 달은 하나인데 그릇에 따라 비추는 빛이 전부 다르듯이 이름 또한 어떤 성명학 이론으로 담느냐에 따라 행복의 척도가 제 각각 다 달라진다.

이런 점을 미루어볼 때, 구성성명학처럼 어두움에 밝은 빛을 비춰주는 파동의 위력을 갖고 있는 이름은 없다고 확언한다. 그러기 때문에 그 누구보다 이러한 구성성명학의 우수성을 널리 알려야 할 필요성을 느끼고 있다.

그래서 지구촌 어디라도 누구나 다 좋은 이름과 상호를 갖기를 소원한다. 이것이 또한 사회에 선한 영향력을 끼치는 밝은 등불이 되어준다고 생각하기에 이름의 중요성을 더욱 언급하는 바다.

우리가 타고난 사주는 신의 영역이라 우리의 힘으로 어찌지 못한다. 그러나 이름은 옷과 같은 존재여서 타고난 사주에 어떤 옷을 입히느냐에 따라 운명이 달라져 개운이 된다. 그러기에 좋은 이름의 개명을 통해 험난한 인생살이에서 벗어났음 하는 바람이다. 그리될 때 불교 경전 다음으로 생활의 안정과 마음의 평안을 줄 수 있는 구성성명학이 우리한테 좋은 경전이 될 수 있다. 무엇보다 개명을 통해 불자나 모든 이들이 생활에 안정을 찾아 그로인해 행복한 삶을 살아 갈 수 있다면 이보다 더 큰 보살행은 없다.

  그러기에 사단법인 회장직을 제안했을 때, 한 치의 망설임 없이 바로 수락한 것도 이러한 구성성명학의 위력을 확신했기 때문이다.

어떻게 사는 것이 잘 사는 것인가?

　서유기에 '산이 높아도 길손이 다니는 곳은 있고, 강물이 깊어도 배로 건너는 사람이 있다'고 했다. 우물 바닥 개구리는 그 소견이 넓지 못하고 반딧불은 멀리 비추지 못한다. 그렇지만 작은 불빛일지라도 모으고 보태면 우리의 앞길을 밝히는 훌륭한 등불이 될 수 있다.
　가끔가다 사람들이 공부를 한다고 하면 특히 마음공부를 하는 사람들에게 있어 시끄러운 곳을 피하고 조용한 곳을 찾지만 실상은 그런 공부는 죽은 공부다. 무슨 일을 하든 간에 자기가 하는 일을 열심히 하면서 공부를 해야 그게 올바른 공부다.
　스님들이 경전을 정독하거나 참선에 몰입할 때 조용한 곳을 찾아 정진한다고 득도하는 것이 아니요, 시끄럽다고 깨우치지 못하는 것도 아니다. 그래서 소(牛)를 잡다가도, 혹은 숯을 굽다가도 활연대오(活然大悟)하는 스님들이 고서에 많이 나타나 있다.
　그래선지 재가(在家;속인) 중에서도 공부를 많이 한 사람들이 꽤있다. 원래가 선(禪)의 취지가 없으면 비록 승려라 할지라도 속인(俗人)이나 다름이 없다. 공부하는 마음은 배고픈 사람이 한 그릇의 밥을 찾듯, 또는 자식을 잃은 부모가 애절하게 자식을 찾아 나서듯, 혹은 목마른 자가 어딘가에 물이 없나 찾듯 이와 같이 간절하고 절박한 마음으로 구해야 투득(透得)하게 된다.

그렇다면 부처를 어떻게 믿어야 하는가?

불자들이 우상을 숭배하면 즉 부처님 상호에 매달려 공경심이나 내고 복(福)이나 구하면 그것이 지옥 가는 행위다. 그러기 때문에 부처님과 내가 둘이 아닌 하나라 생각하고 공부해야 진정한 부처를 만날 수 있다.

어느 날 만공스님과 두 스님의 제자가 배를 타고 안면도 간월암으로 향하는 해상(海上)에서 만공이 상좌한테,

"진성아! 배가 가느냐, 물이 가느냐?"

하고 물었다.

그때 진성 사미가 아무 말이 없자, 옆에 스님이,

"배도 가지 않고, 물도 가지 않습니다."

라고 말했다.

"그러면 무엇이 가느냐?"

하고 만공스님이 다시 물었다.

그러자 스님이 만공 스님에게 수건을 들어 보였다. 이에 만공스님께서 말씀하시기를.

"자네 살림살이가 언제 그렇게 되었나?"

하시자, 여기에 스님이 답하기를,

"이렇게 된지 이미 오래입니다."

라고 답했다.

그렇다면 스님이 수건을 들어 보인 이유가 무엇인가?

부처의 경지를 바다에 비유한 것이 과해(過海)다. 찰나의 순간이라 하더라도 이미 지나가버린 것은 과거다. 그러한 과거를 놓

고 이것이 가는 것이냐 저것이 가는 것이냐를 묻는 그 순간 자체가 농주(弄舟;쪽배를 희롱한 말)다. 질문을 던진 그 순간, 이미 시간은 과거가 되었기에 이를 수건을 들어 화답했다.

그렇다면 우리가 어떻게 사는 것이 잘 사는 것이고 어떻게 하는 것이 보람된 일을 영위하게 되는 것인가?

대한민국은 세계의 모범국이고 글로벌 선도국가이며 경제대국의 위용을 과시하는 나라다. 이제는 아시아를 넘어 세계를 향해 경제든, 문화든, I.T 든 모든 분야에 충분한 저력을 갖고 있다. 이러한 경제대국으로서의 위용은 갖추고 있는 반면, 세계의 젊은 이들이 K-pop에 열광하고 있다. 그러기에 더욱더 이름을 통해 전 세계에 '한글'을 알려야겠다는 계획을 갖고 있다.

한글은 입모양을 본 떠 만든 세계 유일무이한 소리글자다. 그러기 때문에 구성성명학은 각국 어느 나라가 되었든 이름에서 발현되는 소리의 에너지를 오행으로 분류할 수 있다. 그 분류된 오행을 생년과 대입하여 당사자의 운명을 분석하는 획기적인 이론이기 때문에 그야말로 전 세계인들이 K-pop 이상으로 이름(구성성명학)에 놀랄 수밖에 없다.

사람이든, 사물이든, 지명이든 모든 물체에는 저마다의 이름이 있다. 그 이름에는 각각의 파동의 에너지가 있다. 그러기에 타인의 입을 통해 가장 많이 불리워지는 이름이나 기업명에 오행의 수리배합을 맞추면 각 개인의 운명은 물론 사업의 성패여부도 얼마든지 예측이 가능하다.

왜 그런가?

소리에는 파동의 에너지가 있기 때문이다. 그래서 유네스코에 등재된 한글이 위대하다는 것이다.

이 위대한 한글을 구성성명학이란 이름과 접목하여 또 다른 문화콘텐츠로 자리매김하기 위해 사단법인 한글구성성명학회를 사업법인 다지음에서 분리하여 독자적인 운영을 계획하고 있다.

  무엇보다 '한글학회'를 설립해 K-pop에 열광하는 전 세계의 젊은이들에게 '한글'을 가르치고 한국문화를 교육시켜 한국의 위상을 세계만방에 떨칠 계획이다.

  따라서 이 중차대한 시기에 작은 소임이나마 보태고자 사단법인 한글구성성명학회 회장직을 수락하게 되었고 그러기에 막중한 이 자리에 감히 '우규보'라는 이름 석 자를 올리게 되었다.

  정(正)한 논리와 직(直)한 파동(소리)의 구성성명학 원리를 그 누구보다 확신하고 있다. 그러기에 내 인생 제 3막의 장을 (주)다지음 예지연대표와 함께 새롭게 펼쳐나갈 생각이다.

구성성명학을 터득하고 보니

　보조 국사는 마음이 허공같이 밝아 있어야만 여래를 볼 수 있다고 하였다. 금강경에서도 여래는 형상이나 음성으로 구해서는 안된다고 밝히고 있다. 원래 인간은 아무것도 갖지 않은 존재이다.
　내물일물래(來勿一物來)요, 거역공수거(去亦空手去)이다.
　태어날 때 한 물건도 갖지 않았으며 갈 때 역시 한 물건도 가져가지 않는다. 즉 소소영영(昭昭靈靈)한 자성 자체에 불과한 중생들도 존재치 않는데 어찌 다른 물건이 존재할 수 있는가?
　이는 곧 마음(心) 자체가 깨달음이며, 부처다. 쉽게 말해 마음이란 것은 형상과 방향과 장소가 없다. 그러므로 얻을 수 없는 것이며, 청정한 그대로 법계(法界)에 두루하여 가는 것도 오는 것도 아니다. 본래 완성된 청정한 법신 부처가 바로 마음(心)이란 뜻이다. 그러나 중생은 어리석어 진리를 뒤로 한 체, 한 생각 무명 때문에 애착고가 되어 본래 없는 죄업이 항상 생겨 그로인해 윤회를 한다. 그러기에 중생들은 항시 음과 양으로 나뉘어져 흑백(黑白), 선악(善惡), 귀천(貴賤) 등의 쓸데없는 것들에 일생을 허비하고 있다.

이 몸뚱이를 끌고 다니는 신령스럽고 뚜렷한 소소영영의 주인공이 무엇인지 정확하게 깨달아야 본래의 '나'를 찾을 수 있다. 그러므로 시심마(是甚麽)의 시(是)는 오직 홀로 짝이 없어 청청한 본래 그대로임을 나타내고 있다.

불가에선 시심마 즉 '생각하는 이것이 무엇이냐'의 화두를 들고 자성의 본질을 깨닫게 한다.

자성(自省)이란 모든 존재가 지니고 있는 변하지 않는 존재성을 이르는 말이지만, 그러나 나는 구성성명학을 터득하고 난 후에 도리어 소소영영 한 부처를 만나고 있었다. 선과 악의 분별도 귀(貴)와 천(賤)의 차이도 결국엔 이름 석 자 안에 다 들어있기에 밝은 성품도 악한 생각도 그 안에서 찾아야 한다.

삼십여 년 전, 그야말로 도(道)를 구가하겠다는 생각도 없이 그저 마음이 시키는 대로 무작정 길을 나서곤 했던 그 시절이다. 전국 명산을 아무런 생각도 없이 그렇게 이십여 년 동안 운수행각으로 떠돌아다니다보니 깊은 산속에 먹을 것이 없으면 금식기도라는 개념도 없어 그저 굶기를 밥 먹듯 했다. 심지어 어느 때는 태백산 높은 바위에 앉아 선정(禪靜)에 드느라 아무 생각도 없이 앉아 있는데 문득 배고픈 생각이 심하게 들었다. 그래서 굶은 날짜를 헤아려 보니 믿기지 않겠지만 49일 동안이었다. 사람들한테 이런 얘길 하면 도저히 납득하기 어려운 일이라 하겠지만 불현듯 삼겹살이 먹고 싶어졌다. 그래서 나도 모르게 정신없이 삼겹살을 먹고 났더니 갑자기 뱃속에서 구라파전쟁이 일어났다. 뒤틀리는 배를 움켜잡고 단숨에 병원으로 달려가 자초지정을 얘기했더니 의사가 하는 말,

"정신 있어요?"

49일 동안 굶고 멀쩡하니 살아있는 것도 믿기지 않지만 그런

빈속에 보호식도 없이 곧바로 삼겹살을 먹은 그 사실에 더 기가 찬 모양이었다.
"그러고도 살아…… 있는 게……!"
말을 잊지 못하고 치료할 생각은 않고 멀뚱하니 쳐다만 보고 있었지만 사실 그랬다. 그 의사의 말처럼 의학적이든 상식적이든 간에 49일간 동안 텅 빈 위장에 삼겹살을 먹고 나서 속이 뒤틀리는 증상 외엔 아무렇지 않은 그 자체가 놀랍기 이전 매우 엽기적인 일이었다. 지금도 가끔가다 사람들한테 재미삼아 말하면 불가사의 한 얘기라고 놀라워 하지만 사실 이런 얘길 누가 믿겠는가?
이와 같이 우주와 내가 하나가 되어 세상을 유유자적 하며 운수행각으로 이십여 간 유랑하면서 놀라운 기적들을 수없이 경험했다. 그러다보니 당시는 그게 고행으로 여겨지지 않았고 도리어 세상 사람들의 부와 명예 때문에 안간힘을 쓰는 것이 측은하게 여겨졌고, 그 반대의 나의 운수행각은 부러울 것 없는 자유자재한 대자연의 자유를 만끽한다고 생각했다.
지금 돌이켜 생각해 보면 이러한 지난 시간의 여정들이 결국엔 구성성명학을 만나게 하기 위한 전초전으로 신(神)의 한수가 아니었나? 그리 생각해 본다. 왜냐하면 스님의 원 위치로 돌아와 부처님말씀만 전파하겠다고 발심한 그 순간 무슨 인연의 끄나풀인지 지금 이렇게 구성성명학만 예찬하고 있으니 말이다.
우주 만물에는 물질적인 요소와 에너지적인 요소를 가지고 있다. 그러기 때문에 인간은 그것을 물질적 측면이나 에너지적 측면으로 인식하게 하는 이름을 통해 마음이 움직이고 있다. 그게 바로 파동의 힘, 즉 소리 에너지다. 타인의 입을 통해 평생 동안 불리워지는 그 이름 안에 운명의 비밀이 숨어 있다는 사실을 알기에 내가 그랬듯이 모두가 놀라고 있는 것은 어찌 보면 지극히 당연한 일일지 모른다. 무엇보다 소리 에너지 흐름을 가장 가까

이에서 분석할 수 있는 이름을 통해 많은 사람들한테 마음의 평안을 줄 수 있는 구성성명학을 만났기에 더 이상 선(禪)을 찾아 나설 필요가 없게 되었다.

인체의 생리는 우주의 원리에 조응하기 때문에, 아름다운 소리는 인간의 생리활동에 생명의 소리가 되고, 시끄러운 소리는 사람의 생리 활동에 죽음의 소리가 된다.

그러기 때문에 이러한 소리의 원리만 정확하게 인식하고 있어도 이름 안에 삼천대천세계가 다 담겨 있음을 깨닫게 된다. 그런데 어디서 또 무엇을 어떻게 구가하겠다고 찾아 나서겠는가!

그러기에 더욱 더 이름에서 파생되는 파동의 힘이 인간의 운명에 얼마만한 영향력을 끼치는지를 미루어 헤아려 보는 지혜가 필요하다. 그러려면 구성성명학의 원리인 '성명'의 근원부터 온전히 파악하고 있어야 한다.

성명이란 한마디로 설명하자면 성(姓)은 조상으로 물러 받은 혈통을 말하고 있고, 명(名)은 우리가 낮에는 표정이나 제스처를 통해 의사 전달을 할 수 있지만 저녁때가 되면 어두워 제스처나 표정이 보이지 않게 된다. 그렇기 때문에 입으로 소리를 내야만 의사 전달이 된다. 그래서 저녁 석(夕)자에 입구 구(口)자를 써서 명(名)이 '성명(姓名)'이고, 따라서 구성성명학이 바로 소리(파동) 에너지인 파동성명학의 원천이 된다.

　막상 이러한 구성성명학의 이치를 깨닫고 나자, 그동안 십년가까이 자장면 봉사를 했던 국군 장병들의 모습이 문득 떠올랐다. 좀 더 일찍 구성성명학을 알았더라도 한 끼의 자장면으로 그들은 즐겁게 해주는 것보다 흉한 이름들을 좋은 이름으로 바꾸어주는 것이 훨씬 보람된 일이 아니었나(?) 그런 생각이 들어서이다.

　지금 가만 돌이켜보면 그런 행위자체가 보시라는 명분아래 당시는 뿌듯하고 흐뭇했지만 과연 정말 순수한 마음뿐이었나? 스스로를 돌아 볼 때가 있다. 그러한 자장면봉사가 화제가 되어 여러 지역 신문에 기고가 될 적마다 봉사라는 명분 뒤에 숨어 언론의 칭송을 즐기고 있지 않았나? 그런 생각이 든 적도 있다. 그렇지만 솔직히 말하면 어버이의 심정이 되어 젊은 청년들이 맛있게 자장면 먹는 그 모습이 더 좋았던 것이 사실이다.

진정한 보시(布施)는

 수십 년간 사주명리를 공부했지만 솔직히 말하면 통변이 명쾌하게 되지 않았다. 그러다가 유튜브서 예지연회장의 'TV특강'을 보게 되었는데 너무나 신기하고 흥미로웠다. 단숨에 25회차 방송을 보고 나자 대략 구성성명학의 원리를 터득하게 되었고 그 짧은 실력으로 주변사람들의 이름을 풀어보았더니 그들의 삶과 일치하는 것을 많이 확인했다.
 순간 비로소 내담자의 답답함을 풀어 줄 수 있다는 생각에 신명이 나기 시작했다. 무엇보다 답답해 찾아오는 신도들한테 좋은 이름을 지어주므로 삶에 활기를 불어 넣어 줄 수 있는 것에 안심이 되었다. 그러면서 그동안 상담해 온 사람들과 지인들의 인적사항을 자료삼아 임상해보았더니 어쩌면 그렇게 이름대로 사는지……!
 거의 대부분의 사람들이 이름대로 사는 것이 입증되고 나자 온몸에 짜릿한 전율이 느껴졌다. 그러한 짜릿함이 내 심장 안에서 물결치자 더 이상 망설일 것도 없이 나의 속명인 '우제덕'의 이름부터 개명하고 싶어졌다. 그렇지만 선 듯 이러한 속내를 예지연회장한테 밝히기에 앞서 구성성명학을 좀 더 심도있게 배워야겠다는 생각부터 들었다. 그래서 열일 제치고 구성성명학에만 올인했다. 공부가 깊어지자 그러면 그럴수록 인간의 운명이 이름 석 자 안에 다 담겨있다는 것에 놀라지 않을 수가 없었다. 나야말로 이것저것 잡다한 학문에 나름 통달했다고 은근 자부심을 갖고 살았는데 구성성명학 원리에 비하면 그건 아무것도 아니었다. 그러자 마음이 급해졌다. 그래서 이러한 속내를 더 이상 감추지 않고 예지연회장한테 속명과 법명을 부탁드렸다. 그랬더니 '규보'를 속명과 법명으로 함께 사용하고 그 대신 '용담'이라 아호를 지어 주었다.

노란 황금색 작명증서를 내 손에 쥐어주면서, 그때 뜻밖의 생각지도 않았던 사단법인 한글구성성명학회 회장직을 맡아달라고 했다.

"제가 좋은 이름 지어드렸으니 이름값으로……."
"아니……아직 공부도 부족한데 어떻게 제가……?"
"공부야 차차 익히시면 되고요."

그때 순간 놀란 것이 있다면 '나'라는 사람에 대해 별로 아는 것이 없을 텐데, 평생 동안 당신이 연구한 한글구성성명학회를 아무런 조건도 없이 맡긴 것에 적잖이 놀랐다. 어쨌거나 이런 저런 이유를 다 떠나 예지연회장은 목사이고 나는 승려가 아닌가? 아무리 생각해봐도 납득이 되지 않는 놀라운 제안이었다.

"아니에요. 그동안 제가 찾던 적임자가 바로 스님입니다."

예지연회장은 주식회사 다지음과 사단법인 한글구성성명학회를 혼자서 도맡아 운영해 오다가 다지음이 너무나 많이 알려지자 혼자 다 감당하기엔 벅찼던 모양이었다. 그래서 적임자를 찾고 있던 중에 나의 어떤 모습을 보고 그렇게 적극적으로 권유하는지 몰라,

"아무리 그래도 아직은…… 전……!"

역량이 부족하다 생각되어 손사레 치면서 극구 사양했다. 그렇지만 솔직히 말하면 그때 그 제안이 나의 또 다른 인생의 서막을 알리는 신호탄이 아닌가(?) 그리 생각되어 반가웠다.

낚시질과 바둑은 한가하고 고상한 것 같지만, 매우 중요한 의미를 내포하고 있다. 낚시질은 물고기를 잡으려는 속세의 마음이 남아 있고, 바둑과 장기는 승부를 다투는 전쟁의 마음을 일으킨다. 이를 달리 표현하면 낚시질은 한가한 일이지만 오히려 살리고 죽이는 권리를 쥐고 있고, 바둑과 장기는 고상한 놀이지만 승패를 다투는 마음을 일으킨다.

그러므로 일을 좋아하는 것은 일을 덜어 한가히 지내는 것만 못하고, 재능이 많은 것은 무능하여 본마음을 보전함만 못하다는 것을 알 수 있게 한다.

그러기 때문에 그동안 십년 가까운 세월, 국군 장병들한테 자장면 봉사활동을 해왔던 일들이 코로나로 인해 자동 중단되면서 세속과의 모든 인연도 2023년을 기점으로 끝내고 오직 부처만 전하려 했다.

그리고 스님의 본연의 모습인 '나'로 돌아가려 했다. 그런데 이런 제안도 시절인연이 도래해 그런지 부처가 말하는 경전이 '바로 이것이다' 하는 생각이 들자 오히려 또 다른 부처를 만난 기분이 들어 나를 더욱 들뜨게 했다.

인간에게 베푼다는 것처럼 아름다운 덕은 없다. 내면에서 우러나오는 그 마음 자체가 불가에서 말하는 진정한 보시기에 더욱 그렇게 느껴진다. 따라서 남이 고통 받거나 괴로워 할 때 그것을 해결해 줄 수 있는 방안으로 여러 형태가 있겠지만 그 중에 하나가 바로 이름이라 생각한다. 왜냐하면 흉한 이름 때문에 너무나 많은 사람들이 삶에 찌들고 경제적 고통으로 힘들게 살아가는 것을 구성성명학을 통해 확인 했기 때문이다. 그러기 때문에 그 누구보다 힘겹게 살아가는 신도들한테 부처님의 법문보다 좋은 이름을 지어 생활의 안정을 찾아주는 것이 그것이 더 진정한 보시라 생각했다.

그래서 부처님도 보살의 여섯 가지 실천 덕목 가운데 보시를 첫 번째로 두셨던 거 같다. 불가에서의 보시는 법보시와 재보시, 무외시가 있다. 그리고 그것을 행할 때는 반드시 무주상(無住想)이 되어야 한다고 밝히고 있다. 남에게 베풀 때 베푼다는 생각이 없어야 공덕이 된다는 뜻이다.

양나라의 무제가 달마에게 어느 날 다음과 같이 물은 일이 있다.

"내가 그동안 조불(造佛) 등 수많은 불사를 하였는데 공덕이 얼마나 되는가?"

달마는 양무제의 얼굴을 한번 힐끔 쳐다보고는,

"공덕이 하나도 없소이다."

소무공덕(所無功德)이라 말하였다. 달마의 눈에는 그것이 공덕으로 보이지 않았다. 왜냐하면, 남에게 베풀었다는 생각이 남아 있었기 때문이다. 그리고 유루복(有漏福)은 항상 소멸의 섭리를 갖는다. 그 이유가 거기에는 번뇌가 섞여 있기 때문이다.

우리가 성취하고자 하는 공덕은, 주었다는 생각이 남아 있지 않고 베풀었다는 상환의 의미가 담겨 있지 않은 무루공덕(無漏功德)을 말한다. 그리고 보시의 실천은 공덕에만 그치지 않는다. 참다운 보시는 바라밀을 성취한다. 마음속에 깊이 뿌리 내려 인간을 병들게 하는 삼독(三毒)을 제거하여 진실한 자아를 자기 내부에서 보게 하는 것이다.

또한 옛날 가섭존자가 걸식을 하다가 아무것도 소유하지 않은 할머니를 만난 일이 있었다. 그 할머니는 가섭 존자에게 줄 것이 없었다. 그때 가섭은 내가 얻고자 하는 것은 재물이 아니라 할머니의 가난한 마음이라 하였다. 그 할머니의 마음속에는 남의 물건을 탐하는 욕망이 담겨 있지 않았다.

이는 무소유 그 자체가 행복의 근원임을 암시한 뜻이기도 하지만 그에 앞서서 또한 좋은 이름으로 무루공덕의 실천을 다짐하는 이 마음 자체가 바로 진정한 보시가 아닐까?

처덕 없는 이름에서 불행이

따분한 시간이 길어서인지 나도 모르게 스르륵 잠이 들었던 거 같다.

꿈속이지만 배가 무척 고팠는지 입에 침이 가득 고일 정도로 아사삭 씹는 소리와 맛의 향이 그리워졌다. 그러한 나 자신이 꿈속에서도 왠지 처량하게 느껴져 순간 헛웃음이 나왔다. 그러면서도 여전히 내 안에 있는 배고픔을 억제하지 못해 고개를 쳐 들고 있는 내가 한심스러워 그러한 나의 자잘한 모습 때문에 큰 소리로 실소했다. 그때 새 한 마리가 오수를 즐기고 있는 나의 잠을 방해하듯 법싹을 떨면서 후다닥 날아가 버렸다.

잠이 덜 깬 탓도 이유가 되겠지만 그에 앞서 너무 더워 그런지 공연스레 내 안에서 심통이 스멀스멀 기어오르고 있었다.

"젠장!"

뭔 놈의 더위가 사람을 환장하게 하는지 참다 참다 못해 에어컨을 틀었다. 그런데 오래된 것이라 그런지 엊그제만 해도 잘 돌아가던 놈이 갑자기 작동을 멈추었다.

"제기랄!!"

너무 더워 혼자소리로 고장 난 에어컨을 향해 구시렁대면서 오늘 하루, 더위가 빨리 물러가기만 기다리고 있었다. 그때 한통의 전화 벨소리가 정적을 깨트렸다.
"스님. 어디 계신가유?"
"절"
"찾아 뵈두 될까유?"
더운 날씨 탓에 손님이 찾아오는 것도 귀찮아,
"뭔 일로?"
심드렁하게 이유를 물었다.
"아들 이름 땜시……."
그러고 보니 지인이 소개하여 선두준이란 이름을 풀이해 주었던 아낙이었다. 이름이 흉하기에 그 이유를 설명을 해주고 나서 개명을 권유했다. 그랬더니 아들한테 일단 물어보고 나서 다시 오겠노라하고 간 여인네였다.

선두준의 이름은 초년 운을 나타내는 姓에서 1.3.5와 8.0.2가 물 흘러가듯 상생이 잘되어 있어 부모덕에 별 고생 없이 부유하게 자란 이름이었다.

그런데 문제는 조금 이른 나이에 혼인신고부터 했던 게 탈이다. 결혼을 일찍해 첫 단추를 잘못 끼운 탓도 있겠지만 그에 앞서 중첩된 5.5.5의 수리가 파탄을 예고하고 있는 이름이라 이러한 경우는 가능한 연애를 많이 하고 나서 혼인을 늦게 했어야 마땅하다.

    1990년(庚午生) 선두준
    135 55 255
    선   두   준
    802 22 722

이름의 첫 글자 '두'의 중심수리가 5.5로 중복된 데다 성의 받침자 5가 합세하여 중첩된 재성(처. 재물)에 의해 재다신약이 되었다. 남자일 경우 재다신약은 가정을 파괴하는 운으로 첫째 처복이 없고, 둘째 재물 복이 없으며, 셋째 아버지를 극하거나 父가 단명하게 된다. 아울러 父의 유산을 물려받았다 하더라도 재산을 지키기 어렵다.

또한 이름의 끝 글자 2가 중첩된 5.5를 극하면 이럴 때의 극은 오히려 좋게 작용한다. 그런데 재성 5의 수리가 천간(天干)에 5개나 있다 보니 이를 극제하기에는 2의 세력이 너무 약해 중과부적으로 힘을 발휘하지 못한다. 이렇게 중첩되어 있으면 거의 조실부모 하거나 부모무덕한 자가 되기 십상이다.

또한 지지(地支)에 내 세력인 2가 무리지어 다섯 개나 있다 보니 상대방의 의견을 무시하고 타인의 주장을 용납하지 않아 외톨이가 되기 쉽다. 아울러 하늘의 뜬 구름을 잡으려는 생각에 욕심과 허욕만 크다. 이러한 심성이 부부간에 갈등으로 고조되다보니 이별이 잦게 되고, 금전의 파패(破敗)로 안정적인 생활을 영위키가 어렵다. 또한 7.8이 1.2를 마주하면 부인이 있더라도 비밀리에 내연녀와 통정을 하게 되므로 그로인해 만남과 이별을 수없이 반복하게 된다. 그러다보니 가정에서 안주하기 보다는 객지로 분주하게 다닌다.

또한 중심명운에 5.5가 겹쳐 있으면 어려움은 같이 나눌 수 있어도, 욕심이 많아 즐거움은 함께 나누기는 어려운 성품이다. 이러한 수리는 어려울 때는 한마음으로 똘똘 뭉치다가도, 어려운 상황이 변하여 호전되면 각자의 독자노선을 주장하게 된다.

그렇기 때문에 이런 이름들은 가능한 월급생활자로 살아가야 무난하게 산다. 만약 사업을 하게 되면 없어도 없는 체를 못하고, 통이 커서 무리하게 투자하다 부도로 끝을 맺는다.

아울러 끝 글자에서 나타나는 2가 6을 극하게 될 때 1은 재물을 탈취하는 도둑이나 5,6이 중첩으로 있을 때는 약한 내 세력이 힘을 얻어 그나마 빼앗기지 않기 위해 재물을 꼭 쥐고 있는 현상이다. 그래서 쓰지 않으려는 속성으로 구두쇠가 많은 편인데, 이럴 때의 2는 재물을 지켜주는 길신으로 5,6이 중복으로 있을 때는 항시 형제가 내 재물을 지켜주고 있다고 생각하면 된다.

이러한 흉한 수리의 배합은 재물 뿐 아니라 처덕 또한 인연이 박해 이별의 아픔을 수없이 겪어야 한다. 아울러 뜬구름 잡는 형식이라 꾀가 있고 음모가 있고 지략이 있다 해도 실속이 없기 때문에 바쁘기만 하지 실질적인 소득이 없다. 또한 직장이든 어디서든 낭비로 인한 관리 소홀로 금전적인 고통을 겪게 되고 특성상 일을 저질로 놓고 마무리를 못하는 성정이다.

어쨌거나 선두준 또한 이름에서 나타난 흉한 수리 그대로 일찍 결혼하여 얼마 살지 못하고 이혼한 것도 이와 같이 이름의 영향 탓이라 할 수 있다.

매번 이름을 풀이하면 느끼는 감정이지만 어쩌면 그렇게 이름대로 살아가고 있는지 놀라울 때가 한두 번이 아니다.

위선인가? 진심인가?

　모든 것에는 양면적인 부분이 있는 법이다. 좋은 일이라고 해서 다 좋은 것도 아니고, 나쁜 일이라고 해서 모두 나쁜 것만도 아니다. 좋은 일을 만났을 때는 나쁜 상황을 준비하는 마음을 갖고 있어야 하고, 나쁜 일이 닥쳐올 때에는 그것을 전화위복의 기회로 삼을 수 있는 마음을 가지고 있어야 그 안에서 진정한 자아를 발견할 수 있다.
　그러기 때문에 세상 이치를 어느 정도 깨달은 사람은 약속을 손바닥을 뒤집듯 수시로 변개하는 사람은 경박한 사람이라 취급하여 상대를 하지 않거나 아예 관심조차 두지 않는다. 아울러 또한 도(道)의 이치를 터득한 사람들은 남이 자신에게 칭찬을 하거나 험담하는 것에도 개의치 않고 오로지 묵묵히 자기 일에만 최선을 다한다. 그러다보니 자장면 봉사에 대한 글이 어쩌다 신문에,
　〈경북 봉화군 물야면에 있는 미륵정사의 주지이자 '함께 봉사愛 봉사단' 회장을 맡고 있는 덕은 스님의 따뜻한 손길이 화제다.
　덕은 스님은 군 장병들에게 짜장면 스님으로 잘 알려져 있다.

그는 지난 2013년부터 전국의 군부대를 돌며 몸소 짜장면을 만들어 봉사활동을 해왔으며, 그 공로를 인정받아 2015년 12월 육군참모총장 장준규 대장으로부터 감사패를 받기도 했다.

또한, 지난해 여름 전남 남원과 구례에 사상 유례없는 기록적 폭우로 큰 홍수 피해를 입어 인근 군병력이 대민봉사를 나오게 되자, 수해현장으로 달려가 비지땀을 흘리며 수해복구에 여념 없는 장병들에게 짜장면 봉사로 화제를 모았다.

올해 8월에는 멈출 줄 모르는 군 장병들의 코로나19 감염 소식을 전해 듣고 군부대 내 코로나19 확산을 막고자 26일까지 광개토부대와 비룡부대 비룡사 군법당, 수도기계화보병사단, 육군종합행정학교, 논산 육군훈련소 등에 공기살균기 5대를 기증했다.

덕은 스님은 '국방을 지키는 군 장병들의 건강이 곧 튼튼한 국방이며, 국력이고 국방이 무너지면 모두를 잃는다는 생각으로 국가의 방위를 위해 앞으로도 필요한 부대에 살균기를 지속적으로 기증할 계획'이라고 밝혔다.

한편, 덕은 스님이 이끄는 '함께 봉사愛'는 사회 각계각층의 전문가를 영입해 군 조리병을 위한 조리특강, 간부들을 대상으로 한 군인의 품격, 군인의 태도적 가치, 글로벌 럭셔리 매너, 전역 후 사회적응을 위한 소통매너, 웰빙 먹거리와 건강 등 다양한 프

로그램을 운영하고 있다.〉

이렇게 실리면 칭찬 자체가 왠지 낯설기도 하고 부끄럽게 느껴질 때가 있다.

왜냐하면 이 지면을 통해 고백하건대 그때 도움을 주셨던 군부대 코로나 살균기 기증에도 물심양면으로 도와주신 (주)에스엠엔테크 이중수 대표님의 도움이 없었다면 이 또한 어려웠을 일이다. 그래서 늦게나마 감사의 마음을 담아 그분께 인사를 드린다.

그러면서도 이러한 봉사가 간혹 남들로부터 칭찬이 되어 돌아오지 않으면 섭섭하게 여겨질 때도 있다.

그럴 때면 그때마다 이러한 나의 행위가 진심인가? 위선인가? 의심이 들 때가 있어 이러한 나를 부끄럽게 하듯, 스스로한테 조주 선사의 글을 통해 반문할 때가 많다.

중국의 조주는 밖으로 아무것도 찾지 않고 안으로는 아무것도 구하는 것이 없다고 자신의 무소유 가풍을 밝힌 적이 있었다. 이는 무주상(無住想) 보시의 의미를 함축한 일갈이다.

다시 말해 공덕이 쌓이면 훗날 이것이 자신에게 값없는 삶의 밑천이 된다는 것을 잊지 말아야 한다. 그래서 방하착(放下着; 마음속의 집착을 내려놓는다는 뜻)의 도리는 인간 존재의 의미를 깨우칠 뿐만 아니라 자성의 근원에 돌아가게 하는 발심이기도 하다는 뜻이다.

지금 우리 사회에는 베풂의 뜰을 넉넉하게 확보치 못하고 있다. 그래서 이웃과 이웃의 사이에는 팽팽한 이해관계만 팽배해 있다. 이러한 인간과 인간 사이에 베풂의 공간이 만들어질 때만이 불국토(佛國土)가 실현될 수 있다.

그래서인지 가끔 중국 청량 국사의 말도 떠오를 때가 있다. 그는 심요품(心要品)에서 다음과 같이 말하였다. 무일심이비불심(無一心而非佛心)이요, 무일진이비불국(無一塵而非佛國)이라.

한 마음 한 마음이 부처님 마음 아님이 없고 우리가 보는 티끌 하나하나가 불국토 아님이 없다. 깨치고 보면 삼독(三毒)이 보리가 된다. 부처도 불국토도 멀리 있는 것이 아니다. 중생이 다만 멀리서 구할 뿐이다. 구하고 탐하는 마음이 부처요, 오탁악세(五濁惡世; 다섯 가지 더럽고 나쁜 일이 나타난 세상. 또는 악한 일이 많은 세상)가 불국토이거니, 자기불(自己佛)을 두고 또 어디서 부처를 구하겠는가.

그동안 이 가르침을 까마득하게 잊고 지냈었다가 그야말로 구성성명학을 터득하고 나자 다시 심요품의 글귀가 생각나는 이유가 무엇일까? 이런 저런 생각들로 근래 들어 바빠지는 마음이다.

남편과의 이혼이 개명 때문에

 우리가 마음공부를 할 때 '내가 무엇을 했거니' 하는 상(相)을 일으켜서는 안된다. 상이 일어날 때 그것을 없애야 하는데 그 없에는 방법이 무엇일까? 종종 이런 생각을 하면서 나를 들여다 볼 때가 있다.
 그러면서 성명학을 공부하다 보니 마음공부와는 달리 오행의 이치를 태어난 년도와 맞추어 어떻게 이러한 이치가 인간의 운명과 정확하게 일치할 수 있을까? 하는 의구심들로 가득 차 있을 때가 있다.
 모든 것을 알아내고자 하는 그 의심에서부터 물리적인 이치를 깨닫게 되면 그대로 이치를 터득하게 되는데도 늘 그것이 왜 그럴까? 이런 생각들로 밤잠을 설친 적이 한두 번이 아니다. 결론은 눈에 보이지 않는 소리 즉 파동의 에너지인 기(氣) 작용으로 귀결되었다.
 각설하고 세상에서 가장 깊은 애정의 관계는 부모와 자식과의 관계에서 두드러지게 나타난다. 그러나 이러한 애정의 관계는 생전에는 좋은 것 같지만은, 어떻게 보면 철천지원수가 되어 만나는 경우가 더 많다.

그렇다면 어떻게 해야 안락국(安樂國)에서 만나 살 수 있겠는가?

혈연이든 인연이든 상대한테 애정이 일어날 때에는 일어난 그만큼 미움도 함께 수반된다는 것을 인식해야 한다. 인간한테는 마음의 영원성이 없다. 따라서 미움의 감정이 싹틀 때, 관세음보살이나 지장보살 또는 부처님의 명호를 부르면서 마음을 다스릴 때, 그 소리의 에너지에 의해 하늘의 은덕이 자연스레 내리게 된다. 이러한 파동의 힘이 사랑하는 마음을 일으키는 원동력이요, 상대를 위한 길임을 구성성명학을 통해 깨닫게 되었다.

우리에게 맺어진 인연이란 영사막(영화나 환등 따위의 상을 비추어 볼 수 있는, 빛의 반사율이 높은 흰색의 막)에 잠깐 나타났다가 이내 사라지는 것과 같이 허무한 거다. 이것을 깨닫지 못할 때 생사의 고통과 번뇌 망상이 영겁으로 지속된다. 그래서 누군가를 사랑할 때 그 몸뚱이를 사랑하면 허망한 것이지만 그 영혼을 사랑하면서 이름을 부르면 이미 부르는 소리에서부터 애정의 기(氣)가 듬뿍 담겨 되돌아온다.

그러므로 우리가 인식하고 사랑해야 할 것은, 다른 어떤 물질적인 것이 아니라 날마다 부모와 자식 간에 부르게 되는 이름이나 그 호칭 속에 있다는 것을 알아야 한다.

"아무개야!"

하고 부르면

"네."

하고 대답하는 그 한 물건, 또

"어머님!"

하고 부르면,

"오냐."

하고 대답하는 그 한 물건(파동에너지) 속에 애정의 오고감이 있기에 그 한 물건(이름이나 호칭)에 신경 써야 자식을 위하는 부모의 마음을 알 수 있어 효(孝)도 하게 되는 거다.

그러기 때문에 같은 이름이라도 태어난 해에 따라 운이 달라지는 한글구성성명학을 알게 되면 자연스레 마음 안에서 측은지심이 일어나게 된다. 그 이유가 바로 사주 푸는 육친에 의해 소리의 파동이 전달되기 때문이다. 그러므로 이름만 가지고도 그 사람의 성격, 가족관계, 학력, 재물 심지어 궁합까지도 알아낼 수 있다 보니 흉한 이름에서 발생한 괴팍한 성격도 이해가 된다.

더위가 극성을 심하게 부리고 있기에 답답한 심사를 달랠 겸 무작정 어딘가를 가기 위해 전철에 올라탔다. 그런데 꽤 미인 측에 드는 피부하얀 여인네가 주역 책을 들여다보고 있는 나를 향해,

"저도 조금 공부했는데 스님도 주역을……?"

하며 관심을 보였다. 깔끔하고 세련된 이미지의 여성이 주역에 관심을 갖고 내게 말을 걸어오자 솔직히 반가웠다.

"허허. 그러셨군요"

여인이 반갑다는 표정으로.

"전 강남에 있는 봉○○ 절에 다녀요"

그러면서,

"실례가 안 된다면 스님 계신 절을…….."

예쁘게 생긴 여인네가 나한테 관심을 갖고 묻기에 겸연쩍어 대답 대신,

"전 이번 역에서 내립니다."

초면의 여인한테 엷은 미소를 보이고 내리려 하자,

"어머. 스님!"

그 여인도 어느새 따라 내렸다. 그러더니.

"점심식사라도……! 대접하고 싶은……데요"

마침 시장기를 느끼고 있던 터라 고개를 끄떡이고 그녀가 앞장서는 대로 말없이 따라 들어갔다. 음식이 나오기 전, 자기가 주역공부를 하게 된 동기며 자신을 가르친 선생님에 대한 이런 저런 자랑이 한참동안 오고 간 뒤에,

"귀한 점심공양을 대접받았는데……."

밥값으로 이름을 풀어줄 요량으로 여인한테 이름을 물었다. 그랬더니,

"성은 고가구요. 이름은 살 주(住)에 영리할 영(怜) 이예요."

자신의 이름에 긍지가 있는지, 한문까지 곁들어 또박 또박 말했다.

"보기보다 주관이 강한 사람이네……."

그러면서 고집이 센 편인데 반해 신경이 좀 예민한 편이라,

"혹시 남편으로 인해 속 타는 일은……?"

하고 조심스레 물었다. 그러자, 눈동자가 커지면서 순간 전율이 오는지 시선을 빠르게 다른 곳으로 돌렸다. 뭔가 자신의 비밀이 들통 난 것에,

"어머나~이름만 대면 알 만한 사람들은 다 아는 유명한 철학관에서……."

가정사에 대해 말할까, 말까 한참을 고민하는 눈치더니,

"정말…… 제 이름만…… 가지구……."

알고 보니 효자동 어디쯤에 있는 김某 철학관에서 이십 여년 전에 개명한 이름이었다. 그러면서 자신의 이름이 초년은 원격(元格) 15획으로 통솔격, 중년은 형격(亨格) 17획으로 건창격, 장년은 이격(利格) 18획 발전격, 말년은 정격(貞格) 25획으로 안전격으로 완벽하게 맞는 이름이라고 설명했다. 그 여인네 말처럼 81수리 한문획수로 봤을 때는 어디에도 문제점이 없는 이름이었

다. 그러나 구성성명학 이론으로 풀이하면 흉재가 따르는 매우 불길한 이름에 해당되었다.

　　1963년(癸卯生)
　　02　38　　696
　　고　주　　영
　　24　50　　818

그런데 불행하게 이름에서 보면 중심운 자식 3이 관성 즉 남편 8을 극하고 있다. 이럴 경우 남편과 사별내지는 이혼이 예고된다. 안타까운 것은 문서나 수명을 나타내는 9.0이 재성 5.6에 의해 심하게 극을 받고 있는 것이 매우 불길하다. 거기에 '영'자 8.1.8이 나의 건강을 헤치고 재산 증식을 나타내는 문서 9.0이 극을 받고 있다. 따라서 4.5에 의해 돈 버는 머리는 발달되어 있으나 내 앞으로 된 집문서, 땅 문서가 없는 것이 흠이다.

무엇보다 이름으로 인해 남편 덕 없음은 물론 아무리 노력해도 축적의 기운이 없다보니 재산증식에 어려움이 따를 수밖에 없다. 이것이 바로 파동성명학의 위력이다.

처음 본 사람한테 시시콜콜 얘기하기도 그렇고 그래서 앞서와 같이 성격적인 부분과 남편과의 문제점만 대략적으로 얘기해 주고 그대로 잊고 있었는데, 그 후로 얼마 지나지 않아 전화가 왔다. 자신이 누구라는 걸 밝히면서,

"사는 게 힘들고 답답해 유명하다는 철학관을 다 다녀봤지만 저의 이름이 나쁘다는 사람은 없었어요. 스님은 어떻게 이름만 갖고 그렇게 정확하게 알 수 있나요?"

여인은 의아해 하면서도 이름이 궁금한지 며칠 후 찾아뵙겠다 하고 왔다.

"지금 곰곰 생각해 보니 개명하고 3년 만에 남편과 이혼한 것 같아요."

이렇게 말문을 열기 시작하더니,

"십 여 년 다니던 직장생활이었는데…….."

이와 같이 계속해 말을 이어 나가면서, 어느 날 갑자기 권태로운 생각이 들어 그만두었고, 조그만 카페를 차렸는데 생각보다 영업이 신통치 않아 그만둘까 생각하던 차에 지금의 남편을 만났다고 했다. 무엇보다 공무원인 직업이 안정적인 생활을 가져다 줄 것 같아 재혼을 결심했는데 알고 보니 그 남자가 바로 유부남이었다. 이러한 사실을 뒤늦게 알고 헤어질 결심을 하고 다투고 있던 차에, 그 사이 부인이 먼저 알고 찾아 왔다.

한동안 난리 북새통을 겪고 나서 남편이 본처와 이혼하고 다시 돌아 올테니 조금만 기다려 달라고 간청해서 기다리고 있던 중에 나한테서 '고주영'의 이름에 대한 설명을 들었던 거다.

그런데 문제는 본처가 아이들 때문에 이혼을 해주지 않겠다고 버티는 바람에 쉽게 이혼이 될 것 같지 않다는 얘기였다.

이와 같이 소리(音波)는 바로 인체 속에서 발산되어 나오는 기운(에너지)의 작용이며 생명을 갖고 있는 모든 물체는 이 소리의 작용에 의해 영향을 받는다. 만물의 영장인 인간들이야말로 저마다 이름을 갖고 있으면서 정작 자신의 이름에서 어떤 운기가 작용하여 운명에 영향을 미치는지를 모르고 살아가고 있다.

고주영이란 여인을 비롯한 거의 대부분의 사람들이 자신의 이름에서 발현되는 운명대로 살아가고 있듯이, 이름에서 작용하는 운명은 매정하리 만큼 무섭게 작용한다. 그러기 때문에 누구든 이름을 가볍게 여겨서도 또한 함부로 지어주어서도 안 된다.

예배(禮拜)는 법답게 해야

　예배라는 것은 법답게 해야 한다.
　이체(理體)는 안으로 밝고 사상(事相)은 밖으로 변하는 것이므로 이체는 버리지 못하는 것이요, 사상은 드러나고 감춤이 있는 것이니, 이런 뜻을 알아야 법을 의지하는 것이라 할 수 있다.
　대저 예(禮)를 차린다는 것은 공경하는 것이요, 절한다는 것은 아만(我慢)을 조복(調伏)받는 것이니, 나의 참된 성품(性品)을 공경하고 어두운 마음을 굴복시켜야 비로소 예배라 할 수 있다.
　공경을 행하기 때문에 아만이 끊어진지라 감히 그를 훼상(毁傷)하지 못하고, 어두운 마음을 굴복시키기 때문에 방탕하지 못하는 것이니, 만일 악한 뜻을 같이 멸하고 착한 생각이 항상 있으면, 비록 형상을 나투어 공경하지 아니하여도 언제나 예배하는 것이 된다.
　이러한 성현의 가르침을 늘 마음 안에 새기고 있는 터라, 자장면 봉사활동을 하거나 장병들한테 위문품을 선사할 때 이를 겉으로 나타내지 않으려 나름 노력한다고 노력하는데도 어느 순간 이러한 봉사활동이 신문에 기고되면 나도 모르게 마음 안에서 나

스스로를 대견해 하곤 한다.

〈덕은 스님이 지난달 20일 전라남도 구례 장터에서 군인과 수재민들에게 자장면을 제공하고 있다. 국군 장병들 사이에서 '자장면 스님'으로 알려져 있는 덕은(도원) 스님(속명 우제덕)이 수해 복구 현장에서 자장면 공양을 해 눈길을 끌고 있다.

경북 봉화 미륵정사 주지로 있으면서 함께봉사愛 봉사단 대표로 활약하고 있는 덕은 스님은 지난달 20일 장마와 폭우로 큰 수해를 입은 전라남도 구례 장터에서 군인과 수재민들에게 자장면을 제공했다고 3일 밝혔다.

덕은 스님은 2014년부터 전후방 각지 군부대를 돌면서 자장면 공양을 해왔다. 2015년 그 공로로 '육군에 도움을 주신 분'으로 선정돼 장준규 육군참모총장으로부터 감사패를 받기도 했다.

덕은 스님은 8월 13일에는 남원시 금지면에서 35사단, 15일에는 구례 실내체육관에서 특전사 천마부대 · 황금박쥐부대 · 해병1사단, 18일에는 남원시 송동면에서 35사단 장병들에게 공양을 했다. 700~900인분을 만들어 전달했다.

그는 '신종 코로나바이러스 감염증(코로나19) 확산 방지를 위해 활동을 자제했으나 수해복구를 위해 힘쓰고 있는 국군 장병들을 보니 가만히 있을 수 없어 봉사활동을 재개했다'며 '작은 정성이지만 장병들이 현장에서 힘내주길 바란다'고 말했다.

허강숙 전남자원봉사 센터장은 '경상도 봉화에서 이곳까지 그먼 길을 단숨에 달려와 맛있는 자장면을 만들어 주셔서 너무 감사드린다.'며 '자원봉사자들도 힘들고 지친 복구 작업의 피로가 싹 가시는 듯 좋아했다'고 전했다. 한편 덕은 스님은 이달 1일 구미일보 회장에 취임했다.〉

솔직히 고백하건데 남원 최인술 단장과 단원들의 도움이 없었다면 엄두도 내지 못할 일이었다. 그래서 이 지면을 빌려 그분들께 진심으로 공을 돌리는 바다.

착한 생각이라는 것이, 이와 같이 자장면을 나눠주고 위문품을 전달하는 것을 착한 일이라 생각한 적도 있다. 그리고 마음이 순진하고 솔직한 것을 말하는 것이 착한 생각이 아니라 이웃을 이롭게 할 수 있는 공부를 하는 것이 언제부턴가 그것이 착한 생각이란 마음이 들었다.

그러다보니 자연스레 사상법(事相法)이 생각났다. 사상법은 그것을 밖으로 쓰면 나타나는 것이요, 안으로 버리면 감추는 것이라, 밖으로 공경함을 들어 안으로 진정 밝히는 것은, 성품과 외상(外相)이 서로 응(應)함을 표시하는 것이다. 만일 다시 외상(外相)으로 쫓아 예배하는 것에만 집착한다면, 안으로는 곧 탐(貪). 진(嗔). 치(痴)를 일으켜 항상 악념(惡念)을 행하고, 밖으로는 부질없이 외양(外樣)만을 나타내어 거짓 예경(禮敬)을 지을 것이니, 어찌 진실한 예배라 할 수 있겠는가? 그렇게 되면 그것은 성현을 속이는 것이라, 반드시 생사(生死)에 윤회(輪廻)하면서 악도(惡

道)에 떨어짐을 면치 못하게 된다.

 이 진리의 말씀이 뇌리에 스치는 순간, 그렇다면 나는 그동안 부처님께 드리는 예불을 예배답게 드렸는가? 하고 자문자답할 때가 있다.

 누구나 자신이 어떤 희생을 지불했거나 또 부담을 느끼면서도 남에게 무엇을 베풀었을 때는 비록 그것이 자발적인 행위였다 하더라도 유형무형의 보은을 은근히 바라게 마련이다.

 한편 내가 받은 은혜는 까맣게 잊고 또 어쩌다가 원망을 듣게 되면 그것은 좀처럼 잊지 못하는 것이 또한 인지상정이다. 그러므로 우리는 자신이 은혜를 입은 사람에게 보은을 했는지 반성해 볼 필요가 있다. 나는 보은을 하지 않으면서 남에게 베푼 것을 마음에 새겨 두고는 보은하기를 바란다면 그것이야말로 자기모순 속에 사는 것이기 때문이다.

 그런데 곰곰이 생각해 보면 우리는 은혜를 베푼 상대방에게 보은을 받지 못하더라도 어떤 다른 사람에게 은혜를 입고 살아가는 것이니 은혜란 돌고 도는 것이란 생각이 든다.

 그런 면에서 나는 성명학을 공부하는 목적의식도 순수하고 뚜렷해야 한다고 본다. 내가 지어준 좋은 이름으로 당사자가 사회에 이바지하고 나아가서는 온 인류에게 도움을 줄 수 있는 사람으로 거듭 나길 바라야 한다. 그런 마음을 갖고 작명에 임해야 그것이 남에게 베푸는 보시가 된다. 그렇지 않고 사리사욕에 눈이 멀어 단순한 돈벌이 수단으로 작명업에 임한다면 그것이야 말로 매우 위험한 생각이다. 왜냐하면 이름은 당사자의 운명과 직결되는 것이기 때문이다. 같은 칼이라도 의사에 손에 들리면 환자의 생명을 구해 내는 메스가 되지만, 강도의 손에 들리면 인간의 생명을 위협하는 흉기가 된다는 사실은 굳이 설명하지 않아도 누구나 잘 알고 있는 사실이다.

그래서 노자는 '부족하다 할 때 손을 떼면 욕을 당하지 않고 머무를 줄 알면 위험을 면한다.'고 했다. 지족불욕(知足不辱) 지지불태(知止不殆).

그러나 물욕이란 괴이한 것이어서 가지면 가질수록 더 갖고 싶어진다. 그래서 인생이 유위전변(有爲轉變)하는 거다. 즉 한 치 앞을 내다볼 수 없는 것이 인생이란 뜻이다.

생사윤회(生死輪廻)

아주 오래전 전라북도 고창군 화암사 의상암에서 세 분의 스님과 같이 있을 때의 이야기다.

그 당시 의상암 조실 스님은 어려서 출가하여 강원(講院)에서 공부할 때도 오후 불식(不食)과 율행(律行)을 철저히 지키면서 대교(大敎)를 두 번이나 본 스님이다.

그리고 이 스님은 학인 시절부터 도시에서 신도들이 종종 불사를 할 때마다 반드시 청하여 증사(證師)로 모시었고, 그들 신도가 보시를 하면 번번이 걸인들의 의복을 마련해 입히는 등 일생을 보시행으로 지냈다.

그분이 젊었을 때 강사 청정을 받고 병이 들어 세상을 떠났다가 다시 재생(再生)한 일화가 있는데 그 이야기는 다음과 같다.

스님이 운명한 후에 쌍창문(雙窓門)이 있어서 그 밖으로 나아갔더니 목탁을 시끄럽게 두들기는 고로 다시 되돌아온즉, 그때는 이미 시체의 손과 발을 거두어서 오후 9시 가량이나 되었는데 거기서 다시 되살아난 것이다.

그러나 병으로 인하여 몹시 쇠약해져 사망하였던 형편이므로

스님은 다시 유언하기를,

"나는 이미 회생(回生)은 하였으나 앞으로 살아날 희망이 없는 사람이니, 내가 다시 죽더라도 제발 시끄럽게 목탁을 두들기지 말고 조용하게 해주시오."

하고는 얼마 후 다시 숨을 거두었다.

두 번째 사망하여서도 역시 그는 그 쌍창문을 나갔는데 그때는 목탁을 두들기는 소리는 없었으나, 몹시 시끄러운 것은 여전하였다.

그 문 앞 정원 뜰을 한참 지나가는데 어떤 사람이 앞에 와서 인사를 하므로,

"누구십니까?"

하고 물으니, 그 사람이,

"저는 서역(西域)에 사는 이 아무개입니다. 스님께서 일생동안 오후 불식과 율행을 청정히 하시고 대승 경전을 두 번씩이나 보신 분이어서 부처님께 제가 스님을 인도하여 드릴까 합니다."

하므로, 그 사람을 따라서 얼마를 더 가니 멀리 광채가 눈부신 높고 웅장한 궁전이 보였는데 그 궁전은 순전히 금으로 건축되어 있었다.

그도 신기하여,

"저 집은 무슨 집인데 저렇게 순금으로만 되어 있습니까?"

하고 물으니, 그 사람은.

"저 궁전은 부처님께서 상주 설법을 하시는 적멸보궁입니다."

라고 하였다.

스님은 경건하고 기쁜 마음으로,

"우선 저 궁전에 올라가서 부처님부터 친견합시다."

하고 말하니, 그 사람은 답하기를,

"스님은 일생 동안 율행과 대승 경전을 본 공덕은 장하나, 아직

저 적멸보궁에 올라가 부처님을 친견할 인연이 부족합니다."
라고 하므로, 스님이 다시,
"내가 일생에 율행과 오후 불식과 대승 경전을 빠짐없이 닦았는데 어찌하여 저 적멸보궁에 가서 부처님을 친견하지 못하겠소."
라고 하니,
"그러면 저를 따라서 적멸보궁으로 들어가시지요."
하고 안내를 하므로, 그 사람을 따라서 장엄한 적멸보궁으로 향해 가는데 별안간 뒤에서 어떤 사람이,
"이놈!"
하고 벽력같이 소리를 지르므로 놀라서 뒤를 돌아보니, 웬 노장 스님 한분이 주장자를 치켜들고 쫓아오며 호령하는 것이었다.
"이놈 어디를 가느냐? 당장에 이리 오지 못하겠느냐!"
스님은 동행하던 사람에게,
"잠시 저 노장 스님을 호송하고 돌아오겠소."
하였다. 그러나 동행하던 사람은,
"그 무슨 상관할 것 있습니까? 그냥 적멸보궁으로 가십시다."
라고 말을 하였지만, 스님은 그래도 그 노장 스님을 호송해 보내고 오마 하고는 노장 스님 앞으로 가니, 노장 스님이 꾸짖는 소리로,
"나를 따라 오라."
고 호령호령하였다. 스님은 그 위엄에 눌려서 우선 그 노장 스님을 따라가게 되었는데 어찌된 일인지 얼마를 가지 아니하였음에도 그 길이 처음 그가 절에서 떠나오던 때와 같은 길로 오게 되었고, 곧 쌍창문에 당도하여 다시 그 문으로 들어와 보니, 바로 그가 있던 의상암으로 그때는 이미 세상을 떠난 이 스님을 위하여 5일장으로 장사를 지내는 중이었는데, 벌써 3일이 지나서 그

의 몸을 삼베로 묶어 염을 다하여 놓고 있었다.

스님이 당신이 있는 방으로 들어가니 염을 하여 놓았던 삼베가 흐물흐물하게 터지고 시신이 꿈틀꿈틀 움직이므로 이 광경을 본 대중이 모두 경악하여,

"이게 웬일인가?"

하고 그 묶어 놓았던 삼베를 다시 푸는 등 소동이 일어났다.

그리하여, 시신을 싼 다라니를 제쳐보니 죽었던 사람이 눈을 뜨고 있는 것이어서 대중은 다시 한번 놀라 어리둥절하였다. 여러 대중이 달려들어 그를 주무르고, 어떤 이는 미음을 입에 흘려 넣고 하여 3일이 지난 뒤에서야 스님은 겨우 입을 떼어 말을 하게 되었다. 그러나 그는 온몸이 아프기 시작하여 앓는 소리를 하고 있는데 그 절에 계시던 노장 스님들이 들어와서 묻기를,

"네가 죽어서 어느 곳을 향해 갔다가 돌아왔는지 그 사연을 한번 일러 보아라."

하므로, 그 자초지종을 말씀드리니 그중에 한 노장 스님이,

"네가 나를 만나지 아니하였더라면 미면(未免) 까치 새끼를 면하지 못할 뻔하였구나. 그 순금으로 된 적멸보궁은 까치집이니라."

하시고 그때 절 앞 큰 고목나무 위에 까치집이 하나 있었는데 그곳을 가리키시며,

"저 까치집에 올라가서 살펴보고들 오너라."

고 하셨다.

그래서 대중 몇 사람이 그 나무에 올라가 까치집 속에 까치새끼 한 마리가 죽어 있는 것을 직접 목격하고 확인한 사실이 있었다.

그 조장 스님은 당시 순천 송광사에 계시던 무용선사라고 하는 유명한 대 선지식이었다. 또한 그분은 경허 선사 당시의 선지식

이시다.

　그 무용 선사께서 세상을 떠나신 뒤에도 스님은 의상암에서 노모를 모시고 있었던 관계로 타사(他寺)로 나가지는 못하였지만 춘추(春秋)로 덕숭산의 수덕사 정혜사에 내왕하여 만공 선사의 법문을 들었고, 참선 공부를 하다가 세상을 마치었다.

　그 스님은 혹시라도 학인들이 경전을 가지고 와서 경에 대한 말씀을 묻는 일이 있으면 그때마다,

　"나는 경을 모른다."

　하고 그 자리에서 거절하는 광경이 여러 번 있었고, 그분 또한 절대로 손에 경을 들고 다니시는 일이 없었다.

　그 스님의 말에 의하면 송광사 무용 스님과 경허 선사께서 서로 만나신 일이 있었는데, 한번은 물레방앗간에서 타인의 출입을 엄히 막고 연 3일간 두 분이 탁마(啄磨)하며 지내신 일도 있었다고 한다.

　사람이 두 번씩이나 숨을 거두었다가 다시 재생(再生)한 것은 듣도 보도 못하였던 일인데, 저 스님 때문에 실제로 사람이 두 번씩이나 생사를 윤회한 광경을 직접 목격했다는 일화가 지금도 뇌리 속에 남아 있다.

개명하면 효력은 언제부터?

"선생님! 제 이름은 어떤가요? 별로 좋은 것 같지 않은데……."
68년 戊申생 오광민의 이름은 재운인 주파수가 5의 극함을 받고 있어 재물 복이 없고 조실부모하며 부부간에 애로가 많게 된다.
형제가 불화하며 주위의 도움이 적고 성공에 장애가 많아 일생 분주다사 하며 수입보다 지출이 많고 큰 뜻을 펴지 못하니 일생이 불행해진다.
"네. 좋은 이름은 아니라고 생각됩니다. 타고난 사주야 고칠 수 없지만 나쁜 이름이야 좋게 고칠 수도 있겠지만, 이름만 좋게 고친다고 행운이 저절로 올까요?"
중심명운(이름의 첫 글자) '광'은 매사 중도에 좌절되는 불길한 배합이라 재물풍파가 속출하고 부부이별의 비애와, 금전 고통이 심하기 때문에 일시적으로 성공을 했더라도 오래가지 못하는 명운이다.
또한 끝 글자 '민'은 관성 8이 식록인 4을 만나 관성(官星: 직업)을 극하므로 직업의 변동이 잦으며 거처가 일정치 못해 사업이나 직장인으로 살아가기 힘들다.

파동학의 기본적인 원리는 주위환경의 압력에 파동 패턴에 영향을 주어 물질은 이 파동들의 주파수에 적절한 형태를 취함으로써 이러한 압력에 반응한다는 것이다. 제한된 수의 주파수가 존재하고 자연은 제한된 수의 기능적인 형태를 반복함으로써 예측 가능한 방식으로 이 주파수에 반응하는 경향이 있다.

소리(주파수)는 각각의 특성을 갖고 있으며 인체의 오장에 담긴 기운이 소리로 발산되어 나오는 것이므로, 눈으로는 보이지 않는 그 기운들이 파장을 형성하여 운명을 만든다.

그래서 인간의 운명은 참으로 중요한 것이기 때문에 남의 운명을 마음대로 결정해 줘서는 안 된다. 무슨 뜻인가 하면 제멋대로 이름을 지어서 불행해질 운명을 만들어 주어서 일생을 망치게 하는 과오를 저질러서는 안 된다는 뜻이다.

이름을 잘 짓고 못 짓는데 따라서 행복과 불행이 교차함을 알 수 있다. 길(吉)과 흉(凶)이 갈리는 이름을 만약 잘못 지어주면 그 운명학적 책임은 누가 지는가! 같은 이름이라도 생년이 다르면 성명학적 운로 또한 다르다. 十干이라도 十二支와 서로 짝을 지어 한바퀴를 돌면 60가지가 된다. 그래서 같은 이름이라도 60가지로 분류가 되는데 거기다 남녀를 분별하면 120가지로 분류가 된다. 그러기 때문에 같은 이름이라도 그 운로가 다르지 않을 수 없다.

그러면 개명한 후 언제부터 그 효과가 나타나는 것일까? 이름은 새로 개명하였다고 금방 효과가 나타나는 것은 아니다. 또한 반지나 시계, 목걸이, 수저 등에 개명된 이름을 새긴다고 효과가 있는 것은 더 더욱 아니다.

이름은 오직 많이 불러야만 그 효력을 나타내는데 그러기 위해선 무조건 많이 불러야 그만큼 효과가 발생할 수 있다.

간혹 어떤 사람은 이름을 지어주면서 도장에 그 이름을 새겨도 효과가 나타난다고 말하는데 이 말은 어처구니없는 혹세무민의 망언이다.

음령에 의하여 작용하는 이름은 음파로 하여금 길흉이 나타나므로 많이 부른 강도에 따라서 이름의 힘이 나타나는 것이지 그러한 물건에 이름을 새긴다고 효과를 본다면 누가 이름을 바꾸지 않겠는가.

왜냐면 소리는 사라지는 것이 아니라 대기 중에 항상 남아서 언제나 그 작용을 멈추지 않기 때문이다.

따라서 37세에 이름을 바꾼 사람은 그 바꾼 이름을 지금까지 부른 옛 이름의 기운 만큼 불러줘야 서로 같은 힘을 지탱하면서 개명한 이름이 영향력을 행사하게 된다.

그것은 사람들이 이름을 불러주는데 한계가 있으니 개명한 이름을 녹음해서 계속 틀어 놓으면 그 소리가 대기 중에 울려 퍼져 그 사람한테 빠르게 기가 전달된다는 것이었다. 그래서 혹시나 하고 나도 그 방법을 사람들에게 일러주었더니 어느 정도의 효과는 있었다고 한다.

그러나 그보다 더 효과적인 것은 본인 스스로가 랩 하듯이 흥얼흥얼 노래를 부르듯 자주 불러주는 것이 좋다.

오랫동안 경험을 통계로 봤을 때 30대는 3년, 40대는 4년, 60대는 6년 정도 지나야 개명한 이름에서 좋은 운기가 발현된다. 그래서 좀 더 빠른 효과를 보고 싶으면 노래하듯 스스로가 많이 불러주라고 일러준다.

관음보살 영험함이 이름에서도

 아주 오래전에 읽었던 책 내용 중에 불현듯 어느 스님의 무용담이 생각나 관음보살의 영험함이 얼마나 큰지 그것을 불자들에게 알리고 싶어 여기 담고자 한다. 그 내용의 시작은 이러하다.

 웬 사람이 왔다고 밖에서 대중들이 몹시 웅성거리기에 나가 보았다. 얼굴이 잘 생긴 어떤 청년인데, 목에 연주창이 터져 피고름과 함께 마치 송장이 썩는 것처럼 냄새가 지독했다.
 그래서 나는 그를 보고,
 "초면에 미안한 말이지만, 이런 몸을 가지고 병원에 입원이나 하든지 하지 무엇하러 다닙니까?"
 하였다.
 "예, 제 직업이 바로 의사입니다. 제가 영국에 있을 때 영국인 '곱살바'라는 부인이 공부를 시켜 주어 그분을 모시고 병원을 경영하고 있었습니다. 그런데 나는 다른 사람의 병은 고쳐도 내 병은 고치지 못하였습니다. 그 영국 부인도 '나는 그대 병을 고칠 수가 없소. 그대는 지금부터라도 공기 좋은 곳에 가서 수양이나 잘 하고 살다가 일생을 마치시오.'하였습니다.

　나는 그 뒤로 별별 약을 다 써 보았으나 보람이 없어 이제는 완전히 폐인으로 체념하고 있는 실정입니다."

　라고 말하였다.

　"기독교에 이런 말씀이 있는지는 모르지만 부처님 말씀에는 '한정된 목숨이 가는 것은 어쩔 수 없으나, 병에 걸린 것은 신심(信心)이 철저하고 독실하면 고칠 수 있다.'하였습니다. 당신도 그렇게 해 보겠습니까?"

　하고 말했더니, 그는,

　"제가 이 지경이 되었는데 무엇인들 못하겠습니까? 이제는 이미 버린 목숨이니 하다가 죽어도 한번 해 보겠습니다."

　그래서 나는 생각했다. '게다가 저 사람은 무전 여행자요, 나도 돈이 없는데 어떻게 해야 저 병을 고칠 수 있을까?' 하고.

　그리하여 나는 그를 중으로 만들려 했다. 대중 스님네는,

　"별안간 저 사람을 상좌 삼는다고 하는데 미쳤습니까? 왜 좋은 사람 다 보내고 송장 치르려고 저런 사람을 상좌로 둡니까? 냄새 때문에 도무지 함께 못 있겠습니다. 그러니 다른 데로 데리고 나가 주십시오."

　하고 야단들이었다.

　그러나 나는 그런 비방과 구설을 다 참고 내 방을 비워 주면서 그에게 말하였다.

　"당신은 이대로 살기는 틀렸으니 일심으로 '관세음보살'이나 지성껏 불러 보시오. 병을 고치고 못 고치는 것은 오직 정성과 결심에 달린 것이오."

　하고 일러 주고, 공양 때가 되면 밥은 큰방에다 바루에 받아서 가져다주었다.

　그리고 한동안 나는 그의 동정을 살펴보았다. 그는 밤을 새워

가며 눕지도 아니하고 오직 일념으로 '관세음보살'만 부르고 있었다.

나는 생각하기를, '이 사람은 반드시 병을 고칠 수 있는 사람이구나.' 그렇게 판단했다.

한 반년이 지난 어느 날 그가 꿈을 꾸었다.

소복으로 단장한 젊은 부인이 어린애를 안고 있는데 그 애는 자꾸만 '아미타불'을 부르고 있었다. 꿈속에서도 하도 신기해, '어쩌면 저렇게 어린애가 염불을 잘 할까?' 그렇게 생각하고 있었더니, 그 부인은,

"왜 귀찮게 구느냐?"

하고 그를 나무랐다. 그는 부인에게 다가가서 그 병을 고쳐 주십사 하고 간청했다. 그때 부인이 손가락으로 그의 목을 꾹 눌렀다. 그러자 마치 달걀 같은 두 개가 목에 축 늘어져 달려 있는 것 같았다. 부인은 가위로 그것을 자르려 하였다. 그래서 그가 말하기를

"그 가위를 잘 소독하고 잘라 주십시오."

하였다. 부인은,

"너는 지금까지 의사를 하던 버릇으로 그런 소리를 하지마는, 이 가위는 원래 독이 없는 것이다."

하고 그 가위로 혹 같은 것을 잘라 주었다. 그는 다시,

"이 겨드랑이의 것도 잘라 주십시오."

라고 했더니, 그 부인은,

"그것은 아직 그대로 두어라."

라고 하였다. 그리고는 그는 이내 꿈에서 깨어났다.

그리고 그 종기는 피고름이 차차 멎고 병이 아주 나았다.

이렇게 해서 병을 고친 그는 내 첫 상좌가 되어 지금은 중이 되었다.

이러한 관음보살의 영험함은 비단 불가에서만 경험하는 것이 아니라, 구성성명학에서도 수시로 나타나는 현상이다. 흉한 이름 때문에 병치레가 잦았던 사람들이 개명하고 나서 건강을 되찾은 사례들이 수없이 많다. 그러기에 감히 자신 있게 말할 수 있는 것이다.

자식을 불행하게 만드는 이름 때문에

젊은 시절 법 공부를 하는 가운데 주역과 동양철학에 흥미를 느껴 오랫동안 그 분야에 공부를 많이 했었다. 주역을 통해 우주의 생성원리와 인간의 운명이 절묘하게 조화를 이루는 것에 매료되어 스님임에도 불구하고 수십 년을 주역을 중심으로 사주명리, 기문둔갑, 자미두수, 성명학 등을 탐독했다. 당시의 성명학은 한글구성성명학이 아닌 81수리 한문획수 작명법이었다. 그렇게 근 삼십 여년을 불경 외적인 것에서 흥미를 느껴 이것저것 배웠지만 방대한 경전에 비하면 조족지혈에 불과하다 생각되어 모든 학문을 접고 보살행을 세상 속에서 실천했다.

그러다가 그것도 코로나 19로 인해 중단되고 보니 뚜렷하게 할 것이 없었다. 그때 만난 학문이 바로 한글구성성명학이었다. 내 속명인 '우제덕'의 이름을 예지연회장이 풀어주는 순간 머리가 쇠망치로 한대 맞은 것처럼 띵해왔다.

'어떻게 내 이름 석자 안에 나의 전부를 저렇게 적나라하게 말할 수 있을까?' 발가벗은 모습으로 그 앞에 서 있는 기분이었다. 그래서 일부러 아닌 척 시치미를 뚝 떼었지만 그러한 내 마음까지 읽고는 그냥 모른 척 넘어가 주었다.
 그러면서,
"나는 사람들의 말을 믿지 않아요."
 오직 이름 석자 안에서 나타나는 그 성향만 믿는다고 하였다. 그때 예지연회장 앞에서 더 이상 숨길 것이 없다고 생각되어 나의 젊은 시절 살아온 과거사를 아무런 여과없이 그대로 얘기했다. 그랬더니 대뜸,
"스님! 우리 한글구성성명학을 위해 남은 여생을 저와 함께 하시죠?"
 좋은 이름을 지어주는 그 자체가 바로 부처님 법문이라 역설하면서 나의 마음을 흔들어 놓았다. 사실 내 나이가 석양을 바라보는 황혼기에 접어 들다보니 이제는 세상적인 일보다 본래의 자리인 스님의 자리로 돌아가는 것이 마땅하다고 생각하고 있었던 참이었다.
 그런데 그때 툭 던진 한마디가 '그래 맞아! 이게 법문이지'
 솔직히 말해 예지연회장은 현재 강릉서머나교회서 목회사역을 하고 있으면서도 전혀 목사 같지 않은 거침없는 행동들을 하는 것을 보고 남들은 어떻게 평가하는지 몰라도 2020년도에 그가 썼다는 '이제는 계시록을 밝힐 때다'의 책을 읽고 그분의 사상과 신앙관을 익히 알고 있었다. 그래서 여느 목사들과는 확연하게 다른 사람이란 걸 알기에, 그렇다면 지금부터 내가 해야 할 일은? 순간 그런 생각이 들자 불자들에게 경전을 전파하기에 앞서 좋은 이름부터 지어주자는 생각이 들었다.
 솔직히 부끄럽다면 부끄러운 얘기가 될 수 있겠지만 나는 남보다 유독 좋은 머리를 타고났다. 그래서 젊은 시절 또래의 친구들한테 '재수 없고 건망진 놈'이란 소리를 자주 들었다. 그렇지만 나이 든 어르신들은 나의 앞서가는 생각에 늘 찬성표를 던져주었

다. 그래선지 촉망받는 젊은 사람으로 인정과 사랑을 과하게 받았던 기억이 지금도 생생하다.

그렇지만 지금은 머리가 예전 같지 않아 새로운 학문을 접하는 데 어려움이 따랐다. 그럼에도 불구하고 구성성명학 만큼은 이상하게 구미가 당겼다. 그러다보니 자연스레 성명학에 매진하게 되었고, 파동(소리)의 원리인 소리(한글)에너지에 대한 학문적 깊이가 더해지자, 내 안에서의 사명감도 그만큼 커져갔다. 그래서 시간만 나면 틈틈이 신도나 지인들의 이름을 풀이하면서 구성성명학의 정확도에 놀라움을 금치 못하고 있다.

그러던 어느 날이었다. 수면 부족으로 몽롱한 정신을 쫓고 있는데, 오십대 가량의 신도가 사전에 전화 연락도 없이 찾아왔다. 순간 근심이 가득 찬 표정에 뭔가 심상치 않은 일이 있음을 감지했다.

"무슨 걱정이라도……?"

염려되어 묻는 말엔 대답하지 않고 대뜸.

"제 사주랑 이름 풀어주심 안될……까요?"

평소 신도들이 사주 보러 다니는 것을 경계했던 내 말이 기억되었는지 조심스레 물었다.

"생년월일과 이름이……?"

막상 생년월일을 적고 보니 인수가 많은 사주에 연약한 식신이 심하게 극을 받고 있었다.

    1967년(丁未생) 안연경
    042   032   430
    안   영   경
    264   254   652

행여나 싶어 이름을 물었더니 위와 같이 성에서 자식을 극하고 있는데 이름에서 조차 9.0이 자식 3.4를 반복적으로 극하고 있었다. 그래서 그것이 마음에 걸려,
"지금 자식 때문에 머리 복잡한 일이……."
심하면 구속까지 될 수 있다는 말을 차마 할 수 없었다.
"관재구설이 보이는데 지금 어떤 상태인가요?"
하고 물었다. 그랬더니,
"합의를 보면 무사히 나올 수 있을까요?"
실상은 그것이 궁금해 온 거였다. 아마도 많은 사람들이 이름만 같고 문제 해결에 대한 궁금 사항을 미리 예단(占)한다고 하면 그 누구도 믿지 않을 거다. 왜냐하면 예단은 육효나 주역이나, 기문둔갑 등의 점(占)을 통해서만 알 수 있는 사안이기 때문이다.
아들이 친구들과 어울려 나이트클럽을 간 모양이었다. 술기운에 그만 자기보다 연상인 여자를 데리고 그날로 모텔로 직행했다. 그런데 알고 보니 그 여자가 바로 꽃뱀이었다. 갑자기 그녀의 남편이란 사람이 나타나 상간죄 운운하며 경찰에 고발하겠다고 으름장을 놓은 모양이었다.
"생각보다 그쪽에서 많은 돈을 요구할 겁니다."
성에서의 2.6과 '영'에서의 2.5가 자식으로 인한 재물의 손재를 나타내고 있기에 그래서 많은 금액만이 해결방안이라고 단호하게 말했다.
이렇듯 이름에서 9.0이 자식 3.4를 반복적으로 극하게 되면 자식에게 불행한 일이 끊이지 않고 일어난다.

팔십 먹은 노인도 실천하기 어려워

　백낙천 거사와 작소도림 선사의 이야기는 불가에서 자주 거론되는 예화다. 그러다보니 법당의 벽화로도 자주 그려지는 선종의 명장면이기도 하다.
　도림선사가 나무위에 자리를 잡고 살았으므로 당시 사람들이 '조과선사' '작소선사' 라 불렀다. 이러한 도림선사의 소문을 듣고 그 지역 태수인 백낙천이 그 곳을 찾아갔다.
　아니나 다를까? 선사가 나무 위에서 그가 오는 것을 가만히 내려다보고 있었다. 눈이 마주치자 백낙천이 나무 위의 도림선사를 올려다보고는,
　"선사께서 계신 곳이 몹시 위험합니다."
　백난천이 위를 향해 걱정 어린 말투로 이렇게 말했다, 그때,
　"땅 위에 있는 태수의 위험은 더욱 심하오."
　그때 백낙천 거사가,
　"벼슬이 이렇게 높은데 무슨 위험이 있겠습니까?"
　태수의 말에 조과선사가 답하길
　"장작과 불이 서로 사귀는 것과 같이 망상과 망상이 끊어지지

않으니 어찌 위험하지 않겠소?"

그것은 밖으로는 높은 벼슬을 유지하기 위하여 끊임없이 정치력을 발휘해야 하고, 안으로는 가정살이로 인한 번뇌로 심화(心火)가 끊어지지 않으니, 비록 단단한 땅 위에 발을 딛고 서 있다고는 하나 세상 속에서 살고 있는 당신이 높은 나무에 있는 나보다도 더 위험하다는 의미였다.

그때 그건 그렇다 치고 백낙천이 물었다.

"어떤 것이 불법의 적적 대의입니까?"

선사가 답하길,

"악을 짓지 말고 선을 쌓으시오."

그때 백낙천이 비아냥거리듯,

"그건 세 살 먹은 아이도 아는 말입니다."

선사가 다시 말하길,

"삼척동자도 다 아는 얘기지만 팔십 먹은 노인도 실천하기는 어려운 말이오." 하고, 과거 일곱 부처님이 공통으로 수지했다고 일컬어지는 '칠불통계게(七佛通戒偈)' 게송으로 말했다.

> 제악막작(諸惡莫作) 중선봉행(衆善奉行)
> 자정기의(自淨其意) 시제불교(是諸佛敎)

모든 악을 저지르지 말고 모든 선을 행하여 스스로 그 마음을 깨끗이 하라.

이것이 모든 부처의 가르침이다.

칠불통계는 역대 일곱 부처님들이 깨닫고 실천한 가르침의 핵심이다.

'모든 악을 짓지 말고 선을 받들어 행하라. 그리고 마음을 청정하게 가꾸는 일이 부처의 가르침이다. 즉 5악(惡)을 짓지 않고,

선을 깨끗이 닦아, 업을 깨끗이 하는 것. 칠불통계는 곧 정업을 닦는 일로 귀결되며, 5악을 짓지 않으면 마음은 저절로 깨끗해진다.'는 이와 같은 가르침이다.

도림선사의 이 말은 「법구경」과 「출요경」에도 나온다.

출요경에는 '모든 악은 짓지 말고, 모든 선은 힘써 행하며, 제 마음을 맑게 하라. 이것이 곧 부처의 가르침이다.'라고 나오는데, 이를 보통 칠불통계라 부른다.

본래 칠불통계라는 말은 과거 일곱 부처님 (비바시불, 시기불, 비사부불, 구류손불, 구나함모니불, 가섭불, 석가모니불)이 한결같이 당부한 훈계로 곧 보편적이고 타당한 진리를 의미한다.

뭔지 모를 마음 안에 분노가

    바위에서 조금 떨어진 물속에서 낯익은 모습이 나른하게 움직이고 있는 것이 보였다. 뭔가 무력한 분노가 울컥 치솟으며 귀에 거슬리는 커다란 흐느낌이 흘러 나왔다. 그 소리가 귀에 거슬려 더 이상 참을 수가 없어 그 흐느낌의 근원지를 눈으로 찾아 나섰다. 그때 가까운 곳에서 알아들을 수없는 말들이 터져 나왔다. 나는 맹렬히 어두워지고 있는 그곳을 노려보며 세상 모두를 싸잡아 속으로 욕설을 퍼붓고 있었다. '망할 놈의 인간들'
    그때 낯익은 모습이 바로 얼마 전 상담을 받고 난 여인네였다. 불과 며칠 전만 해도 아들문제로 근심걱정을 잔뜩 하고 간 그 여인네가 커다란 바위를 등지고 남편이 아닌 다른 남자와 그 짓을 하고 있었다.
    이름 때문에 그 짓도 하는 것이려니 생각을 고쳐먹으며 이번 한번만 눈감아주자 그렇게 타협하면서, 나 스스로의 마음을 다독거리자 왠지 모르게 마음 한 켠에서 분노가 다소 수그러드는 기분이었다.
    그러자 순간 또 다른 한편에선 축축한 땅의 풍성한 열기가 수

액처럼 나의 자유로운 팔다리로 스며들면서 그 광경을 몰래 훔쳐보게 했다. 호기심보다 이름에서 발현되는 에너지의 기운을 주체 못해 그 짓거리를 하고 있는 여인네한테 안타까운 마음이 들어서다. 만약 그녀의 남편이 이러한 불륜을 눈치 챘다면 가정에 분란이 나는 것은 불을 보듯 뻔하기에,

"오호라~ 내가 찾던 이놈이 여기 있었구먼……."

괜스레 조바심이 나서 일부러 가까운 곳에 사람이 있다는 신호를 보냈다.

매번 이름을 풀이하면서 느끼는 감정이지만 불러주는 이름대로 살아가는 사람들을 보면서 '아! 이 얼마나 무서운 성명학인가.'

이렇게 느낄 때가 한두 번이 아니다. 그럴 때면 구성성명학을 밀도 있게 연구한 예지연회장한테 나도 모르게 감탄이 절로 나오곤 한다.

무엇보다 한글성명학은 생년 원기와 당사자의 이름을 오행에 대입하여 거기에서 파생되는 소리의 에너지를 분석하는 파동성명의 원리다. 그런데다 거기에 사주 푸는 방식을 성명학에 그대로 접목한 학문이다 보니 이와 같이 거의 대부분의 사람들이 이름 안에서 발현되는 운기대로 살아가고 있다.

사주학에서는 생일을 자신으로 보아 생일 천간에 맞추어 소위 육신을 표출하여 생년(生年), 생월(生月), 생시(生時)를 중시하는 데 반해, 구성성명학은 생년을 기준으로 하여 이름의 자음과 모음에서 육신을 정한다.

생년 간지(天干과 地支)를 기준으로 하여 육신을 표출하는 이유에는, 이름 부를 때의 소리에 의하여 운력이 생성되는 것으로 보기 때문에 태어난 해의 12개월 모두가 생년 안에 존속하기 때문에 음파의 효력이 미치는 생년을 기준으로 한다.

아울러 사주학에서도 생년을 조상으로 보듯 운명의 뿌리로 보

고 있는 이유도 인류의 모든 선조(先祖)들의 영체(靈體)로 구성된 입체영상과의 교신통로가 생년원기라고 여기기 때문이다. 그러므로 생년의 천간(天干)과 지지(地支)를 알고(立春기준) 오행을 적는다.

여기서 알아두어야 할 사항은 생년을 기준으로 할 때 반드시 입춘을 기준으로 해야 한다. 다시 말해 2월 3일에 출생했다하더라도 입춘이 2월 4일이라면 아직은 새 해를 맞이했다고 볼 수 없으므로 전년도를 기준으로 삼아야 한다는 뜻이다. 또한 12월 28일에 출생했다 하더라도 입춘이 12월 27일에 들어왔다면 다음해에 돌아오는 년도가 기준이 된다.

구성성명학도 사주학과 마찬가지로 입춘을 기준으로 육친을 정한다. 그런 연후에 이름을 한글로 쓰고 자음과 모음을 분류하여 생년을 기준하여 각각 이름에 천간(天干)과 지지(地支)에 오행을 따져 육친을 설정하고 난 다음에 육친에 따른 숫자를 적는다. 그리고 그 육친을 사주 푸는 방식인 격국 용신이나 조후 용신의 원리 또는 지장간(地藏干; 땅속에 감추인 비밀)에서 벌어지는 통정(通情; 내연남, 내연녀)의 일들과 재고(財庫; 재물 창고) 등의 다양한 사주방식의 원리로 분석하는 것이라 사주와 똑같이 이름에서 나타나는 육친의 수리배합에 따라 인간의 마음도 이와 같이 불러주는 운기에 따라 시시각각 변한다.

앞서 여인네 이름을 풀이해 봤을 때 9.0이 3.4를 반복적으로 보고 있기 때문에 자식 때문에 노심초사하면서도 욕정을 참지 못해 그 짓거리(通情)를 하고 있다. 여성의 이름에 3.4의 기운이 왕성하고 7.8이 혼잡되어 있으면 색정으로 가정을 파탄에 이르게 하고 또한 자식으로 인한 애로사항이 있게 된다. 그러다보니 자식에 대한 근심걱정 또는 남편과의 갈등으로 늘 집안이 편할 날이 없게 된다.

무엇보다 불과 며칠 전만 해도 아들문제로 속상함을 호소했던 그 여인네가 마치 언제 그랬냐는 식으로 다른 남자와 그 짓거리를 하는 것을 우연찮게 보고 나자, 더욱 더 구성성명학에 대한 확신이 마음 안에서 물결쳤다.

참된 지식엔 반드시 실행이 따라야

　원효(元曉)스님은, 발심수행장(發心修行章)에서 行智具備(행지구비)는 如車二輪(여거이륜)이요, 自利利他(자리이타)는 如鳥兩翼(여조양익)이니라.

　이는 지혜(판단력)와 행함(실천)의 둘을 갖춤은 수레의 두 바퀴와 같고, 자기를 이롭게 하면서 남도 이롭게 하는 것은 허공을 나는 새의 두 날개와 같다고 말씀하신 거다. 따라서 지행합일 (知行

습一)이란 참된 지식에는 반드시 실행이 따라야 함을 강조한 말이다.

그러므로 사람이나 모든 생명체에게 폭력과 억압을 하지 않아야 하고, 부당한 착취와 정의롭지 못한 일에 동참하지 않아야 하며, 다른 이의 마음을 아프게 하는 말을 하지 않아야 한다. 즉 지혜(지식)와 행동이 분리되면 그 자체가 천심을 속이는 위선이 된다는 뜻이다.

이는 불가에서 공통적으로 말하는 '청정한 내 마음을 더럽히는 삿된 생각을 내지 않겠다는 원력과 실천으로 역대 모든 부처님의 길을 가야 할 것이다.' 의 뜻과 일치하는 훈계다.

이 말씀이야말로 어떻게 보면 지극히 보편타당한 진리라 할 수 있다. 이는 어느 한 곳이나 어느 한 때에 그치지 않고 동서고금을 통하여 어떠한 제한도 받지 않는 불변의 가르침이다. 어떻게 보면 과거의 모든 부처님들이 설(說)했던 법(佛法)을 가장 쉽고 짧게 정리한 문구라 생각하면 된다.

무엇보다 중요한 것은 '나쁜 짓 하지 말고, 착한 일 하면서 살아라.' 성현들의 이 말은 누구나 다 아는 말이지만 이를 실천하기는 매우 어려운 말이다.

안타깝게도 나는 부처님의 이러한 가르침을 설파하기 위해 봉화군에 미륵정사를 세우기로 마음먹었다. 그런데 토목공사를 하던 중에 불현듯 지행합일(知行合一)의 실천이 무엇일까? 하는 생각이 드는 순간 그때 떠오른 발상이 군 포교였다. 젊은 군 장병들한테 가장 빠른 포교의 방법으로 시작한 자장면 봉사가 지금은 코로나로 인해 중단이 되었지만 어쨌든 행복하고 즐거운 마음이었다. 2013년부터 시작한 자장면 봉사가 코로나19 팬더믹으로 인해 중단이 되기까지 그동안 젊은 장병들한테 나눠준 자장면 그릇을 헤아려보니 족히 수만 그릇이 넘었다.

자랑삼아 하는 얘기 같아 민망한 부분도 없지 않아 있지만, 한 번은 나 자신의 한계를 확인하고 싶다는 생각에 젊은이도 하기 힘들다는 특수전 사령부의 동계 특전캠프에 참가한 적이 있었다. 당시는 나 자신과의 싸움에서 극기하고 싶어 시작한 것이지만 그 체험을 계기로 그때부터 그곳 장병부대와 또 다른 인연이 되어 그해 특수전사령부 예하 비호부대를 방문해 1천 3백 그릇의 자장면을 선물한 적도 있다.
　그때는 장병들의 혈기 왕성한 젊음이 좋았고 비록 한 그릇의 자장면이지만 감사하는 마음으로 맛있게 먹는 모습이 보기만 해도 흐뭇했다. 거의 대부분의 아버지들이 나와 똑같은 마음이 아닐까?
　당시는 내 마음 기쁜 것 하나만 보고 십년 가까운 세월을 전국 군부대를 다니며 분주하게 자장만을 만들어 그들에게 나누어 주었지만 지금 돌이켜 생각하면 아쉬움이 없지 않아 있다.
　좀 더 일찍 구성성명학을 만났더라면 한 그릇의 자장면보다 좋은 이름을 지어 그들한테 선물하는 것이 훨씬 더 좋았을 텐데 하는 아쉬움 같은 거다. 아마 그랬다면 지금쯤 그들이 사회에 복귀해 좋은 이름 덕에 활기찬 내일을 꿈꾸며 진취적인 삶을 살게 되었을 거란 생각이 든다. 그러다보니 늘 가슴 한 켠에 그게 더 값진 선물이었을 텐데……! 하는 아쉬움이 남아 있다.

망할 수밖에 없는 상호 때문에

구성성명학을 배우고 난 이후로 상점을 들어가게 되면 우선 상호와 벽에 걸려있는 사업자등록에서 사업주 이름부터 보게 된다.
"코로나 때문에 타격이 심하지요?"
선물할 일이 있어 조그마한 금붙이라도 살 요량으로 시내 중심가의 금은방을 들어갔다. 값비싼 보석들이 진열장 안에서 저마다의 가격대를 뽐내며 자랑하고 있지만 사장 이름을 보니 투자한 금액에 비해 운영이 과연 유지될까? 하는 걱정부터 앞섰다. 이 정도의 자리 몫이라면 임대료도 만만치 않겠다 싶어,
"요즘 매우 어렵죠?"
"네~ 경기가 좋지 않아서……."
사각케이스에 예쁘게 포장한 작은 상자를 건네주면서 웃는 모습이 선해보였다.
"55년생인데……인상이 좋아 보이네요?"
인상 좋다는 말에 기분이 좋은지 엷은 미소를 지었다.
"언제부터 보석상을 시작한 건가요?"
乙未생인 사장님과 금보당의 상호가 돈을 벌 수 있는 상호가

아니라서 지나가는 말투로 물었다. 무엇보다 상호에 1,2가 5,6을 극하면 아무리 노력해도 파재가 일어나는 것을 알기에 사실여부 확인 차 물어본 것이었다.

"그러고 보니 금은방 시작한 이래로 적자만 본 것 같네요."

젊은 시절 식당을 운영해 강남에 50평대의 아파트를 살 정도로 많은 돈을 벌었다고 한다. 그런데 나이가 들다보니 육체적인 노동을 필요로 하는 식당업이 힘에 부대껴 좀 더 편한 업종을 구상하다보니 금은방을 시작한 것이라 했다. 4년째 운영하고 있는 보석상 때문에 지금은 변두리 30평형 아파트로 이사했다고 속상한 속내를 표현했다. 마침 운영의 어려움을 솔직하게 털어놓기에,

"금보당 상호를 바꿔보면 어떨까요?"

앞서도 잠깐 언급했지만 재물을 파괴하는 1,2가 재성인 5,6을 직접적으로 극하면 영업이 될 리가 없다. 설혹 운이 좋아 잠깐 호재를 보았다 하더라도 결국 파재로 이어지기 때문이다. 누구보다 구성성명학의 위력을 잘 알기에 좋은 상호로 바꿨으면 하는 마음으로 권했는데,

"글쎄요……! 저희는 기독교라."

미신 따위 믿지 않겠다는 단호한 표정이라 가볍게 인사만하고 나왔다.

우리가 사업을 왜 하는가! 자선사업 외에는 돈을 벌기 위해서다. 그런데 상호(회사명도 마찬가지)에 금보당의 상호처럼 재물을 극하고 있으면 아무리 많은 돈을 투자하고 성실히 운영해도 그 사업은 망하게 되어 있다.

무엇보다 사주팔자는 태어나면 불변의 명운을 받았기 때문에 타고난 운명대로 살 수밖에 없다. 그러나 이름은 가변성의 운명을 지닌 것이라 타고난 운명을 얼마든지 보완할 수 있다. 대개

의 경우 성공한 사람들은 운이라는 자체를 믿지 않으려 한다. 노력하면 안될 것이 없다는 생각 때문이다. 그러나 우리가 한번 잘 생각해 보자. 과연 노력을 하지 않아 다시 말해 게을러서 못사는가? 엄밀히 따지면 환경미화원들은 4시면 일어나 일터로 나간다. 그러기 때문에 그들처럼 부지런한 사람들도 없다. 부지런한데 늘 궁핍한 생활을 면치 못하고 있다. 그래서 삶이 힘든 사람들은 누구나 한번쯤은 심각하게, '과연 운명은 바꿀 수 없는 것인가?' 하고 생각해 보게 된다. 특히 실패와 좌절의 뼈아픈 고통을 겪어 본 사람들은 더욱 더 그런 생각들을 갖고 있다.

단언컨대 한마디로 그렇지 않다고 보는 것이 나의 지론이다. 왜냐하면 운명은 신의 영역이라 우리가 바꿀 수 없다. 그러나 신이 우리에게 부여해준 것이 있다면 그것이 바로 이름이라 생각한다. 이름은 우리가 타고난 사주에 어떤 옷을 입고 있느냐에 따라 나를 바라보는 사람들의 가치관이 달라진다. 그래서 이름이야말로 올바른 개운의 지름길이라고 확신하고 있다.

타고난 운명은 어쩔 수 없다고 스스로 좌절하게 만드는 고질적인 통념만 버린다면 좋은 이름을 통해 얼마든지 운명은 개척할 수 있다. 구성성명학의 작명법 자체가 바로 풍요로운 인생을 설계해 주는 각 개인의 맞춤형 인생설계도다.

그래서 거듭 강조하는 바지만 사업을 시작할 때는 반드시 상호의 중요성을 인식하고 사업주와 맞는 것을 택해 사용하라고 권한다. 그래야 최소한 망하지 않는다고 자신하고 얘기할 수 있다.

살아 있는 동안에 인간은 감정적, 정신적인 다양한 차원의 많은 정보들을 체계화 시켜 정보를 정리하고 축적한다. 이 정보들은 우리의 육체 밖에서 독립적으로 존재하면서 생성된 정보를 저장하는 우주홀로그램에 흡수된다. 이를 우주의 마음 즉 우주심(宇宙心)이라고 부른다. 이 우주심은 우주공간에서 발생된 모든 파동이 뭉쳐진 다발로서 거대한 정보 저장소가 된다.

우리 인간은 광대무변한 우주의 망처럼 얽혀진 정보발생원으로 존재하고 있기 때문에, 우리가 이름을 부를 때의 소리(音波)가 이미 인류가 제공한 정보다발과 끊임없이 감응하여 상호를 부를 때의 소리가 운세를 형성하여 사업의 운을 이끌어 가고 있다. 이는 우주천기의 접속 안테나가 이름이나 상호를 부를 때, 사업주와의 운기와 어우러져 운명 발생의 조화를 만들어 낸다.

내가 여러 번 경험한 바에 의하면 사업 운이 좋을 때 상호명이 좋으면 엄청나게 발전하고, 사업 운은 좋은데 상호명이 나쁘면 중간 정도의 수입을 올리고. 사업 운이 안 좋은데 상호명이 좋으면 최소한 현상유지는 하고, 사업 운이 좋지 않은데 상호명도 나쁘면 백프로 망하는 걸 많이 보았다.

보편적으로 상호를 의뢰할 때는 우선 그 사람의 사업 운을 먼저 보고나서 가부간 결정을 내린다. 좋은 운이야 문제될게 없지만, 나쁜 운일 경우 우선 그만둘 것을 종용하지만 이미 계획을 다 세워놓고 준비가 완료된 상태에서 왔다면 그럴 경우는 마지못해 상호를 지어주긴 하지만, 크게 기대는 하지 말라고 일러준다. 그러나 분명한 것은 좋은 상호를 지었을 때 최소한 망하거나 그만두는 사태까지 일어나지 않는다는 사실이다.

재물인 5,6이 없거나 5,6이 있더라도 1,2의 극을 받고 있는 상호는 거의 대부분 사업의 실패를 보게 된다. 그러기 때문에 흉한 상호를 쓰게 되면 망하게 된다는 사실을 명심해야 한다.

하느님의 나라인 한국

안함로가 기록한 〈삼성기 전 상편〉은 우리나라의 고대 역사를 잘 나타내고 있다. 이를 살펴보면 우리나라가 바로 한님(하나님)의 나라임을 알 수 있다.

오한건국최고유일신재소백력지천위독화지신광명희권화생만물〈吳桓建國最古有一神在斯白力之天爲獨化之神光明熙權化生萬物〉

해석하자면 우리 환(桓)의 건국은 세상에서 가장 오랜 옛날이었는데 한 신이 있어, 소백산의 하늘에서 홀로 변화한 신이 되시니 밝은 빛은 온 우주를 비추고 큰 교화는 만물을 낳았다.

즉 대한 건국은 역사적 배경으로 세상에서 가장 오래된 나라이다. 한 신이 있는데 소백산의 하늘에서 홀로 변화되어 神이 되었다. 이를 독화지신(獨化之神)이라 하는데, 홀로 변화된 신이란 건(乾;天. 男. 父)과 곤(坤;地, 女, 母)의 음양(陰陽)의 조화 없이 곧 남녀의 배합없이 저절로 변하여진 것으로 '스스로 있는 자' 즉 한님(하나님)을 뜻한다. 큰 교화를 권화(權化)라 하는데 한님께서 중생을 제도코자 임시로 몸을 바꾸어 이 세상에 나타난 것으로 표현된다.

장생구시항득쾌락승유지기묘계자연무형이견무위이작무언이행일항동녀동남팔백어흑수백산지지어시환인적이감군거우천계부석발화시교열식위지환국시위천제환인씨역칭안파견야전칠세년대불가고야.〈長生久視恒得快樂乘遊至氣妙契自然無形而見無爲而作無言而行日降童女童男八百於黑水白山之地於是桓因赤以監羣居于天界搢石發火始敎熱食謂之桓國是謂天帝桓因氏亦稱安巴堅也傳七世年代不可考也〉

오래오래 살면서 쾌락을 즐겼으니 지극한 기를 타고 노닐고 그 묘함은 저절로 기꺼웠다. 모습 없이 볼 수 있고 다함이 없으면서 모두 이루고 말 없으면서 다 행하였다. 어느 날인가 동녀동남(童女童男)이 흑수(黑水) 백산(白山)의 땅에 내려왔는데 이에 한님은 또한 감군(監羣)으로서 천계(天界)에 계시면서 돌을 쳐 불을 일으켜서 날 음식을 익혀 먹는 법을 처음으로 가르치셨다. 이를 환국(桓國; 하느님나라)이라 하고 그를 가리켜 천제한님이라 불렀다. 또한 안파견이라고도 했다. 한님은 일곱 대를 전했는데 그 연대는 알 수가 없다.

흑수는 흑룡강, 만주 흑룡강성의 북쪽이다. 강의 근원지는 둘인데 하나는 중국의 국경, 즉 궁특산 동쪽 기슭에 흐르는 오수하(敖嫂河)라 하는데 바로 원사(元史)의 주난하(註難河)로 징기스칸이 일어난 땅이다. 또 하나는 러시아령의 탁공토산(卓功土山)의 북쪽 인익달하(因弋達河)라 한다.

1712년에 세워진 백두산정계비(白頭山定界碑)의 기록에 따르면 우리의 북쪽 국경선은 압록강 → 토문강 → 송화강 → 흑룡강 으로 확대 된다. 이렇게 흑룡강 즉 흑수는 우리 역사의 출발에서 부터 우리의 강역임을 알게 한다. 카톨릭의 바티칸 교황청에서 작성한 지도(1912년)에 보면 우리의 북방 경계선이 위에서 기록 한 것처럼 압록강 → 토문강 → 송화강 → 흑룡강으로 그려져 있 고, 두만강 북쪽의 간도성, 흑룡강성 및 길림성은 천주교 한국 교구의 원산교구로 명시되어 있다.(현재 한국정사학회에서 보관 중)

  백산은 백두산인데 중국 측과 백두산 영유권 문제로 요사이 심심찮게 논란되고 있으나 유사 이래로 우리 민족의 성산(聖山)임 에 틀림없다. 일부에선 이 백산(白山)을 중국 감숙성의 태백산(太 白山)이라고 하나, 중국 '이십오사(二十五史)'의 고기(古記)에는 '백산'이나 '태백'이 조금의 의심도 없이 지금의 백두산임을 밝히 고 있다. 아울러 감군은 중생을 보살피고 감독하는 임무를 띤 직 책이다. 또한 안파견은 중국발음으로는 '안파첸'인데, 모름지기 우리말의 아버지에 해당하는 발음이다. 요(堯)의 시조를 '아보기' 라 하는데 만주 말의 발음으로는 어김없이 아버지가 된다. 요(堯) 를 고구려의 유민들이 세운 나라라고 하거니와 국왕을 아버지라 고 발음하는 것을 통해 안파견을 아버지라 함이 맞다.

     후환웅씨총흥봉천신지소항우백산흑수지간양자정녀정어천평 획정지어청구지천부인주오사재세리화홍익인간입도신시국칭 배달택삼칠일제천신기신외물폐문자수주원유공복약성선획괘 지래집상운신명군령제철위보납태씨여위후정혼지예이수피위 폐경종유축치시교역구성공부조수솔무후인봉지위지상최고지 신세사불절.
     신시지계유치우천왕회척청구전십팔세력일천오백육십오년.

〈後桓雄氏總興奉天神之詔降于白山黑水之間養子井女井於天坪劃井地於靑邱持天符印主五事在世理化弘益人間立都神市國稱倍達擇三七日祭天神忌愼外物閉門自修呪願有功服藥成仙劃卦知來執象運神命羣靈諸哲爲輔納熊氏女爲后定婚之禮以獸皮爲幣耕種有畜置市交易九城貢賦鳥獸率舞後人奉之爲地上最高之神世祀不絕

神市之季有治尤天王恢拓靑邱傳十八世歷一千五百六十五年〉

뒤에 환웅(桓雄)씨가 계속하여 일어나 천신의 뜻을 받들어 백산과 흑수 사이에 내려왔다. 사람 모이는 곳을 천평(天坪)에 마련하고 그곳을 청구(靑邱)로 정했다. 천부(天符)의 징표를 지니시고 다섯 가지 일(五事)을 주관하시며 세상에 계시면서 교화를 베푸시니 인간을 크게 유익하게 하였더라. 또 신시(神市)에 도읍을 세우시고 나라를 배달(倍達)이라 불렀다. 3.7 (21)일을 택하여 천신께 제사지내고 밖의 물건을 꺼리고 근신하며, 문을 걸어 잠그사 스스로 주문을 외우며 몸을 닦아 공이 이루어지시기를 바라더라. 약을 드시고 신선이 되시니, 팔괘(八卦)를 그으사 올 것을 알며 상(象)을 잡으사 신을 움직였다. 또 여러 영험스러운 이들과 뭇 철인(哲人)들이 보필하도록 하시더니 웅씨(雄氏)의 여인을 거두어 아내로 삼으시고 혼인의 예법을 정하매, 짐승 가죽으로써 폐물을 삼았다. 농사를 짓고 목축을 하고 시장을 열어 교환하도록 하니, 온 세상이 조공을 바치며 새와 짐승도 덩달아 춤추었다. 뒷날 사람들은 그를 지상 최고의 신이라고 받들어 세세토록 제사가 끊임이 없었다.

신시의 말기에 치우천왕(治尤天王)이 있어 청구를 개척하여 넓혔으며, 18세를 전하여 1565년을 누리더라.

사람 모이는 곳을 자정여정(子井女井)이라 했으니 사람들이 모여 사는 것을 말한다. 우물이나 밭이 있는 곳에 사람이 모이므로 이른 말이다. 또한 천평(天坪)은 백두산 정상의 연못을 천지라 하니 백두산 정상의 땅을 일컫는 말이다.

청구(靑邱)는 동양의 온갖 고전이 말하는 동이(東夷), 조선(朝鮮), 청구(靑邱)가 단순한 한반도가 아니라 중원 대륙 안에 있는 동이, 조선, 청구였다는 사실이 매우 중요하다.

황제동도청구(皇帝東到靑丘) 과풍산(過風山) 결자부진인(見紫府眞人)라고 했는데, 청구는 신선이 거처하는 곳으로 알고 여기 '자부진인'도 물론 신선을 뜻한다. 이 글이야말로 자부진인으로부터 중국의 황제헌원에게 우리의 문화가 건너가는 과정을 설명한 것이다.

천부의 징표는 삼한관경본기(三韓管境本記)에 다음과 같은 말이 있다.

세전환웅천왕순주어차전획이제풍백천부각경이진우사영고환무운사백검폐위개천제취산지의벌약시지성엄야〈世傳桓雄天王巡駐於此佃獲以祭風伯天符刻鏡而進雨師迎鼓環舞雲師佰劒陛衛盖天帝就山之儀伐若是之盛嚴也〉

이는 '세상에 전하는 말로는 한웅천왕이 이곳에 들러 머무르시며 사냥도 하고 제사를 지냈다고 하는데, 풍백은 천부를 새긴 거울을 들고 앞서서 나아갔고, 우사는 북을 쳐서 울리며 주변을 돌변서 춤추었고, 운사는 백명의 무사를 데리고 대장의 검으로 호위하였으니, 무릇 천제가 산으로 갈 때의 의장 행렬이 이와 같이 성대하고 엄중하였다. 라는 의미이다.

다섯 가지의 일인 오사(五事)는 살(殺), 명(命), 병(病), 형(刑),

선악(善惡)을 말하니 곡식, 생명(운명), 치병, 형벌, 선악(윤리)을 뜻하는 것이다.

배달은 우리 겨레를 배달민족이라 함은 그 뜻이 매우 깊고 오묘하다. 이는 '밝땅의 겨레'라는 뜻인데, '밝땅'이란 '배달'이다. 우리말의 음운법칙이 박, 백이 배로 변하는 실례가 많은 바, 백천(白川)이 배천(白川溫泉), 박고개(赤峴) 혹은 붉고개(赤峴), 배오개(동대문시장)로 변하는 지명들이 있다. 또 옛말에 산이나 땅을 달이라 발음했던 것도 사실이다. 즉 밝땅 → 밝달 → 배달로 변하는 예를 생각하면 된다. '밝달'의 뜻을 취하느라 박달나무 단(檀)자를 일부러 국조의 이름에 붙여 단군(檀君)이라 했다. 우리 겨레가 동방족이라 매우 설득력이 있다. 따라서 우리나라가 동방족이기 때문에 해 뜨는 동쪽으로 민족 이동을 계속해 왔고, 환한 땅이라 해서 환국(桓國), 환인(桓因), 환웅(桓雄)이라 했다.

우리 겨레는 인류 역사상 처음으로 한님→하느님 곧 천신(天神)의 개념을 터득한 매우 종교적인 소질이 풍부한 민족이다. 때문에 한님, 하느님을 환한 땅의 임금이 마땅하다.

밝→배, 달 = 땅의 법칙에 좇아 밝달이(밝은 땅)로 해석되고, 마침내 배달로 읽힌다는 배달의 어원만은 우리가 알아둘 필요가 있다.

환웅의 배우자는 곰녀 즉 웅녀다. 곰녀의 곰이란 말은 환웅의 환과 대칭이 되는 말로, 환이(하늘)의 준말이라면 곰은 (땅)의 다른 말이다. 한님이 하느님이니 곰녀는 곧 곰님의 여자이다. 여(女)자가 붙은 것은 '웅'자의 대칭되는 글자가 계집 女이기 때문이다. 우리의 고대인들은 땅의 신을 곰님이라 불렀으니 웅씨의 여인이란 결국 지신족의 여인을 뜻하는 말이다. 이 곰녀 환웅의 기사야말로 우리 민족의 민족 종교내지 민족 신앙의 핵심을 이루는 귀중한 기록임을 되새겨야 한다.

상호가 돈을 벌어준다

 검약이 가지는 본래의 목적은 가지고 있는 자원을 낭비하지 않고 있다가 가장 유용하게 사용함으로써 상호간의 행복을 증진시키는데 있는 것이다. 이처럼 하기 위한 목적인 검약이 수단으로 둔갑해 버리면 꼭 필요한 지출까지도 아까워하며 한 푼에도 벌벌 떠는 구두쇠가 되어 버린다.
 겸양은 인간 상호간에 존중하고 있음을 말과 행동으로 표현하는 것인데, 그 형식만이 중시된다면 마음이 따라가지 아니하는 허례가 된다. 따라서 겉으로는 비굴해 보이고 속으로는 오만을 품게 되어 무례가 되고 말 것이다.
 얼마 전, 모 협회에 참석했다 손님과의 약속이 있어 역전 근처의 레스토랑을 들어간 적이 있었다.
 한 눈에도 우아하고 격조 높은 분위기가 꽤 많은 돈을 투자했겠구나 하는 생각을 자아내게 하였지만 손님은 그다지 많지 않았다.
 한 쪽 벽 모퉁이에 걸려 있는 영업 허가증에 나와 있는 사진과 나이가 엇비슷한 남자가 실내를 서성거리기에 사장인가 싶어,

"사장님이신가보죠?"

스님이 뭔가 주문할 게 있어 묻는다 싶어,

"뭐 주문하실 것이라도?"

하고 물었다.

물론 영업시간으로 좀 이르긴 하지만 너른 공간에 손님이라곤 별로 없는 썰렁한 분위기가 그만 안타까운 생각에 묻게 되었다.

"마니랑 상호는 누가 지은건가요?"

사람에게 이름이 있듯이 사업을 하는데도 상호가 있어야 되며 이러한 명칭이 사업의 성패를 좌우한다는 것은 두말 할 필요가 없어서 물었다.

"제 집사람이 지었습니다."

사람의 이름도 그렇지만, 특히 상호는 반드시 재물인 5.6이 서로 상생을 받고 있어야 영업이 잘 된다. 그런데 '마니랑'의 상호는 비견(내 세력) 1.2가 중첩되어 재성(재물) 5.6을 극하고 있으니 영업이 안 되는 것은 어떻게 보면 당연한 일일지도 모른다. 1.2는 5.6을 파재(破財)시키는 수리인데 것도 겹쳐서 극하고 있으니 참으로 답답한 노릇이었다.

내가 늘 안타까워하는 것은 인테리어 비용은 수천, 수억을 투자하면서도 정작 돈을 벌어주는 상호에는 인색하다는 점이다.

길을 걷다보면 보이는 것이 모두 간판이요, 상점들이다. 정말로 크고 작은 점포들과 사업체를 합치면 이루 헤아릴 수 없을 정도로 많은 것이 사실이다.

그런데 어느 사람은 돈을 벌고 어느 사람은 망한다. 그렇다면 사업이 잘되고 못되는 것은 무엇 때문일까?

사업이란 건실하다고 되는 것도 아니요, 부지런하고 영리하다고 되는 것도 아니다. 무엇보다 사주에 재물 복이 있어야 하고 또한 운로도 좋게 흘러야 한다.

첫째 이러한 조건이 갖추어져야 사업을 할 수 있는데, 여기서 또 주목하고 넘어가야 할 문제는 먼저 자신의 이름이 사업에 맞지 않는 사람은 사업에 손을 대서는 안 된다는 점이고, 그러고 나서 그 사업주와 맞는 상호를 선택해야 한다는 사실이다.

천지의 조화도 모두 제격에 맞지 않으면 혼란이 생기고 파괴가 되듯이 이처럼 상호나 이름도 모두 제 격에 맞아야 좋은 기를 불러들이게 된다.

우리가 살아가는 이 지구상에는 소리의 파동이 없으면 죽은 땅이 될 것이다. 우주가 생성되던 태초에 제일 먼저 천체를 진동시킨 것이 바로 소리였으며 이 천체가 만약 사라진다 해도 맨 마지막까지 남을 것 또한 아마도 소리일 것이다.

우리는 항상 부드럽고 맑고 고은 소리를 듣기를 좋아하고, 전율을 느끼며 공포를 자아내는 소리는 싫어한다. 이것은 이름에서도 마찬가지며, 회사명이나 상호 역시도 똑같다.

각 명운이 서로 해롭지 않는 배합이 제일 좋은 구성이며, 불길한 명운은 억제하여 좋게 작용하는 배합을 만드는 것이 다음으로 좋은 구성 방법이다. 상호나 회사명의 작성법도 이름을 짓는 방법과 대동소이하다.

이름을 잘 지어야 상품이 잘 팔린다는 것은 누구나 알고 있는 사실이다.

파동성명학은 어떠한 상호라 할지라도 일단 소리로 표현되는 것이라면 좋고 나쁜 작용과 영향력을 설명할 수 있으며 사업주에 따라 같은 이름이라도 길흉이 달라진다는 중요한 사실을 알아야 할 것이다.

따라서 아무리 부르기 좋고 기억하기 좋은 상호라도 사업자 등록상의 사업주와 맞지 않으면 실패의 고배를 마시게 됨을 상기해야 한다.

사주대로 이름을 짓는다

지난 해 가을, 소슬바람이 살랑살랑 옷깃을 스치는 서늘한 날씨인데 중년부부가 함께 방문하여 여러 가지 궁금 사항을 묻는데 너무나 박식하여 누가 질문자고 누가 그 질문에 응하는 자인지가 구별이 되지 않았다.

50년 庚寅생이고, 부인은 55년 乙未생인 나이로 이름을 물었더니 남편은 고주원, 부인은 배상혜라고 하였다.

"선생께서는 적어도 전문직 종사자로 재물 걱정은 안하시고 사실 분인데."

사주팔자도 상관생재(傷官生財: 상관이 재를 생함)로 재물이 있는데다 이름에서 나타나는 중심명운 1.3이 상생 상합하여 직장 생활에는 부귀가 따르고 대길한 배합이다. 매사에 자신감을 갖고 적극성을 띠면 대성공을 거둘 수 있는 명운이었다.

"어떻게 이름만 가지고?"

궁금하다는 듯 물었다.

직장생활에는 성공 발전하는 한편 감수성이 예민하고 낙천적이며 주위의 도움을 받고 문예나 정신력을 필요로 하는 직종에서 출세하기도 한다. 그러나 의심이 많고 독단적이며 내성적이고 단순하여 좋은 기회를 자주 놓칠 수도 있었다.

"이름으로 풀었을 때 그 정도의 지위는 되실 분이지요."

중심명운(이름의 첫소리)이 1,3인 경우 성명학에서는 승재관(勝財官; 재물을 이어주는 길성)이라 한다. 아울러 재생관이 나타낸 운기에 비할 만큼 명예와 재물이 따르는 명운으로 상하 좌우의 배합이 비교적 잘 짜여져 있어서 내린 판단이었다. 그제야 아는 사람의 소개를 받고 왔다며 상호를 지어볼 요량으로 찾아왔노라고 했다.

고사장은 명문대를 졸업하고 이십여 년 간 대기업의 간부로 근무하다 개인사업을 준비하던 중 우연히 지인의 소개로 상호의 중요성을 인식하게 되었다고 했다.

거기다가 부인의 명운 특히 제1 평생명운이 재생관(財生官)으로 이루어져 경제적인 면에서나 사회적으로 상당한 지위에 오르기 쉬운 사주였다.

사람이란 역경 속에서 단련되는 것이며 안락 속에서는 도리어 타락하기 쉽다는 말이 있다. 그러나 이 말은 어느 한 면의 진리에 지나지 않는 것 같다. 왜냐하면 역경(逆境) 속에서도 타락하는 사람이 있는가 하면 순경(順境) 속에서 도리어 분발하고 전진하는 사람도 있기 때문이다.

바로 부인의 사주가 그랬다.

"부인도 바쁘게 사회활동 하실 분인데 혹시 교육 쪽에 계시지 않는지요?"

태어난 날의 壬水가 일지에 록(祿: 뿌리)을 하고 있어 강한데 寅木月 식신이 年천간에 투간(透干)되어 寅木 역시도 뿌리를 내리고 있으면서 설기 또한 잘되고 있다. 月천간의 丙火는 장생지에 앉아 재물이 있는 사주로 이름과 부합될 때 잘 맞는 배합임을 한 눈에 알 수 있었다.

중학교 영어교사로 줄곧 교직에 몸담아 오다, 삼년 전 교육감으로 전직되었는데 금년 승진이 궁금한지 물었다.

중심명운이 5,7인데 8이 연이어 관살혼잡을 이루면 사회활동 특히 남성들과 함께하는 직장에 근무로 부부명운을 종합해 볼 때 무난하게 보낸다고 본다. 부부는 항상 함께 명운을 풀어 대조하여 종합 판단하여야 정확하며, 부부간은 무촌으로 이는 부부는 일심동체이며, 또한 헤어지면 남남이니 촌수가 성립되지 않는 원리 때문이다.

우리는 남의 능력을 평가할 때 남이 발휘하는 방전(妨電)만을 보고 감격하거나 헐뜯기 쉬운데 그런 능력이 어떤 과정을 겪어서 축적되었느냐하는 충전(充電)의 과정에 눈길을 돌려야 한다. 그래야만 남의 성공과 실패의 참 원인을 알 수 있는 것이다.

재미있는 것은 사주대로 이름을 짓는다는 놀라운 사실이다. 내가 경험한 바로는 사주에서 재물과 남편 덕이 있으면 이름에서도 재물과 남편이 서로 상생되어 있고, 사주에 재물 운과 남편 덕이 없으면 이름에서도 남편궁을 극한다거나 재물이 극을 받고 있다는 점이다. 또한 사주에 자식 운이 없는 사람을 보면 이름에서도 자식을 극하고 있어 우주 자연의 기를 실감한다.

이름을 지을 때 유명하다는 철학관에서 지었건, 부모 스스로가 부르기 좋고 뜻이 좋은 이름을 나름대로 지었던 간에, 사주에 맞게 이름을 짓는다는 사실이다. 그래서 이름만 가지고도 그 사람의 운세를 알 수 있다는데 놀라움을 금치 못할 때가 많다.

나는 이름이 사주보다 더 커다란 작용을 하고 있다는 말은 하지 않지만, 적어도 운명전환의 최대변수는 이름이라는 확신만은 갖고 있다. 그래서 신이 인간에게 운을 피해갈 수 있는 어떤 여지를 남겨준 것이 아닌가 하는 생각도 나름대로 해 보는 바다.

노파를 보니 어렴풋한 기억이

우리가 느끼는 희노애락의 감정, 그 대부분은 자기 자신이 주변으로부터 어떤 평가와 취급을 받고 있느냐에 따라서 좌우된다. 자신의 마음과 행동에 관하여 좋지 못한 평가를 받고도 기뻐하거나 즐거워한다면 그 사람은 어느 정도 수양을 쌓은 사람일 것이다. 왜냐하면 대부분의 사람들은 그럴 경우 화부터 낼 것이기 때문이다.

그러므로 남으로부터 받는 평가나 처우가 신경 쓰이지 않는 경지에 몸을 둘 수 있다면 인생의 고민에서 해방될 수 있을 것이다. 하지만 이 세상에 살고 있는 한, 세상의 비판에 대하여 마이동풍 식으로 신경을 안 쓴다는 것은 결코 쉬운 일이 아니다. 또 신경을 안 써도 괜찮은 것은 어디까지나 뜬소문인 경우이지, 자기 자신의 과오가 있을 경우에는 허심탄회하게 그 비판을 받아들일 줄 알아야 함은 두말할 나의도 없다.

몇 달 전, 한창 뜨거운 여름으로 기억되는 저녁이었다.

늦은 시간까지 책을 읽느라 절을 지키고 있는데 전화벨이 울렸다.

"어머! 안 계시는 줄 알았는데 계시네요."

기대 밖으로 전화를 받으니깐 무척 반가운 모양인지, 근처에 있다며 바로 방문을 약속하고 끊었다.

몇 달 전, 某 절 주지의 초청으로 그 절에 방문했다가 신도 중에 한 사람이 이름을 풀이해 달라기에 봐 준적이 있었다. 그러자 신도들이 줄을 서서 봐 달라는 바람에 한참동안 이름을 풀이해 주었는데 그때 보았던 노파였다.

그때 겨울이 되면 견디기 힘들 거라며, 그러니 매사 조심하라 일러주었는데 정말 겨울이 되니깐 숨이 막힐 정도로 힘들더라고 하소연 했다.

십분도 되기 전에 찾아 온 노파를 보니 어렴풋이 기억이 나는 듯했다.

그때 마침 예약한 신도가 사정이 생겨 방문을 미루고 있던 터라 조용하고 한가한 시간으로 인해 노파와 많은 얘기를 나눌 수 있었다.

이런 저런 얘기를 나누다 보니, 그간 살아온 인생여정이 하도 굴곡이 심해 이름을 물었더니 '주분선'이라고 하였다. 이름을 듣는 순간 어느 정도 노파의 불행을 감지할 수 있었다.

"무엇보다 주분선이란 이름으로 인해 삶의 파란이 예견 된 거 같군요."

己丑생 주분선의 이름의 첫 글자 '분'은 편관(남편) 7이 상관(자식) 3과 마주하고 있어 가정생활에 부적당하여 부부 풍파가 많고, 이별수가 잦으며, 신병을 조심하지 않으면 병치레를 끊임없이 하게 된다. '욱'하는 성격을 조심하지 않으면 평생 후회하고 단명도 하게 된다.

"제 이름은 철학관에서 돈 주고 지은 이름이라 수리, 음양, 원형이정을 맞춰서 지은 거라는데⋯⋯ 향기 분(芬)에 아름다울 옥

선(璿)."

그간 한문에 의한 성명학에만 의존해 온 게 문제라고 본다.

노파의 이름에는 남편을 나타내는 자리가 극을 받고 있으며 또 거기에 인수(모친) 0이 자식인 3과 마주하고 있어 자식에게 해(害)로움이 많고 그로인해 자식으로 눈물 흘릴 일이 있게 된다. 그러니 자식이 불효가 될 수밖에 없다.

우리들의 주위에는 소리가 있고, 그 소리는 공간에 있는 기운(氣運), 즉 공기를 움직이는 작용을 하게 된다. 이름은 소리를 내어 공기를 진동시켜야만 그 효력을 나타낸다. 다시 말해서 이름은 불러줄 때 그 효과가 생긴다는 뜻이다.

사주는 음동(陰動)이요, 이름은 양동(陽動)으로 이 두 가지의 각각 다른 기운의 교류가 하나의 운명을 만들어 내고 있다.

우리가 부르는 이름의 기운은 출생년도와 어우러져 운명에 길흉의 후천적 영향력을 행사한다. 그러므로 좋은 이름은 자꾸 불러주는 것이 좋고, 나쁜 이름은 부를수록 그 사람을 불행으로 이끌게 된다.

이름을 나이와 맞추면 그 사람의 성격과 운명이 나온다. 그만큼 이름의 운명에 대한 작용력은 대단해 주분선 노파의 이름을 통해서 충분히 느낄 수 있었을 것이다.

따라서 기본적으로 이름이 나쁠 때는 되도록 사용하지 않는 것이 좋고, 굳이 사람들의 입에 불려야 할 상황이라면 시간을 지체하지 말고 즉시 개명하여 불러주는 것이 바람직하다 할 수 있다.

천부경의 깊은 배경을 모르다보니

　　일시무시일(一始無始一)이니, 석삼극무진본(析三極無盡本)이고, 천일일지일이인일삼(天一一地一二人一三)이라. 일적십거무궤화삼(一積十鉅無櫃化三)이니라.
　　천이삼지이삼인이삼(天二三地二三人二三)이니, 대삼합육생칠팔구(大三合六生七八九)하고, 운삼사성환오칠(運三四成環五七)하니, 일묘행만왕만래(一妙衍萬往萬來)라, 용변부동본(用變不動本)이요, 본심본태양(本心本太陽)이니, 앙명인중천지일(昂明人中天地一)할지니, 일종무종일(一終無終一)이니라

♣ 一始無始一(일시무시일) ♣
"일은 시작되지 않고 시작된 일이며"라는 뜻이다. 그렇다면 이 일(一)이 무엇인가?
　　옛날 사람들이 첫 번째로 궁금하고 두려운 존재는 하늘이고, 그곳은 무한히 높고 천체가 떠 있으며, 천둥과 벼락이 치고, 비가 오며, 해가 지고 뜨고, 돌고 돌아서 신비, 경이의 대상이었다. 그래서 一은 태양 같은 모양(ㅇ 圓)이고 하늘의 수다. 태양열

을 받으니 물이 수증기가 되어 위로 오르고 뜨거워진 것은 부풀고 커지기 때문에 볼록(凸)하게 표시했고, 그것은 마치 남자의 성기와 닮았으며 태양(日)이 있는 글자는 陽(一)이고 一은 인체에서 밝게 빛나는 눈을 뜻한다.

♣ 一始無始一(일시무시일) 一終無終一(일종무종일) ♣

하늘 즉, '우주는 시작됨이 없이 시작되고 끝남이 없이 끝나니라' 하고 이 우주의 생성원리를 한마디로 요약해 말하고 있다. 따라서 천부경의 첫 문장은 우주란 무엇인가에 대한 답이요, 결론이요, 정의이다. 시작이 없는 우주, 끝이 없는 우주. 이것이 고대의 우리 선인들이 이미 밝혀 놓은 우주의 실체이다. 그러므로 천부경의 첫 문장과 마지막 문장을 붙여서 읽어야 이해가 쉽다.

♣ 析三極無盡本(석삼극 무진본) ♣

여기서 쓰인 삼(三)은 사람(人)의 상징이 아닌 석삼(三)의 뜻이다. 이 문장은 여기에서 말하는 세 가지의 극(極)이 무엇인지를 알아야 한다.

다음 문장에서 "하늘(天)의 수는 일일(一一)이요, 땅(地)의 수는 일이(一二)요, 사람(人)의 수는 일삼(一三)이다." 라고 명확하게 말하고 있다. 천부경에서 사용된 모든 일(一)이란 수는 하늘이고, 이(二)란 수는 땅이며, 삼(三)이란 수는 인간을 지칭하는 대명사이다.

석삼극무진본(析三極無盡本)은 "세극을 나누어도 그 본은 다하지 않는다."라는 뜻이다. 여기서의 삼극은 천지인(天地人)의 삼신(三神)을 뜻한다. 이 천부경에서 나온 한 단어 '삼극'에서 한사상의 삼신사상이 나왔고, 하늘을 양, 땅을 음, 사람을 중으로 보는 음양사상이 나왔다. 무진본은 무진장과 같은 뜻의 단어이다.

엄청나게 많아서 결코 마르지 않는, 다하지 않는, 다함이 없는 그런 뜻이다. 하늘과 땅과 사람으로 나뉘어도 궁극적인 근본은 다함이 없다. '변함이 없다'의 뜻이다. 천지인과 음양중의 삼극이 비롯되는 이 다하지 않는 본(本)을 우리는 태극(太極)이라 부른다. 불가의 진아일여(眞我一如). 우리 한사상이 지향하는 삼신합일(三神合一)의 상태가 우주본래의 자리, 그대로의 본모습인 태극 이다. 곧 무진본(無盡本)인 것이다.

아주 먼 옛날, 인체의 구조가 천지, 자연, 우주의 모든 질서 법칙과 일치한다는 사실을 발견하고 신인합일(神人合一)로 생각하고 우리 민족은 고대사회의 정신과 문화, 종교의 스승으로 천부경을 우선으로 삼았다. 주역(周易)은 물론이고, 이 세상의 어떤 종교나 사상학설도 천부경의 석삼극(析三極)이며 무궤화삼(无匱化三)으로 표현되지 않은 것이 없다.

♣ 天一一地一二人一三(천일일 지일이 인일삼) ♣

하늘을 일(一)이라는 수로, 땅을 이(二)라는 수로, 사람을 삼(三)이라는 수로 대치한 말이다. 그런데 왜 천지인에 각각 일이라는 수가 하나씩 더 들어갔느냐? 여기에 천부경의 기막힌 압축법(즉 여든한 글자를 가지고 우주를 설명하는 놀라운 비결)의 요체가 담겨있다.

천부경은 댓귀법을 쓰고 있으므로 같은 형태의 두 문장을 찾아 한꺼번에 보지 않으면 숨은 뜻을 찾을 수가 없다. 이 문장과 같은 형태의 문장이 천이삼지이삼인이삼(天二三地二三人二三) 이것이다. 일시무시일과 일종무종일을 붙여서 읽고 해석하듯이 이 두 문장도 붙여서 해석해야 한다.

天一一地一二人一三, 天二三地二三人二三. 두 문장을 나란히 붙여 놓으면 천지인에 각각 네 개씩의 숫자가 있다. 그것을 모아

보면 다음과 같다.

　천(天)에 사용된 수 : 일일이삼
　땅(地)에 사용된 수 : 일이이삼
　인(人)에 사용된 수 : 일이삼삼

　천지인은 각각 자기 고유의 수를 두개씩 가지고 있다. 천은 일을 두개 가지고 있고, 지는 이를 두개 가지고 있고, 인은 삼을 두개 가지고 있다. 그러면서 천지인은 자신의 고유수 외에 나머지 둘의 고유수를 하나씩 가지고 있다. 즉 하늘은 땅의 수, 이(二)와 인의 수, 삼(三)을 하나씩 가지고 있고, 땅은 하늘의 수, 일(一)과 사람의 수, 삼(三)을, 사람은 하늘의 수, 일(一)과 땅의 수, 이(二)를 가지고 있다. 즉 하늘과 땅과 사람은 각각 자신의 고유한 성질을 나타내고 있지만 각각은 나머지의 성질을 부분적으로 다 가지고 있다는 뜻이다. 즉 하늘은 하늘이면서 땅이고 사람이요. 땅은 땅이면서 하늘이고 사람이며, 사람은 사람이면서 하늘이요 땅이라는 말이다.

　이 천지인의 삼극(三極)에 음(陰)과 양(陽)과 중(中)을 대입시켜도 그대로 들어맞는다. 이것이 음양학의 기본 원리이고 기본 법칙이다.

　천부경에 숫자가 사용된 이유는 수백 수천의 단어로 설명해야 할 것을 극도로 압축하기 위한 방법에서다. 하늘과 땅과 사람이 각각 모습이 다르게 보여도 천지인은 동일한 본성을 가지고 있다는 것을 설명하자면 아마 수십 페이지는 족히 필요할 것을 단 두 문장으로 표현한 것이다.

♣ 一積十鉅無匱化三(일적십거 무궤화삼) ♣

　그대로 풀이하면 '일(一)이 쌓여서 십(十)이 되는데 상자가 없어서 삼(三)으로 변한다.' 이다. 일(一)이란 하늘이다. 삼(三)은 사람이다. 그렇다면 해석된 뜻은? 하늘의 정기가 쌓이고 충만해지는데 그것을 담을 상자(櫃)가 없으므로 사람으로 변한다는 것이다. 인간은 하늘이 모습을 바꾼 것이다. 동학에서 주장한 인내천이 바로 천부경의 가르침에서 나온 말이다. 사람을 섬기기를 하늘과 같이하라 했던 유교의 인본주의 사상이 여기서 발원되었음이다.

하늘이 있고, 사람이 따로 있는 것이 아니라, 즉 창조주와 피조물이 나뉘는 것이 아니라 하늘이 변한 것이 사람이니 사람이 곧 하늘이라는 궁극의 가르침이다. 이것이 일만 년 전 고대인의 종교관이었다고 누가 믿을 것인가? 우리민족의 종교적 차원은 태양신을 섬기거나 창조주를 찾던 타민족들의 그것과는 하늘과 땅만큼의 격차가 있었다.

유불선을 포함한 동양사상을 단 하나로 압축하면 바로 '인간'이란 두 글자가 된다. 하늘의 기가 쌓이고 충만한 과정을 거쳐 인간(혹은 생명이란 말로 대치)으로 화한다는 이 말은 이 우주에서 생명이 모습을 드러내는 원리를 극명하게 표현한 것이다. 현대과학이 생명의 탄생을 밝히게 되는 날, 과학자들은 이 이상의 말로 표현할 수 없을 것이다. '인간이란 하늘을 담아 놓은 그릇(상자)이다.' 그 그릇을 함부로 하고 가벼이 대해서야 되겠는가? 모든 사람이 다 하늘인 것이다. 서양이 인본주의라면 동양은 신본주의이다. 서양의 신과 인간은 대립관계요 종속관계라면 동양은 일체관계요 수평관계이다. 사람이 곧 하늘인데 어찌 사람 밖에서 신을 찾을 것인가? 마음 밖에 하나님(성령)이 있겠는가? 천부경의 전체 문장은 그 뜻이 애매하거나 모호한 것이 한귀절도 없다. 모든 것을 가장 명료하게 분명한 문장으로 밝히고 있는 경전이다.

♠ 大三合六生七八九(대삼합육 생칠팔구) ♣

대삼합육은 글자 그대로 큰 삼(三)을 더하면 육(六)이 된다. 여기서 큰 삼(三)이란 바로 천지인(天地人)의 삼극(三極)이다. 즉 천(天)의 수, 일(一)과, 지(地)의 수, 이(二)와, 인(人)의 수, 삼(三)을 합하면 육(六)이 된다는 말이다.

이 당연한 덧셈을 왜 하고 있을까? 앞에서 하늘의 수가 네 가지였다. 천(天)의 수는 일일이삼, 땅(地)의 수는 일이이삼, 사람(人)의 수는 일이삼삼 여기에서 천지인이 가지고 있는 고유수 하나씩을 빼면 1+2+3은 모두 6으로 같다는 말이다. 즉, 천지인은 동본이상(同本異象)이다. 그 모양은 다르나 그 뿌리는 같다는 말이다.

생칠팔구(生七八九), 칠팔구가 생긴다고 했는데, 이 칠팔구를 더하면 천하의 절기가 스물네 개이다. 일 년의 운행이 24로 나누어지는 것이다. 또한 하루의 시간 역시 24로 나뉘어진다. 이와 같이 삼극이 존재하면서 우주의 운행이 시작됨을 말하고, 음양이 조화를 이루면서 천지가 돌기 시작한다.

♠ 運三四成環五七(운삼사성 환오칠) ♣

삼(三)이 움직여 사(四)를 이루고, 오(五)와 칠(七)을 덮는다는 뜻이다. 삼(三)이 움직인다는 것은 석삼극(析三極), 즉 천지인 또는 음양중의 3극으로 나누어진 태극은 고정되어 제자리에 있는 것이 아니고 서로 상생상극하며 돌게 되는데 이것은 천지의 운행이고 음양의 회전이다. 삼극은 움직인다(運). 이 삼극의 움직임이 만들어내는(成) 것이 사(四)다. 이 사(四)가 바로 기(氣)이다. 기(氣)의 부실함은 바로 삼극의 움직임이 바르지 못하기 때문이다. 이 기가 오(五)와 칠(七)을 둘러싼다(環). 오(五)는 오행(五行) 즉 모든 물질과 제반 현상이고, 칠(七)은 칠기(七氣) 즉, 칠정(七

情)인 마음이다. 태극이 나뉘어 삼극(三神)이 되고 이 삼극이 조화로 운행하면 기가 생기며 이(二)가 몸(물질)과 마음(정신)을 같이 둘러싼다고 하는 음양오행의 이론적 시원이 여기서 나왔다.

♣ 一妙衍萬往萬來(일묘연 만왕만래) ♣
하늘의 움직임은 묘하고도 묘하여라. 삼라만상이 가고 오는 도다.

♣ 用變不動本(용변 부동본) ♣
세상만물이 그 쓰임(형태, 모습)이 변해도 근본자리는 바뀌지 않음이니.

♣ 本心本太陽(본심 본태양) ♣
근본마음이 본래 밝은 빛이다.

♣ 昻明人 中天地一(앙명인 중천지일) ♣
사람을 우러러 비추어라. 천지 중에 으뜸이니라. 이 지구상에 이보다 더 인간을 존중하는 종교나 사상은 찾아볼 수 없음이다.
해서 석가는 '천상천하에 유아독존'이라 표효했다. 한 생명이 우주만큼 소중한 것이었다.

♣ 일종무종일(一終無終一) ♣
'우주는 끝남이 없이 끝나니라.'

천부경은 그 내용이 길지 않으면서도 우주와 신과 인간에 대한 모든 것을 담고 있다. 불교의 8만대장경을 260자로 압축한 것이 '반야심경'이다. 이 '반야심경'의 내용을 여든한 글자로 압축하면 천부경의 내용과 크게 다르지 않다. 반야심경을 한글자로 줄이면 마음(心)이다. 천부경을 한글자로 줄이면 인간(人)인데 이를 올래(來)자로 함축하면 이해가 더욱 쉽다.

십자가(十) 즉 삼신(三神)인 성부, 성자, 성령님이 인간(人)의 심령 안에 거할 때 거기가 바로 십승지(십자가)요, 성경 전체의 이야기를 81자로 천부경이 전부 표현해 놓은 것이다.

하나는 우주에 대해 말하고 있다. 시작도 끝도 없는 우주. 현대 우주물리학은 시작이 있는 세계, 즉 '빅뱅'이라 말하는 대폭발 이론으로부터 그게 전부가 아니다 하는 쪽으로 가고 있다. 즉 '빅뱅'이 우주의 시작이 될 수 없다는 것을 알게 된 것이다. 대폭발설 이후에 거품우주, 다원우주이론 등이 폭 넓은 지지를 얻어가고 있는 중이다. 현대우주물리학은 결론의 가닥을 '시종이 없는 우주' 쪽으로 잡아가고 있다.

천부경을 대개 종교적인 경전으로 생각하는데, 이 천부경에 신에 대한 말은 한마디도 없다. 불교의 가르침도 신은 종속적인 개념에 지나지 않는다. 내세에 대한 이야기도 없다. 구원의 희망도 말하지 않는다. 그저 인간은 하늘, 즉 우주 그 자체이다. 라고 말하고 있고, 우주는 시작도 끝도 없다고 말한다. 인간은? 태어남과 죽음이 없이 영원한 우주이다. 세계의 모든 민족들이 태양과, 달과, 염소와, 독수리와, 뱀을 신으로 받들고, 신들의 기쁨을 위해서 인간의 심장을 바쳤던 때에 우리민족은 우상을 세우지 않았던 민족이다. 그러나 불교가 들어온 이후에 불상이 세워지기 시작했다. 하늘에 제사지내는 신성한 장소인 소도는 그저 평평한 마당에 작대기 하나(솟대) 세워 놓은 것이 전부였다. 그 제사의 성격은 신에게 봉행하는 자리가 아니라 하늘(하느님)님을 모시고 산사람들이 먹고 마시는 잔치였다. 인간을 벌하는 신이란 생각할 수도 없는 일이었다. 세계의 모든 민족은 신 앞에 죄의식에 사로

잡힌 채 두려운 심정으로 나아간다. 그러나 한민족은 원래 신 앞에서 더욱 명랑한 민족이었다. 신을 공경했지(敬天), 두려워하지 않았다.

　신에 대한 공경은 인간에 대한 사랑(愛人)의 다른 방법이었다. 경천애인(敬天愛人)의 밝은 마음이 우리민족의 종교관을 형성한 것은 환인천제시절부터 이어져 내려온 것으로 천부경에 그 뿌리를 두고 있다.

　무엇인가를 만드는 신(그것이 우주건 사람이던 간에), 질투하는 신, 시험(test)하는 신, 분노하는 신, 복수하는 신, 편드는 신, 파괴하는 신, 벌주는 신이란 개념은 우리 민족에게는 황당하고 우스운 것이었다. 우리 민족이 알고 있는 신은 그렇게 경망스런 신이 아닌 것이다. 우주의 본질 다음으로 천부경이 가르치는 것이 바로 인간의 본질이다. 하늘의 기가 형상으로 나타난 것, 이것이 인간이다. 우주에서 가장 소중한 것이 하늘의 백성으로 영원의 생명을 말하고 있다.

　이러한 천부경의 깊은 배경을 모르다보니 이 하늘 경전을 타종교에 빼앗기게 되므로 그로인해 신흥종교들이 우리나라에 우후죽순으로 생겨났다. 그러니까 오늘날 교회들조차도 뉴에이지 운동이니 뭐니 하면서, 기독교도 이제는 시대에 맞게 개혁을 해야 한다고 부르짖고 있다. 교회(목사)들이 불교와 유교와 기독교가 하나로 통일되어야 한다고 주장하고 있으나, 엄밀히 말하면 기독교는 종교가 아닌 유일신이신 하나님 나라의 통치의 원리다.

　우리나라에 유독 각종 종교들이 판치는 이유도 알고 보면 하늘의 경전인 천부경이 엉뚱한 곳으로 넘어갔기 때문이다. 그로인해 신흥종교들이 난무하게 된 것도 어떻게 보면 하느님의 계획이었음을 교회나 목사들은 정확하게 깨달아야 한다.

운명을 바꾸려면 이름을 먼저 바꿔라

```
66   26   682
모   도   빈
00   60   026
```

　57년 丁酉생 모도빈을 알기 시작한 9년 동안 본처 외에 부인이 무려 두 번이나 바뀌었다.
　중심명운 2가 처인 6과 마주하고 있으면 재운의 주파수가 극함을 받으니 재물 복이 없고 처덕이 없으며 욕심이 앞서 부부간에 애로가 많다.
　형제가 불화하며 주위의 도움이 적고 성공에 장애가 많아 일생 분주다사하며 수입보다 지출이 많고 불행한 일이 자주 생기며 재물을 모으면 수명을 단축한다. 또한 큰 뜻을 펴지 못하니 일생이 불행해 질 수 밖에 없다.
　욕정과 도리는 어떤 의미에서 반대 개념이다. 욕정은 인간의 본능이며 그 유혹은 뿌리치기 어렵다. 반면 도리는 자연의 순리이며 진리인데 그것을 따돌리는 것은 쉬우면서도 어렵다. 어려운 것을 피하고 유혹에 빠져들기 쉬운 것이 인생이라 그래서 사람들은 많은 풍파를 겪으며 살아간다.

물론 배노민의 사주 역시도 재다신약이라 처를 거느릴 능력이 없는데다 이름에서 조차 처인 재성 5가 무려 4개나 차지하고 있어 사업의 실패는 물론 부인이 여러 번 바뀔 수밖에 없는 이름이라 개명을 적극 권유했지만 별로 실감이 나지 않는지 한쪽으로 흘려들었다. 그 후로 계속되는 실패로 인해 결국 개명을 하기에 이르렀는데 그러던 그가 바로 얼마 전 오랜만에 방문하여 하는 말이, 고생을 하려고 스님의 말을 듣지 않았다며 은연중 요즘 자신의 처지가 나아졌음을 과시하고 있었다.

운명은 반드시 존재하므로 절대로 노력만 가지고 삶을 윤택하게 하지 못한다. 그래서 동서양을 막론하고 사람들은 한결같이 자신의 미래를 알고자 운명의 신비를 풀고자 하는 노력을 지속해 왔다.

사주팔자는 본인의 의사와는 무관하게 정해지고 바꿀 수 없는 숙명론으로 단정한다면, 이에 비해 이름은 혈통으로 이어진 성(姓)을 빼고는 본인의 자유의사에 의하여 바꿀 수 있는 것이므로 개운론의 으뜸이라고 할 수 있다.

이 중 파동 에너지에 의해 운명을 이끌어 내는 소리 성명학은 사람의 마음을 움직이게 한다. 그 움직임에 따라 운명도 자유자재로 바뀌게 되는데, 예를 들어 높고 빠른 템포의 음악을 들으면 사람은 흥분하고, 낮고 느린 템포의 음악을 들으면 사람이 조용해진다. 음의 높고 낮음, 빠르고 느림을 우주의 변화 원리에 맞추면 주파수가 높은 파동의 에너지는 양이 되고 주파수가 낮은 에너지는 음이 되므로 음양의 편차를 만들어 운명을 이끌어 내는 것이다.

그간 시중에 널리 알려진 기존의 성명학은 대부분 중국이나 일본에서 들여온 여러 가지 속설로 현재 정통으로 인정을 받고 있지만 그러나 재래식 속설은 이론을 위한 논법에 불과한 허구라는 사실을 경험에서 많이 입증되어 왔다.

동양사상의 발상과 기본은 우주만유의 생성과 소멸을 보이지 않는 기운의 변전원리로 보는 이른바 기(氣)철학이라 할 수 있다.

그렇기 때문에 소리에서 나는 파동의 기운은, 온 우주를 향해 이를테면 아름다운 소리는 인간의 생리파동과 비슷해서 사람의 생리활동을 촉진시키는 생명의 소리가 되고, 시끄러운 소리는 사람의 생리 활동을 거꾸로 일어나게 하는 죽음의 소리를 내게 되므로 소리에서 운명을 만들어내고 있다.

식물도 또한 음악의 영향을 받아서 아름다운 음악을 들려주면 잘 큰다는 보고가 있듯이 이렇듯 모든 소리는 파동에 의해 기가 형성되고 운명이 형성된다.

특히 동양사상의 근저에는 인체는 우주의 축소판으로 천지의 기운이 응축된 소우주라 명명한다. 소리도 자연 그 자체의 일부로 인간의 운명 또한 파동에 의해 일부가 그래서 지배당하고 있다고 보는 것이다.

개명은 잘해야 한다

　인간의 운명은 소중한 것이기 때문에 남의 운명을 마음대로 결정하고 마음대로 해석해서도 안 된다. 무슨 뜻인가 하면 함부로 이름을 지어주어서도 안 되고 제멋대로 풀이해 줘서도 안 된다는 뜻이다.
　불행해질 이름을 지어 한 사람의 일생을 망치고 힘들게 하는 경우를 수없이 봐왔기 때문이다. 이름을 잘 짓고 못 짓는 것에 따라 행복과 불행, 길(吉)과 흉(凶)이 갈리게 됨을 작명가들은 특히 명심해 들어야 한다.
　같은 이름이라도 태어난 해에 따라 운이 달라지는 구성성명학은 우리가 사주를 푸는 육친에 의해 풀이를 하기 때문에 이름만 가지고도 그 사람의 성격, 가족관계, 학력, 재물, 심지어 궁합까지도 알아낼 수 있다.

　　　366　248　38
　　　정　　민　　주
　　　144　026　16

얼마 전 처음 방문한 여인이 블로그를 보고 왔다며 조심스레 입을 열었다.

"저는 남편 잘못 만나 그간 힘들게 살았지만, 내 딸 만큼은 제 팔자를 물려주고 싶지 않아요. 그래서 좋은 이름이라도 지어주고 싶어 지난해 정은계를 정민주로 개명해 주었는데 어떤가 해서요."

간혹 비싸게 지불하고 지었다는 이름이 오히려 본명보다 못할 때가 많다.

"93년 癸酉생 본명 정은계의 이름은 재물이 있고 남편 덕이 있으며 이름이 서로 상생하고 있어 오히려 흠잡을 데가 없는 이름입니다. 반면에 정민주는······."

하는데, 중간에 말을 가로 막았다.

"은계는 은혜 은(恩)자에 경계할 계(戒)자가 중년격이 27획이라 매사 하는 일이 중도에서 실패하고 말년에 고통이 심하며 부부간에 서로 이별하고 불구 단명할 이름이라고 하던데요?"

한문획수로 풀이하면 중년에 해당하는 이격(利格)이 중길격이라 낙마절골지상이라 해서 아주 흉하다. 그렇지만 현재 정은계라는 이름으로 잘 사는 사람들이 얼마나 많은가.

"백성 민(民)자에 물 이름 주(湊)자는 물론 획수로는 완벽한 이름으로 그런 면에서 잘 지은 이름입니다만 우선 민주라는 이름은 재물이 들어오기 바쁘게 나가고, 아울러 남편 덕이 없는 명운으로 이별수가 있습니다."

중심명운이 겁재 2면 남녀 불문하고 사업을 하더라도 독자적인 강한 자기 주관 때문에 동업은 되도록 피해야 한다. 형제간에 재물로 다투기도 잘 하지만 완고한 고집으로 인해 일을 벌려 놓고 스스로 수습하지 못하는 경우가 많다. 따라서 오해와 불신이 누적되어 대외적으로나 가정적으로 파재가 끊이질 않는다. 또한 관성(남편) 7.8과 식상(자식) 3.4가 서로 나란히 있으면 식상은 관성을 극하므로 남편과 이별수가 예상되며 겁재(형제) 2가 중심주파수에 있는 사람들이 형제로 인해 고통을 당하거나 재물의 파재도 일어날 수 있다.

상담을 하다보면 이렇듯 개명한 이름이 본래의 이름보다 못한 경우가 허다하여 어렵게 개명하여 호적에 올린 이름이 본명보다 못할 때, 나의 마음이 가장 안타깝다.

겉과 속이 다른 사람은 언제나 드러나게 되어 있다. 속마음은 진실이 아닌데 겉으로는 좋은 척해서 잠깐 동안 남을 속일 수 있을지 몰라도 언젠가 진실이 드러나게 마련이다. 사람의 내면과 외면은 바로 연결되어 있어 결국은 그 둘이 일치된 형태로 드러나게 된다.

작명가들 또한 이와 마찬가지다. 돈을 받고 이름을 지어주면서도 정말 이름대로 살까? 그러면서도 돈을 벌기 위해 이름을 지어준다. 속마음은 이름이 그다지 중요하다 느끼지 않으면서 말이다. 그러기에 속마음과 겉모습 모두가 중요하다. 마음이 아름다운 사람은 겉으로 드러난 모습도 아름다운 법이라 돈 때문에 남의 이름을 함부로 짓지 않는다. 왜냐하면 이름의 중요성을 인지하지 못한 자신의 양심 때문에……!

이름을 바꾸고 좋아진 운세

  살아가는데 있어서 가장 중요한 것은 정신의 세계, 마음의 세계이다. 이러한 마음은 긴장감의 유지와 끊임없는 발상의 전환을 필요로 하는데, 무슨 일이든 꾸준히 하는 것이 중요하다. 하마못해 취미생활이라도 꾸준히 했을 때 마음이 연결이 되고 긴장감이 유지된다.
  그렇다면 사람들은 왜 실패하고, 왜 불행할까? 그것은 자기 몸에 배어있는 나쁜 습관 때문이다. 사람에게는 좋은 점도 있고, 나쁜 점도 있다. 좋은 점이 나쁜 점보다 더 많이 드러날 때 사람들로부터 좋다는 평을 듣게 되는 것이고, 나쁜 점이 좋은 점보다 더 많이 드러날 때에 나쁘다는 평을 듣게 된다. 하지만 제일 나쁜 것은, 자기 안에 들어 있는 나쁜 것을 알면서도 바로잡으려고 노력하지 않는다는 것이다.
  고집이 강한 K가 있었다. 그는 한 번도 철학원을 가 본 적이 없음을 자랑으로 여기는 자신의 주관만을 믿고 사는 사람이었다.
  그러던 그가 어느 날 나와 자리를 함께 할 기회가 있었는데 이런 저런 얘기 끝에 이름을 물었다.

60년 庚子생인 김진선의 이름을 듣는 순간 어느 정도 그의 고집스러움을 알듯했다. 중심 명운이 1에 해당하는 사람은 고집스럽고 주관이 강하며 사람 사귀는 것을 좋아하지만 독단적인 사고로 인해 남의 말을 귀담아 듣지 않는 편이다. 그런 연고로 사업을 하게 되면 금전의 실패를 많이 보게 되어 있으며 아울러 부부간에 이별수가 예견되는 불길한 이름이기도 했다.

"직장 생활을 한다면 몰라도 사업을 하고 있다면 경제적 어려움을 많이 겪고 있을 텐데……."

하며 그렇지 않느냐는 뜻으로 물었더니,

"글쎄요! 남보다 열심히 하는 거에 비해 별다른 소득은 없는 편이죠."

긍정도 부정도 아닌 애매모호한 답으로 물음에 대신했다.

"워낙 주관이 강한 분이라 얘기하기 좀 그런데 이름을 한번 개명해 보면 어때요?"

하고 조심스레 의향을 미쳤더니.

"저는 그런 거 별로 믿지 않습니다."

하며 한마디로 단호하게 거절했다.

그리고 그를 까맣게 잊고 있었는데 얼마간의 시간이 흐르자, 어쩐 일인지 이번에는 그가 스스로 절을 찾아 왔다.

"제 작년부터 자꾸 일이 꼬이면서 어려워지는데 아무래도 스님의 자문이 필요할 거 같습니다."

지난번에 비해 정중한 태도가, 2-3년 전의 기세당당한 모습은 온데간데없고, 한풀 꺾인 모습이 나름대로 그간의 고충을 말해 주고 있었다.

다행이 대운(大運)의 운로가 甲木이 5월생으로 水氣가 필요한데 1-2년만 지나면 水운으로 바뀌면서 좋아지고 있었다.

"앞으로의 운세가 1-2년만 잘 참고 견디면 좋아지리라……."

푹 가라앉아 있는 그의 마음에 용기라도 심어주고자 목소리에 힘을 주고 자신 있게 말했더니,
"지난번 개명을 권했을 때 듣지 않은 걸 후회 합니다. 지금이라도 좋은 이름 부탁드립니다."
하며 다소곳이 말하는데 강한 눈빛이 그 전에 비해 많이 약해져 있었다.
그리고 얼마의 시간이 지난 요즘의 그의 생활은 성격부터 눈에 띄게 달라지고 있었다. 고집보다는 타협을 우선으로 하였고 그리고 남의 말을 귀담아 들으려는 노력을 게을리 않았으며 나름대로 생활에도 많은 변화를 갖고자 애쓰고 있는 흔적이 역력했다. 그래서인지 점차 좋아지고 있는 그의 사업이 하루가 다르게 변모하고 있었다. 물론 이름을 개명했다고 좋아진 거라 볼 수 없지만 무엇보다 앞으로의 그의 운세에 이름이 한 몫 거둔 것만은 틀림이 없다.
또한 운이 나쁠 때는 듣지 않더니, 그 역시도 운세가 좋아지려 하니깐 나의 말에 순순히 따랐던 이유도 그 중에 하나라 생각한다. 어쨌든 최근 들어 차츰 나아져 가는 그의 표정을 보고 있노라면 그렇게 흐뭇할 수 없다.
사람들은 운명이 있으니 없느니 죽으면 그 뿐이라느니 논란도 많지만, 절대로 거역할 수 없는 운명은 늘 우리들의 주위를 맴돌며 행복과 불행을 교차시키고 있다.
뿐만 아니라 이 운명은 우주의 모든 천체와 지구위의 살아서 숨 쉬는 모든 것 위에 심지어 풀 한포기에 이르기까지도 생성과 소멸을 주재하고 있다는 사실을 인식해야 한다.
우리가 좀 더 나은 삶을 살기 위해서는 우선 고정 관념에서부터 벗어나야 한다. 실패와 불행은 모두 자기의 몫이다. 성실하고 부지런한 생활, 신의 있는 인간관계, 이타심 이 모든 것이 성공

의 길로 이끄는 척도가 된다는 것을 생각할 때, 성실하게 자기 나름대로 인생의 정도를 향해 걸어가는 자세야 말로 어느 정도 성공을 보장하는 길이라 할 수 있다.

상호 덕을 톡톡히

　44년 甲申생인 안여사님은 남편의 사업이 부도로 도산하기 전까지만 해도 세상물정을 잘 몰랐었다. 그러던 여사님이 남편 대신 생활전선에 뛰어든 것은 놀라운 변화였다. 2000년 조그마한 음식점을 개업해 장사를 시작했는데 처음에는 사람들이 얼마가지 않아 식당 문을 닫을 것이라고 염려를 했다.
　장사 경험이 전혀 없는 터라 무조건 밤늦은 시간까지 부지런하면 된다싶어 열심히 뛰었지만 노력에 비해 늘 적자였다. 그러므로 몸은 피곤하고 심신은 고달플 수밖에 없었다.
　그러던 지난 해, 여사님이 친구와 함께 절을 방문했었다.
　당시의 이름 '안향미'나, '행복식당'은, 이름이고 상호고 재물을 나타내는 5가 없고 7과 3이 서로 극을 하고 있어 구설만 오르내렸지 재물과는 거리가 멀었다.
　다행이 지난해가 재물을 상생시켜주는 대운이 왕성하게 들어오고 있는 때라, 이럴 때 사주에 맞는 이름과 상호를 바꾸어 주면 상당한 상승세를 타게 된다. 그러지만 어렵게 가게를 꾸려가고 있는 터라, 이름과 상호를 함께 바꾸는데 무리가 따랐다. 그래서 이름을 상호로 대신해 함께 사용하라고 권해 주었다. 그랬더니 지금까지 경기침체에도 불구하고 제법 장사가 잘 되고 있는 실정이다.
　3의 특성인 음식이 재물 5을 보니 득재함이 여의하고 주위의 도움, 다시 말해 재관(財官: 재물과 명예)이 많아 소망을 달성하는 대길한 상호였기 때문에 왕성하게 들어오는 재물 운과 맞아 떨어졌다.
　처음에 주변에서 이 식당이 얼마가지 못해서 틀림없이 문을 닫을 것이라고 예상했던 사람들은 여사님의 끈질긴 노력과 인내에 감탄을 하였지만, 여사님은 근래 들어 상호 덕을 톡톡히 보고 있는 거라며 나한테 그 공을 돌렸다.
　세상 사람들은 누구나 돈이라면 자다가도 벌떡 일어나 관심을 갖고 덤비려든다. 주야로 궁리하는 것이 어떻게 하면 돈을 많이 벌 수 있을까 하고 연구하는 것이 요즘의 세태다.
　돈이란 사람이 살아가는데 있어 편리함을 제공해 주는 데는 최상이지만 엄밀히 따지면 돈이란 것도 하나의 도구에 불과하다. 그런데도 대부분의 사람들은 그 돈을 마치 신주 단지 모시듯 하는 것을 보면 돈이 좋긴 좋은 것인가 보다.
　열심히 땀 흘려 정당하게 번 돈이라면 그 돈이 복되고 가치 있는 돈이 되지만 그러나 그렇지 못할 때는 그 돈으로 인해 죄악의 덩어리가 된다.
　또한 내가 번 돈이지만 어떻게 사용하느냐에 따라서 그 돈이 행운을 가져올 수도, 불행을 초래할 수 도 있다.
　누구나 최고의 관심의 대상인 돈을 벌 수 있는 몇 가지 상태를 구별해 보면, 첫째는 수고한 이상으로 돈이 들어 올 때는 그 시기나 대운이나 연운에 재운(財運)이 따르는 때고, 둘째는 상호가 그 사업주와 재물 운이 상생될 때 수고 이상의 돈이 들어옴을 알 수 있다.

그렇다면 어떤 상호가 돈을 많이 벌 수 있게 해주는가.

모든 상호에는 모두가 글자의 기운이 작용하여 영향력을 미치는 것이 아니라 그 이름들을 부르는 소리에서 발생하는 에너지가 성공과 실패, 행복과 불행을 좌우하는 것이다. 그래서 우선 소리의 다섯 가지 기운의 모임에 따라 상생함을 대길로 보고 상극함을 대흉으로 본다. 그렇다고 무조건 상생은 좋고 상극은 나쁘다고 판단해서는 안 된다. 그 이유는 상생 중에 흉함이 있고 상극 중에 길함도 있기 때문이다. 이는 사업주인 주인공의 기운과 이름, 상호의 기운이 서로 조화를 이루어야 하는 까닭이다.

상호는 사업주와 맞아야

　옷을 입을 때 맨 윗 단추를 잘못 끼우면 차례로 모든 단추가 어긋난다. 이럴 때 윗 단추를 찾아서 바르게 해놓지 않고 중간 것만 자꾸 갈아 끼우면 끝내 바로잡히지 않는다. 그 처음을 찾아서 바로 잡아야 모든 일이 바로 잡히게 된다.
　일을 하다보면 난관에 부딪치게 되는데 사람들은 이럴 때 당황하고 흥분하면서 자포자기부터 하려 든다. 어려울 때일수록 한 걸음 뒤로 물러나 객관적인 입장에서 일을 냉철히 분석하다보면 비로소 실마리가 잡히게된다.
　그리 크지 않은 얼굴에 유독 코만 커 보이는 박사장이 있었다. 그는 중소기업 부장으로 18년간 근속을 하였는데, 재직 기간 중에 거래처 사장님의 권유로 그가 운영하던 조그마한 제조 공장을 인수하게 되었다.
　활발하게 되는 편은 아니었으나 나름대로 실속 있게 운영되던 곳이라 그동안 근검절약하여 모아든 저축과 대출을 동원하여 아무 의심 없이 공장을 인수하였다. 그런데 막상 뛰어들고 보니 상황이 달랐다.

근 이년 여를 생활비는 고사하고 직원들 월급 주기도 급급한 가운데 대출 이자는 갈수록 늘어만 갔다.

답답한 중 나를 찾았다.

그가 불러 주는 대로 생년월일을 적고 보니, 무토(戊土) 일주였는데 오(午)월생이었다. 한여름의 戊土 큰 산은 숲이 울창해야(甲木) 산으로서의 위용을 과시하는데 여름 甲木은 특히 물(水)로써 생해줘야 무성하게 자랄 수 있다.

다행이 대운은 수(水)운으로 흐르고 있어 한시름 놓을 수 있었지만, 세운(歲運)은 火운이 왕성하여 용신(用神: 사주의 주체세력)인 甲木을 마르게 하고 있었다. 다시 말해 물이 부족해 나무가 말라 죽어가고 있는 현상이었다.

설상가상으로 '진주상사' 상호에도 많은 문제를 안고 있었다.

60년 庚子생인 경우, 형제 1이 재물 5를 위아래에서 극하고 있으면 파재 (破財)의 원인이라 매우 힘들다고 볼 수 있다.

"사장님 성품으로 봐서 웬만해서 이런데 오실 분이 아니신데……."

오죽 힘들었으면 왔겠느냐는 뜻으로 물었더니 바로 알아들었다.

"네. 저도 태어나서 처음 입니다"

멋쩍은지 고개를 뒤로 한번 제치고 나서 답했다.

아무래도 상호가 마음에 걸려 부연 설명을 해주면서 바꾸기를 권하자,

"인수하기 전 사장님은 이 상호로 많은 돈을 버셨다 하던데."

하며 뭔가 의문이 가는지 그러면서도 자신 없는 어투로 말꼬리를 흐렸다.

"상호란 그 사업주와 맞아야 합니다."

앞 전 사장님의 경우는 54년 甲午생으로 '진주상사'의 상호가

재물 5와 인수 0이 서로 극(剋)관계라 문제가 될 거 같아 보였지만, 재물 5가 인수 0궁을 극하는 형극이라 사업에 별 문제가 없었다고 볼 수 있다. 어떻게 보면 재물 5로 인해 활발한 사업을 추진할 수 있었음을 알 수 있었다.

이런 저런 얘기로 차분하게 설명을 해주자, 조용히 경청하고 나서 공감이 가는지 새로운 상호를 의뢰했다.

그리고 상호 때문인지 몰라도 많은 덕을 보고 있다며 그 후로 박사장은 답답한 일이 있을 때나, 좋은 일이 있을 때, 고맙게도 나에게 밥을 사주는 버릇이 생겼다.

사람이 세상을 살아가다 보면 누구나 다 반드시 성공하는 것은 아니다. 오히려 그 반대로 출세욕에 얽매여 초조한 나머지 일을 그르치는 경우가 허다하다. 그래서 일이 적당히 되었을 때 만족할 줄 알아야 큰 허물을 짓지 않고 저절로 번민과 고통에서 해방돼 안락한 삶을 누릴 수 있게 되는 것이다.

사람은 누구나 처음 시작할 때의 의욕과 용기를 상기한다면, 일이 조금 난관에 부딪치더라도 실망에 빠져 좌절하거나 낙담하지 않고 일을 타개해 나가려고 노력한다. 반대로 일이 잘 되어 뜻대로 순조롭게 진행될 때도 방심하거나 오만하지 않고, 혹여 라도 실패할까봐 늘 주변을 점검하며 체크한다.

대개의 사업가들은 어느 정도 사업이 무르익어 정상궤도에 오르면 마음과 주변을 꼼꼼하게 재점검한다. 그러므로 일이 어떻게 계획대로 진행되어 나갈 것인가를 사전에 미리 살펴 허술한 부분은 보완하고 미비한 것은 신속하게 갖추어 늘 준비하는 태세로 재무장한다. 그래야 매사를 성공적으로 이루어 낼 수 있기 때문이다.

제2부
정치하고 싶다면 이름부터 바꿔라

정치인의 덕목은

 하나의 국가라는 조직에서의 리더는 바로 국민에 의해 선출되어지는 대통령이라 할 수 있다. 그렇다면 국가라는 광범위한 조직에서의 리더, 즉 대통령의 리더십은 과연 어떠한 자질들이 필요할까?
 리더(지도자)는 크게 덕(德)과 능(能)을 갖추고 있어야 한다. 그 덕과 능을 갖춘 리더가 지켜야 할 일곱 가지 원칙이 있는데,
 첫째는 위이불맹(威而不猛), 즉 위엄이 있어도 두렵게 보이면 안 된다. 보통 위엄이 있는 사람은 좀 사납게 보이기 마련으로 가까이 가기를 두려워 바른 말 하기를 꺼린다.
 둘째, 태이불교(泰而不驕), 태연하되 교만해 보이지 않아야 한다. 자만심, 오만, 거만함이 드러나서는 안 된다.
 셋째, 주이불비(周而不比), 두루 사귀되 사람과 사람을 비교하지 말아야 한다.
 넷째, 긍이부쟁(矜而不爭), 긍지를 갖되 남과 다투지 말아야 한다. 보통 자긍심을 갖고 있으면 자신을 공격하는 사람에 대해 싸우려 하기 때문이다.

다섯째, 군이부당(群而不黨), 즉 사람과 어울리면서도 편당을 짓지 말아야 한다.

여섯째, 식무구포(食無求飽), 밥을 먹되 배부르게 먹지 말아야 한다. 요즘 뜻으로 하자면 리더는 배부르면 안 된다는 말이다.

일곱째, 거무구안(居無求安), 집짓고 살되 너무 편하게 살지 말라는 말이다.

또한 덕(德)은 남과 잘 어울리는 것, 남보다 뛰어나지 않은 평균을 자랑한다고 한다면, 능(能)은 남다른 것을 지향한다. 이처럼 양립불가의 모순된 두 가지 자질을 동시에 갖추어야만 우리는 그를 뛰어난 지도자로 추앙한다.

덕이 성해도 무능력하다고 지탄하고, 능이 성해도 독선 독단적이라고 지탄하는 나라가 바로 우리나라의 국민들이다.

이런 나라에서 유순한 리더는 강한 참모를, 강한 리더는 덕스런 참모를 맞이해야 한다. 우리나라 정치를 보면 국민에게 지지받는 것만을 좋아해서 늘 어떻게 하면 지지를 받을 것인가? 그것만 생각한다. 하지만 그것에만 치우치면 망한다. 지지만큼이나 비판도 중시해야 하기 때문에 살아남으려면 자신들에 대한 비판도 귀를 기울여, 그러므로 자신들에 대한 비판적 언론을 계속 키워내야 한다. 자기에 대해 긍정적으로 말하는 사람만을 곁에 앉히면 한번 잘못할 경우 갈수록 더 잘못할 수가 있다. 자기에게 영합하지 않는 사람을 옆에 두는 것만이 가장 오래 살아남을 수 있는 길이고 훌륭한 지도자가 될 수 있음을 인식해야 한다.

또한 두 말 할 필요 없이 일반적인 리더십 이론에서 말하는 즉 위기시의 국가나 발전 도상에 있는 국가라면 반드시 강력한 카리스마를 소유하고 추진력과 직관을 겸비한 그러한 리더가 필요할 것이다. 그러나 안정된 국가에서의 리더는 신뢰성과 민주성 그리고 합리적인 사고력을 겸비한 리더가 필요하다.

물론 그렇더라도 하나의 국가는 매우 복잡한 조직과 추진해 나아가야 할 국가적 업무를 수행해 나가야 하는 긴급하고도 위급한 상황이 항상 연출되기 쉽다. 따라서 분야별 리더들의 역량이 필요한 때일수록 오늘날의 신 행정국가 수뇌부들이 풀어야 할 당면한 과제라 하겠다.
　특히 관직에 있는 사람들에게 있어서 '공명하면 밝은 지혜가 생기고, 청렴하면 위엄이 생긴다.'고 했다. 따라서 관직에 있는 사람일수록 공평무사하고 청렴결백해야 하며, 가정을 다스릴 때에는 용서하고 검소해야 한다.
　그러므로 군자는 어려움을 당해도 근심하지 않고, 안일과 화평 속에 있을 때 도리어 마음이 해이해지지 않도록 근신하고 자중하고 있어야 한다. 그래야 권세 있는 사람을 만나도 두려울 것이 없다. 또한 어려운 처지에 놓인 불우한 사람을 만나면 동정의 마음을 일으켜 측은지심을 가져야 한다. 따라서 군자는 환난에 처할 때 근심하지 않아야 하고, 즐거운 때를 만날 때는 근신하여야 하며, 권세 있는 사람을 만났을 때는 두려워하지 말고, 외로운 사람을 만났을 때는 함께 마음 아파해줘야 한다.
　이러한 마음가짐이 바로 정치인들이 가져야 할 덕목이다.

아호는 제2의 인생의 프로필

간혹 문인이나 화가 또는 정치인들 중에 아호를 의뢰하는 경우가 있다. 그런데 문제는 아호의 본질도 모르고 무작정 남들이 갖고 있으니까 자기도 폼 한번 잡아보고 싶다는 생각에 아호를 원하는 사람들이 있다.

본디 본명을 불리는 것을 피하기 위해 자를 사용했으나 자 또한 손윗사람이 지어주는 것이 풍조가 되면서 자도 직접 불리지 않았다. 자는 성년 이후 한번 정하면 바뀌지 않으나 호는 별명답게 마음대로 바꾸는 것이 가능하다. 호가 많기로 유명한 사람으로는 조선 후기의 서예가인 추사 김정희로 그가 생전에 사용한 아호는 수십 가지에 이른다.

고대엔 호가 그다지 일반적이지 않았다. 아주 높은 직위에 명망이 있거나, 고차원의 학식을 지녔다고 자칭하는 자들만 호를 가졌다. 나이가 들어 지위와 학식이 높아지면 피차 이름을 함부로 부르기가 거북하기 때문에 주로 아호를 불렀다. 또한 아호는 사적인 이름에 해당하므로 가까운 사람이나 동년배 같은 사석에서 주로 사용되었고 공적인 자리나 부모와 같은 손윗사람 등, 격식을 차리는 자리에서는 절대로 사용하지 않았다.

그리고 보통 일반인 중에 아호를 가진 사람들 중에는 서예가나 한국화의 화가들이다. 이들은 자신들의 작품에 낙관을 찍을 때 도장에 이름보다는 주로 아호를 새겨 찍었다. 글씨나 그림을 완성한 뒤, 아호나 그린 장소와 날짜 등을 적어 놓고 도장을 찍는 일은 작품에 자필의 증거 혹은 작품을 완성한 의미를 나타내기 위해서다.

특히 한국사회에서의 아호의 의미는 나이가 든 어른들이나 작가, 학자들이 자신의 지위나 품격을 나타내는 차원에서 주로 사용한다. 그럴수록 아호에서 발현되는 운기가 당사자의 운명에 지대한 영향력을 미치므로 그냥 뜻이 좋고 부르기 쉽다고 가볍게 지어서는 안 된다.

이름은 어려서부터 불러오는 것이지만 아호는 나이가 들면 이름을 함부로 부르기가 거북하다는 생각에 짓는 것이니 만큼 더욱 신중을 기해야 한다.

모든 소리에는 음파의 기운이 작용하고 그 기운이 운세에 영향을 미치므로 사주와 부합되는 걸로 아호를 지어야 좋다. 간혹 타고난 사주팔자나 성(姓)이 좋지 못하다고 생각되어 아호를 지어 달라고 요청하는 경우가 있다. 이들의 생각을 들어보면 아호를 통해 운명을 개척해보려는 의지가 담겨 있다. 그러나 그러한 생각이 가져다주는 효과로 인해 어느 정도의 결실은 가능하지만 그 이상의 것은 욕심에 지나지 않는다.

아호는 학식이나 지위에 걸맞아야 출세할 수 있고 또한 그 지위도 오래 보존될 수 있다. 농부는 작업복을 입어야 활동이 편하고, 교수는 양복을 입어야 권위가 서고 교육자로서 예다. 그런데 농부가 양복이 보기 좋다고 입고, 교수가 추리닝이 편하다고 입으면 어떠하겠는가? 이와 같은 개념으로 아호를 생각하면 된다. 그래서 아호를 지을 때 이런 저런 모든 것을 감안해 신중을 기해야 한다.

 대개 주변에서 보면 본래의 이름이 성(姓)에 의해 자기하고 맞지 않았을 때 작명가들이 아호를 지어주는 경우가 있는데 일반인일 경우 아호를 부를 일이 많지 않기 때문에 의미가 없다. 그러므로 깊이 생각하고 반성해 볼 문제다.

 정치인들이 화려한 미사여구를 써가면서 아무리 연설을 잘해도 거기서 가치를 느끼지 못하는 것은 말 속에 진실이 담겨 있지 않기 때문이다. 그들은 남들보다 뛰어난 재주와 연륜을 가지고 있지만 진실이 담겨 있지 않다보니 결국엔 세치 혀의 장난에 불과하다.

 그러기에 절의(節義)가 있고 고관관직의 지위고 문장이 백설곡(白雪曲) 보다 고상할지라도, 덕성으로 단련되지 않은 사람은 결국에 그 권력을 쫓다 재앙으로 참혹하게 된다. 인간에게 있어 제일 무서운 적은 결코 외부에 있는 것이 아니라 내면에 있는 자기 마음이다. 중도에 세운 계획을 포기하는 사람들을 분석해 보면 외부의 악조건의 여건보다 스스로 나약해진 마음을 다스리지 못해 기인하는 수가 더 많다.

 그래서 인생의 행복과 불행은 다 마음이 만들어낸다고 한다. 그러므로 석가모니가 이르기를 욕심이 거센 불길처럼 타오르면 그것이 곧 불구덩이요, 탐욕에 빠지면 그것이 곧 괴로움의 바다라고 했다. 따라서 한 생각이 깨끗해지면서 사나운 불길도 연못이 되고, 한 마음이 번쩍 깨달으면 배는 저쪽 언덕으로 오른다고 했다. 생각이 조금만 달라져도 이와 같이 경계가 확연하게 달라지는 것이니 특히 정치를 하는 사람에 있어서 명심하고 새겨들어야 할 사항이다.

 이를 다시 표현하자면 사람들이 다투어 차지하려 하는 부귀와 공명은 다른 사람들의 몫으로 맡겨두고, 사람들이 거들떠보지 않는 고요함과 맑음을 차지하면서 홀로 맑은 정신으로 깨어 있으면 이것이 바로 불교에서 말하는 '만물에도 얽매이지 않고 허무에도 얽매이지 않는다.' 이러한 정치인들만이 진실로 자유로운 존재가 되어 어디에도 얽매이지 않고 바르게 정치를 펴나갈 수 있다.

무엇보다 인간이 살아나감에 있어 명예욕과 권세욕, 물질욕 등을 가지게 됨은 결코 나쁜 것이 아니다. 그런 욕망이 없다면 어찌 인간생활의 문명과 문화가 이토록 발전할 수 있겠는가. 좀 더 잘 살아보고 인간답게 살아보려는 욕망이 있었기에 인간은 오늘날의 부유한 생활을 영위할 수 있게 되었고, 또 문화와 문명을 자랑할 수 있게 된 것이라 할 수 있다.

전)국정원장 박지원

299 43 5757
박 지 원
544 78 0202

대개의 경우 칼은 쓰는 사람에 따라 용도가 다르게 나타난다. 주부가 쓸 때는 맛있는 음식을 만드는 이로운 도구로 쓰이지만, 강도가 쓰면 사람을 헤치는 흉기로 돌변한다.

똑같은 칼이지만 쓰는 용도에 따라 달라지는 것이 지금 우리가 느끼고 있는 북한에 대한 우리나라 정계와 재계의 인사들의 반응이다. 지난 김대중 시절, 지도급 인사들이 국민의 혈세를 아무런 꺼리 낌도 없이 북한에 마구 쏟아 붓고 있다는 식의 공격을 퍼붓자, 박지원 전 국정원장은 햇볕정책을 기본으로 한 대북 문제에 대해 반론을 제기하므로 지금도 그의 존재감이 크게 부각되고 있다.

이 또한 성에서 명석한 두뇌를 나타내는 4.4와 이름 중심의 4.3이 이를 잘 반영해 주고 있다. 따라서 '정치 9단, 족집게, 꾀

돌이' 같은 별명이 나돌 정도로 그의 명철한 판단력은 언론도 인정하고 있고, 국내 정치가들 중에서도 가장 노련한 수완가로 평가되고 있다.
  이는 인성(학문)인 9.9가 중첩되어 내 세력인 2를 생해주므로 주관이 뚜렷하고 중첩된 관성(명예. 권력) 7.8을 상관(두뇌) 4가 이를 극제하므로 숨은 관성(명예)이 살아나고 그러한 관성이 5.7.5.7로 물 흘러가듯 상생시켜주어 권력의 자리에서 오랫동안 입지를 굳건하게 지킬 수 있었다고 볼 수 있다.
  또한 지지에서 발현되는 관성(명예) 7.8을 상관(두뇌) 4가 극제하므로 더욱 더 이러한 권력의 특성이 오래도록 유지된다고 할 수 있다. 이런 수리의 특성은 바로 남보다 뛰어난 언변가로 평가받게 하는 요인이 된다.
  그래서인지 2016년 박근혜 대통령이 북한의 5차 핵실험 직후 북핵문제에 대한 '햇볕정책 책임론'을 제기하자 '이명박, 박근혜 정권 동안 4번의 북한 핵실험이 있었고, 북한 미사일 기술의 진전을 알면서도 당시 속수무책이던 대통령께서 '북한과의 대화를 위해 북에 준 돈이 핵개발 자금으로 사용 됐다'고 말하면서 햇볕정책에 책임론을 떠넘기려 하자, 그때 박지원 원장이, '정부 말대로 하면 북한은 이미 망했거나 오늘 망해야 한다. 이명박, 박근혜 정부 동안 준 돈이 없는데 북이 핵 SLBM 미사일 핵잠수함까지 건조해서 실험을 하는건 무엇인가? 경부고속도로에서 사고 나면 동작동 국립묘지 박정희 전 대통령 묘소로 가서 항의 하냐.'고 반박한 적도 있다.
  또한 거대 야당인 더불어민주당이 있음에도 불구하고 국민의당 당시 박지원원내대표가 싱크탱크 역할을 하면서 정국을 이끌었다. 권력의 실세이자 핵심의 중심부에 두루 거치면서 거물급 정치인으로써 그 누구보다 정치적 생리를 잘 알고 있어 그런지 80

작명증서 건네준 후 기념촬영

세가 넘는 최고령의 정치인이지만, 여전히 두뇌회전이 매우 빨라 정치 흐름의 맥을 잘 짚는 상황 판단을 현재까지 보여주고 있다.

 지금도 깔끔하고 명쾌한 메시지와 능수능란한 정치적인 감각, 유머러스하면서도 촌철살인을 하는 말빨과, 상대방의 약점과 흠결을 효과적으로 타격할 수 있는 정보력을 갖고 있다는 평을 지금도 듣고 있는 편이다.

 이러한 박지원원장의 성향을 잘 알고 있는 터라 앞으로 정치행보에 이름의 역할이 매우 중요하니 구성성명학의 작명방식으로 아호를 선물로 드리겠다고 전화 하였더니 이를 흔쾌한 마음으로 받아들였다. 그래서 '혜안'이란 아호를 지어 작명증서를 건네 드리는 그날도, 여섯 군데의 방송사를 하루에 소화하느라 바쁜 일정 중임에도 시간을 내주어 대방동 소재에 있는 성애병원으로 갔다. 병원원장실서 직접 만나 아호를 전달하면서 마음속으로 슬기로운 지혜의 눈으로 국정을 바르게 펴나가시길 기원했다.

 무엇보다 바른 마음이 없는 정치인들한테 권력이란 강도의 칼을 손에 쥐어주면 그것으로 나라를 위험에 빠트리게 하는 결과를 초래한다. 그러기에 더욱 더 기도하는 마음으로 좋은 아호를 지어 올바른 정치인으로 거듭나길 기도했다.

성경에 '남의 눈 속의 티는 보고 내 눈 속의 있는 들보는 깨닫지 못한다.'라는 말이 있다. 사람들이 자신이 커다란 허물을 알지 못하면서 남의 사소한 잘못은 참지 못하고 문제점을 들쳐 내려고 하는데서 나온 말이다. 그러기에 진정으로 올바른 인격을 갖춘 사람들은, 다른 사람에게는 관대하고 자기 자신한테는 매우 엄격하다. 또한 남의 과오는 용서하지만, 자신의 과오는 절대 용서하지 않는다. 또한 용서해서도 안 된다. 그렇지 않으면 재물이 명예를 만들고 벼슬을 생하며 양생하는 근원이 되게 한다. 하지만 그 재물로 인해 재앙과 우환을 낳고 그로인해 사활(死活)을 걸기도 하는 고로, 길한 중에 흉한 기운이 작용하고 있다는 사실을 특히 정치인들에게 있어 잊어서는 안 된다.

논어에 이런 글귀가 있다. '남이 알아주지 않아도 성내지 아니하면, 이 또한 군자라 하지 않겠는가!' 라는 말이 있다. 남이 알아주는 나의 평가는 진정한 '나'가 아니라, 내가 지니고 있는 높고 큰 지위와 권세와 재물에 대한 알아줌이다. 그렇기 때문에 남이 나를 어떻게 평가하든 그런 것에 상관하지 않고 오직 내 나름대로의 고매한 인품과 덕망을 쌓아나가야 한다.

대한민국헌정대상 김병욱의원

264 318 802
김   병   욱
375 649 913

옛 고서에 보면, 부귀영화를 누릴 때는 이미 비운의 씨앗이 뿌려지고, 고통스런 역경이 계속될 때에는 이미 성공의 기운이 싹튼다고 했다. 이는 현명한 사람은 평안한 가운데 후환이 없도록 미리 준비하므로 설령 역경에 처하더라도 실망하지 않고 참고 견디면서 훗날의 성공을 도모하게 된다는 뜻일 게다.

무엇보다 김병욱의 이름을 풀이해 보면 '성'에서의 2.6.4와 3.7.5가 암시하듯 조직생활을 파괴하는 3.7과 이름에서의 중첩된 8.8이 조직생활에 부적합함을 말해주고 있다. 그러다보니 쌍용그룹과 한국증권협회에 근무하였지만 안정적인 직장생활을 포기하고 정계에 입문하였다. 이 또한 성에서 잘 나타내고 있듯이 재성(재물)을 극하는 2.6과 중첩된 5.6에 의해 금전의 파괴로 이어지는 흉한 수리배합 때문에 안정된 직장을 포기했다고 예단할 수 있다.

그렇더라도 '김'의 2.6.4에서 상관(두뇌)이 재성(재물) 6을 생해주고, 또한 재성(부인) 5가 관성(명예) 7을 생해주므로 타고난 두뇌와 재물적인 운세는 어느정도 타고난 셈이라 할 수 있다. 다만 이름에서 중첩된 5.6이 탐심을 불러일으킬 소지가 다분하여 투기성 투자만 자제한다면 어느 정도의 입지는 구축할 수 있다고 보여 진다.

아울러 '김병욱'이란 이름 전체를 분석해 볼 때 무엇보다 식상(두뇌) 3.4가 가장 발달되어 있다. 이런 사람들은 머리가 남보다 앞질러가는 명석한 두뇌를 소유하고 있어 권력에 편승하지 않고 소신껏 자신의 확고한 주장을 굴하지 않고 펼치는 편이다.

이러한 이름의 영향 때문인지, 2016년 제20대 국회의원 선거에서 더불어민주당 후보로 출마하였다. 공약으로 '서울대 의대 분당 유치, 신 분당선 광화문 연장'을 내세웠는데, 덕분인지 새누리당 전하진 후보의 보수텃밭이라 평가받던 분당 지역에서 모두의 예상을 깨고 승리를 이끌어내는 이변을 일으키며 초선의원으로 당선되었다.

그리고 21대 총선에서는 단수공천을 받으면서 재선에 도전했다. 2020년 3월 21대 총선을 앞두고 민주당 내 강남, 서초, 송파, 용산, 분당, 양천 목동 지역 출마자들과 같이 1세대 1주택자 종부세 인하를 주장하기도 했다. 당시 종부세 인하 주장을 한 수도권 민주당 11명 후보들 중 당선된 사람은 오직 김병욱의원과 양천구 갑의 황희 단 둘 뿐이었다.

개표가 시작되자 미래통합당 김민수 후보한테 중반까지 계속 밀리는 듯해 보였으나 막판에 기적적으로 역전하는데 성공하면서 제21대 국회의원 선거에 당당히 당선되었다. 분당 지역구는 TK에 준하는 험지인데 이러한 텃밭에서 높은 득표율로 당선되었다는 점에 대해서 정계서도 놀라운 결과라고 칭송했다.

　쇠락해 가는 모습은 곧 번성한 가운데 있는 것이고, 성장하는 움직임은 곧 영락한 가운데 있음을 암시하고 있다. 그러므로 권력을 가진 군자는 편안할 때에 마음을 굳게 지킴으로써 후환을 염려해야 하고, 또한 어려움을 당했을 때는 백번을 참고 견뎌 성공을 도모해야 한다.
　채근담의 이 글귀는 정치인들이라면 누구나 한번쯤은 귀담아 들어야 할 필요성이 있지만 그 중에 김병욱 의원의 모습이 제일 먼저 떠올랐다.
　내가 사단법인 다지음한글구성성명학회의 회장직을 맡고 나서 제일 첫 번째 하고 싶은 일이기도 했지만 반드시 해야 할 일이 바로 정치인들한테 좋은 아호를 지어주는 일이었다. 왜냐하면 입에서 불리워지는 소리 에너지에 의해 한 개인의 운세는 물론 흥망성쇠가 달려있는 국운까지 정치인들의 마음가짐에서 좌지우지하기 때문이다. 그래서 각 정치인들마다 좋은 이름과 아호를 갖게 되면 그로인해 마음 안에서 올바른 가치관과 정직한 품성이 국정을 이끄는데 한 목 차지한다고 생각되었다. 또한 그에 앞서 그 누구보다 소리(한글)에너지인 한글구성성명학의 위력을 알기 때문에 그래서 정치인들부터 좋은 아호를 지어주자는 생각했다. 그래야만 정직하고 올바른 정치를 할 수 있다고 생각한다.
　그때 순간적으로 떠오른 사람이 김병욱의원이었다. 앞으로 그의 정치인생의 롱런을 위해 아호를 지어주는 것이 좋겠다고 생각되어 전화를 걸었으나 통화가 되지 않았다. 이튿 날 전화가 와서 아호를 지어주겠다고 하니, 와이프 전화번호를 가르쳐 주면서 귀국하면 바로 연락하겠다고 했다.
　다행히 내가 알고 지낸 정치인들 중에 아호의 중요성을 설명하면서 권유하면 아무런 거부 반응 없이 혼쾌히 수락하는 것을 보고 그래도 내가 그동안 잘못 살진 않았구나 하는 생각에 기분이 흡족했다.

그래서 가능한 아호만큼은 구성성명학 작명방식으로 모든 정치인들한테 지어주고 싶은 마음이 들었다. 그래서 각 정치인들의 성향을 이름으로 먼저 분석하고 나서 이름에 부족한 기운을 아호로 보완해 정치인들에게 각각 전달했다.

김병욱의원의 아호는 '미산' 이다. '김'씨 성에 재물을 파재하는 1.6과 명예를 극파하는 3.7의 기운을 아호에서 이를 충분히 보충해 지었다. 그러므로 '미산'이란 아호로 인해 더욱 더 김병욱의원의 의정활동에 힘찬 발걸음이 되리라 믿어 의심하지 않는다.

무엇보다 다지음학회서 아호를 지어준 정치인들이라면 최소한 국민이 염려하는 정치인 또는 국익에 손실을 끼치는 정치인들은 되지 않을 거라 확신한다. 왜냐하면 그러한 바람을 담고 아호를 지었기에 나의 마음이 곧 국민 모두의 마음이라 생각했기 때문이다.

민주화에 앞장선 우상호의원

57 395 61
우 상 호
79 517 83

 달도 차면 기울 듯이 가득 찬 곳에 있는 사람은 물이 넘칠 듯 말 듯 하는 것과 같아서, 다시 물 한 방울을 더하는 것을 몹시 꺼린다. 위급한 자리에 있는 사람은 마치 나무가 꺾일 듯 말듯 하는 것과 같아서 좀 더 누르는 것을 몹시 꺼리듯이, 지금 국민들이 정치인들을 바라보는 시선이 그러할 것이란 생각이 든다. 그러다보니 정치인들이 이러한 국민의 마음을 헤아렸음 하는 마음이다.
 무엇보다 정치인들에게 있어 본체인 도리(道理)가 비어 쓸쓸하면 현상인 사물도 공허하여 쓸쓸한 법이다. 그러기에 사물을 버리고 도리만 잡으려는 것은 마치 그림자는 버리고 형체만 붙잡으려 하는 것과 같다. 마음이 비면 밖으로 드러나는 모습도 비는 법이다. 아울러 밖으로 드러나는 모습을 버리고 마음만 지니려는 것은 마치 비린내 나는 고깃덩이를 모아 놓고 파리를 쫓으려는

국회 미술관에서

것과 같은 이치임을 깨달았음 하는 바람이다.

각설하고 '우상호'의 이름에서 나타나있듯이 '우'씨 성에서 재성(부친) 5가 관성(명예) 7을 생해주고 또한 지지에서 명예 7이 인성(학문) 9를 서로 생해주므로 타고난 성향은 매우 고지식하고 반듯한 성품이다.

성(姓)은 머릿속 생각을 나타내고, 자라온 환경을 말해주며, 또한 그 집안의 혈통(DNA) 즉 유전인자를 뜻하기도 한다. 그러므로 '우'씨 성은, 성(姓) 자체가 물 흘러가듯 서로 상생으로 이루어져 우수한 혈통의 유전인자임을 알 수 있게 한다.

그래서인지 몰라도 원래 우상호의 집안은 부유했다고 한다. 아버지는 지주 집안의 장남으로 태어나 도쿄체대 체육학과로 유학을 떠날 정도로 부유했지만 3.8선이 그어진 후 공산당한테 토지를 전부 빼앗겼다. 그러다가 수복된 후, 일부 땅을 되돌려 받긴 했지만 우상호의 아버지는 그 땅을 팔아 학교를 짓는 등 사회사업을 했으나 성공하지 못했다. 그로인해 형제들은 학업성적이 우수했지만 지독한 가난 때문에 진학을 포기했다고 어디선가 밝힌 적이 있다.

그렇지만 이름의 첫 자 '우'의 중심수의 3의 성향을 볼 때는 내면의 세계에 깊이 침잠하는 편으로 반항심이 강해 자신을 스스로 고독하게 만드는 형이다. 또한 7은 법률, 법칙, 규칙을 뜻하는데 이러한 7을 중심주파수 3이 극하다보니 어떠한 기회가 주어지면 순간적이고 단호한 결단력을 보여 과감하게 돌격하는 저돌성을 내면에 감추고 있다. 그러다보니 민주화운동에 앞장선 것도 이와 같이 이름에서 발현되는 파동의 에너지 때문임을 충분히 파악할 수 있다.

아울러 중심주파수 3의 성향은 예지력과 창의성이 풍부하고 직감력이 발달되어 있어 주로 학자나 사상가 또는 예술가 등의 분야에서 출세하는 사람들이 많다.

'우상호'란 이름 역시도 3의 성향으로 인해 그런지 초등학교 때부터 문예반에 들어갔고 대학교도 국문과를 선택하므로 부모님과의 갈등을 겪기도 했다고 한다. 비록 등록금이 없어 학창 시절 고생을 했지만 오월 문학상(5.18 문학상) 시 부문에 당선한 경력이 있고 윤동주 문학상을 수상한 이력도 갖고 있다.

무엇보다 정치를 하는 사람에게 있어 세속의 인연을 완전히 끊고 세상을 살아가기란 그리 만만한 일은 아니다. 그러나 지나치게 세속적인 욕심이나 명예에 집착하다 보면 자신도 모르게 본연의 정서를 잃게 된다.

특히 우상호 의원처럼 문학적인 감각이 뛰어난 사람에게 있어 가끔은 사람의 손길이 닿지 않는 곳에서 아름답고 강인한 야생화의 생명력을 경이로운 눈으로 바라볼 수 있는 마음의 여유가 있었으면 할 때가 있다. 그래야 세상적인 권력에 얽매이지 않고 도리어 내면에서 풍겨 나오는 특별한 기품과 멋이 국민들한테 깊은 울림을 주지 않을까 나름 생각했기 때문이다.

　그러나 '상호'의 3.9와 7.8.3이 명예를 주관하는 최상의 수리배합의 이름에 해당하다보니 본인이 원하든 원치 않든 간에 4선 국회의원으로 더불어민주당 원내대표와 비상대책위원장까지 하게 된 거다. 뿐만 아니라 이름에서 발현되는 5.6.1과 5.1.7은 재물로선 최상의 퍼펙트한 수리배합이다. 이는 무엇을 뜻하는고 하면, '우상호'라는 좋은 이름의 배합에서 말해주듯 앞으로 그의 행보 또한 국민을 위한 국민의 국회의원으로 국민의 소리를 겸허히 받아들일 줄 아는 존경받는 정치인으로 한층 더 분발할 것임을 예고하는 신호탄으로 보여진다.

　정치가 국민의 불신을 받게 하는 가장 큰 이유 중에 하나가 바로 국민을 무서워하지 않는 정치인들 때문이다. 이러한 유형의 정치인들은 생명이 짧을 수밖에 없다. 그래서 국가와 민족을 위해 올바로 바로 서는 정치인이 되길 바라는 마음에서 '단암'이란 아호를 건네주면서 마음속으로 염원했다.

　부디 우상호의원 만큼은 국민을 무서워하는 정치인이 되어주었으면……!

　거의 대부분의 정치인들은 자신의 권세와 야망을 위해 정치에 뜻을 두고 있다. 진정 국가와 민족을 위해 정치를 하겠다는 사람이 몇몇이나 될까? 잠시 그런 생각을 하면서 더욱 더 우상호의원의 밝은 앞날을 내다보면서 그의 정치생명에 많은 기대를 걸어보고 있다.

더불어민주당 이재명 당대표

 나는 때때로 도를 구가하겠다고 전국을 누비고 다니면서 간혹 사람들과 마주할 때, 그들한테 독선이나 위선의 소지는 없었는지 되돌아 볼 때가 있다. 지금 이 순간도 지난 생을 되돌아보기 위해 글을 쓰면서 혹여 진실을 말한다고 해놓고 거짓을 꾸미고 있는 것은 아닌가? 거짓말을 해 놓고 진실의 거울 뒤에 숨어서 신비스런 존재로 남고 싶어 하지 않은가? 그런 생각이 종종 들 때가 있다.
 특히 이번 책을 쓸 때는 이러한 내면의 자책감 때문에 조그마한 허울마저도 벗어던져야 한다는 양심의 가책으로, 문득 자신감의 상실로까지 불러일으켜 두려움을 느끼기도 하였다.
 그러면서도 지금 이 마음이 진실일까? 아니면 거짓일까? 또 다른 마음 한편에서는 설혹 때로는 있을 수 있는 거짓말이라 하더라도 그 내면의 언어는 진실이어야 한다는 생각과, 그 행위는 거짓이었지만 마음만은 진실했다고 부르짖고 싶은 이중성에 나 스스로도 놀라고 있다.
 수십 년을 도(道)를 구가하겠다고 전국 명산 대첩을 돌아다니며 떠돌이 유랑세월로 한 시절을 풍미한 적도 있었다. 그럼에도 불구하고. 어느 때는 그리운 말 한마디 하고 싶을 때가 있고, 또 거꾸로 누군가에게 그리운 말 한마디를 듣고 싶을 때가 있다.

그야말로 말이 무성한 시대에 부처님의 말씀으로 먹고 살아가는 승려의 신분임에도 현재의 나의 모습은 유마처럼 승(僧)도 아니고 속(俗)도 아닌 그렇다고 유마처럼 불교의 깊고 높은 경지를 체득한 것도 아니다. 유마거사야말로 세속에 살면서 재가신자로서 청정한 행위를 실천하고 보살도를 행하는 면모로 살아갔다. 그러기에 그는 재가 불자들의 이상상이며 모든 불자의 이상으로 높이 대우받고 살았다. 유마는 참다운 부처의 삶을 살다갔지만 나는 그의 흉내는 낼지언정 나의 삶의 여정은 그렇지를 못했다. 그러다보니 이도 저도 아닌 어쩡쩡한 삶의 한 귀퉁이에서 정작 진솔한 말 한마디를 듣기도 찾아내기도 어려운 현실을 처절하게 자각하고 있다.

지금 많은 말을 하고, 많은 말을 듣고, 책 출간을 위해 독백처럼 많은 글을 쓰면서도 그 많은 말과 글들이 나의 허기진 배를 더욱 춥고 배고프게 하고 있어 그런지 절로 가슴이 시리고 아프다.

내가 이럴진대 정치인들은 오죽할까? 입으로는 대의명분을 부르짖지만 그 거창한 나라와 국민을 위한다는 외침 앞에 그들의 마음은 얼마나 춥고 허기질까?

성경에 보면 부자가 천국에 들어가는 것이 낙타가 바늘구멍으로 들어가기보다 어렵다는 말이 있다. 많이 가진 사람은 그만큼 많이 잃는다. 그러므로 권력을 가진 자나 부자는 가난한 사람의 걱정 없음만 못함을 알아야 한다. 높이 뛰고 빠르게 걷는 사람은 쉬이 지치고 빨리 넘어진다.

그렇다고 세속적인 욕심을 추구하는 것이 옳지 않다는 뜻이 아닙니다. 비록 속세에 살고 있지만 모든 속된 욕심을 버릴 수 있어야

진정 속세에서 벗어날 수 있다고 생각해 모든 것을 내려놓고 전국을 떠돌아다니며 유주했지만 결론은 여전히 춥고 허기져 있다.

따라서 모든 욕망을 버리고 마음을 냉정하게 만드는 것이 마음을 깨닫는 것이 아니라 열정적으로 마음을 다하여 자신의 심성을 들여다보아야 참마음을 깨달을 수 있다. 그러므로 모든 문제는 그 문제를 회피해 도망치기보다 그 문제 안에서 그 문제점이 무엇인지를 찾고 그 문제 안에서 해결해야 한다. 그런 면에서 지금의 이재명 당대표야 말로 지금 당면한 문제점들을 그 문제점 안에서 구하고 찾을 때, 온 국민의 따뜻한 시선을 한 몸에 받게 되지 않을까? 그리 생각하는 바다.

    64 36 296
    이   재   명
    86 58 418

각설하고 이재명의 이름을 풀이해 보면 '이'씨 성에서 상관(두뇌) 4가 재성(재물) 6을 생해주고 있고, 지지에서 또한 재성(부인) 6이 관성(명예) 8을 생해주고 있다. 성(姓) 자체는 잉태되는 순간 죽음에 이르기까지 평생의 운명을 좌지우지 하는 거의 사주와 같은 역할을 한다. 그러기 때문에 성(姓)만 봐도 어느 정도 그 사람의 성향을 거의 읽어낼 수 있다.

그런 점을 미루어 볼 때 이재명은 안동시에서 초등학교를 졸업하고 경기도 성남시로 이주하여 소년공 생활을 하는 그런 열악한 환경 속에서도 권력에 대한 야망과 재물에 대한 욕망이 그를 검정고시를 통해 중졸·고졸 학력을 취득하여 중앙대학교 법과대학까지 진학하게 했는지 모른다.

또한 이러한 성향도 '재명'이란 이름에서 5가 8을 생해주고 3이 6을 생해주므로 이런 기질이 성(姓)과 아우러져 더욱 강하게 나타났다고 볼 수 있다.

부모를 일찍 여의고 불우하게 살아 온 사람의 슬픔과 너무나 가난하여 굶주림에 고통 받고 살아가는 사람이 아니고는 그 슬픔과 고통을 이해하지 못하듯이, 누구나 당면한 현실에 닥쳐보지 않고서는 아무도 알 수 없는 것이 바로 우리네 인생사. 그러다 보니 이재명대표 역시도 이름에서 예고하듯, 그가 대학을 졸업하고 사법시험에 합격 한 후 법조계의 길로 들어섰지만, 경기도 성남시 일대에서 인권변호사 또는 시민사회운동가로 활동한 사실만 보더라도 이름에서 발현되는 기운이 얼마나 인간의 운명에 지대한 영향을 끼치는가를 짐작하고도 남음이 있을 거다.

그래서 대개의 사람들이 좀 더 나은 삶을 위해 음으로 양으로 보충하려고 노력하는 것이 있다면 그것이 바로 이름이라 생각한다.

우리 인간에게 있어서, 타고난 사주팔자와 더불어 운명에 강력한 작용을 하고 있는 것이 있다면, 그것이 늘 사람들이 불러주는 이름에 있다.

　현대는 자기만 똑똑하고 노력하면 얼마든지 부(富)를 누릴 수 있다고 생각하지만 실상은 그렇지 않다. 아무리 부지런해도 또한 두뇌가 뛰어나게 명석해도 여의치 못한 것이 현실이다.

　이와 같이 '이재명'이란 이름에서 나타내 주듯이 6이 8을 생하고 또 다시 반복하여 5가 8을 생하므로 인권변호사로 또는 시민사회운동가로 활동한 사실들로 인해 그로 하여금 전국동시지방선거에서 성남시장에 출마하게 하였고 동시에 당선의 기쁨도 함께 누렸다. 그리고 연이어 성남시장 재선에 성공하다보니 정치계에서의 그의 입지가 더욱 강하되었다. 뿐만 아니라 지방선거에 경기도 도지사에 출마하여 당당히 당선의 영광까지 거머쥐었다.

　오늘날의 인심을 보면 남의 잘못은 엄하게 꾸짖고 자신의 잘못에는 관대한 것이 정치판의 인심이다. 그러나 남의 잘못을 꾸짖을 때는 잘못한 것 중에서도 잘한 점을 들추어 관대하게 그 부분을 인정해 주고 잘못을 지적해야 누구나 불만을 품지 않게 된다. 그러기 때문에 정치인이든 기업인이든 간에 자신의 잘못이 있다면 그것을 인정함과 동시에 자각하고 반성할 때 비로소 덕행이 향상된다. 그러기에 누구라도 잘한 것 가운데서도 잘못이 없었는지 스스로 엄격하게 생각하고 냉혹하게 자신을 채찍질해야 추앙받는 사람으로 존경받을 수 있다.

　그동안 정치인들과의 유대 관계가 있다 보니 가끔 대통령들의 이름이 따로 있는가? 하는 생각이 들었다. 그러한 의구심이 들어 한번은 예지연회장한테 물은 적이 있었다. 그랬더니 그렇잖아도 '엄지의 제왕'이란 프로에서 출연요청이 왔었는데 그때 요청한 것이 바로 대통령의 이름이 따로 있는가요? 하고 물었다고 했다. 그래서 그때 예지연회장이 역대 대통령들의 이름들을 풀이해 봤더니, '전두환'과 '노태우' 대통령의 이름에만 3.4가 7.8을 극하는 수리가 없고 이승만 대통령에서 현재 윤석열 대통령까지 전부 3.4가 7.8을 보고 있다고 했다.

그래선지 '이재명'이란 이름이 궁금해 세세하게 살펴보니, 3.4가 7.8을 보고 있다. 어떻게 보면 제20대 대통령 선거 출마를 공식 선언한 것도 비록 제20대 대통령선거에서는 '국민의 힘' 윤석열 후보한테 0.73%p의 근사한 차이로 밀려나 낙선했지만 이런 대통령의 이름을 가진 소리에너지의 영향 때문이 아닌가 싶다.

또한 이름에서 3.4의 강한 특성이 발현되다보니 거기서 멈추지 않고 다음 대선 행보를 위한 초석으로 계양구 국회의원에 출마하여 당선되었고, 연이어 더불어민주당 당대표까지 역임하므로 다음 대선 행보에 뜻을 겨냥하고 있음을 이름에서 예고하는 듯한 느낌을 받았다.

그러한 이재명 당대표를 언론을 통해 바라보면서 늘 느끼는 감정이지만 우리가 남을 꾸짖을 때에는 허물 있는 가운데서 허물없음을 찾아내도록 해야 하고, 자신을 꾸짖을 때에는 허물없는 가운데서 허물을 찾아내야 감정이 평온해지면서 덕이 자라난다.

따라서 사람의 마음을 어지럽히는 것, 사람을 타락하게 만드는 것은 바로 집착과 욕망 때문이다. 재산과 명예를 향한 집착 때문에 사람을 속되게 만들고 세상을 어지럽히게 만드는데 그게 다 권력에 대한 집착에서 비롯된 것이라 할 수 있다. 그래서 그런 꿈을 특히 일국의 대통령이 되고자 꿈꾸고 있는 정치인이라면 누구나 한번쯤은 두말할 것이 생각해 봐야 한다.

그런데 작금의 현실은 앞전의 대통령들이나 현재의 대통령이나 또는 앞으로 대통령을 꿈꾸는 정치인들을 미루어 짐작하고 봤을 때 그렇지 못한 것이 실로 안타까운 현실이다.

도덕에 있어서도 마찬가지다. 도덕이나 윤리에 지나치게 집착한다고 참되고 바른 인간이 되는 것은 아니다. 그 집착을 뛰어넘을 수 있을 때 비로소 진정한 참됨을 만나게 된다.

　무엇보다 그런 집착에서 벗어나 그 생각조차 뛰어 넘을 수 있는 정치인으로 거듭날 수 있도록 이재명 당대표한테 '운석'이란 아호를 지어주었다. 그리고 이 책의 출간되면 그 출판기념으로 내 마음과 함께 책도 선사할 생각이다.

　우주 만물은 물질적인 요소와 에너지적인 요소를 가지고 있다. 그러므로 인간은 그것을 물질적인 측면이나 에너지적인 측면으로 인식하게 하므로 개체들은 그 특유의 소리와 색깔로 에너지적인 파동을 인식하게 된다. 이러할 때 이름이란 우리가 불러주는 소리에 의해 사람의 마음을 움직이게 하는 파동의 기운이 있다.

　따라서 인체의 생리는 우주의 원리와 맞물려 있기 때문에, 아름다운 소리는 인간의 생리파동과 비슷해 사람의 생리 활동을 촉진시키는 생명의 소리(陽)가 되고, 시끄러운 소리는 사람의 생리 활동을 거꾸로 일어나게 하는 죽음의 소리(陰)가 되게 한다. 그래서 무엇이 이름에서 운명에 길흉을 나타내고 있는지 또는 아호가 얼마만한 영향력을 끼치는지를 미루어 헤아려 보는 지혜도 필요하다. 그래서 정치인들한테 좋은 아호를 지어주어야겠다 마음먹은 것도, 바로 이러한 한글구성성명학의 파동의 위력을 인지했기 때문이다.

전)농수산부장관 정운천

　의로운 선비는 나라를 주어도 받지 않지만, 탐욕스런 사람은 한 푼의 돈을 갖고 그것을 서로 가지려고 다툰다. 두 사람의 인격은 극명하게 다르게 차이가 나지만, 권력을 좋아함에도 이러한 이익을 탐하는 것과 크게 다를 바가 없다. 그러기에 천자는 나라를 다스리기 위해 노심초사하고, 거지는 밥을 구걸하기 위해 울부짖는다. 두 사람의 신분은 천지만별의 차이지만 어떻게 보면 노심초사하는 마음에서는 마찬가지라 할 수 있다.
　무엇보다 '정운천'이란 이름을 분석해 보면 '정'에서의 6.7.7과 7.0.0은 중첩된 기운에 의해 명예와 학문에 대한 열정이 크다 하겠으나 중첩된 기운을 억제하는 3.4나 5.6이 없으면 그 역량을 백프로 발휘하지 못한다. 그러나 다행히 '운천'이란 이름에서 이러한 중첩된 9.9을 6이 극제하여 주므로 길하고, 지지(地支)에서 또 다시 중첩된 2.2를 7이 극제하여 주므로 흉중의 길로 전환되었다.

677 799 679
정   운   천
700 022 702

　또한 이름 끝 자 6.7.9과 7.0.2가 서로 상생 관계로 이루어져 더욱 좋게 나타난다. 이는 재성(재물) 6이 관성(명예) 7을 생해주고 관성(권력) 7이 인성(학문) 9를 서로 상호 작용으로 돕고 도우므로 '정'에서의 흉한 기운을 '운천'이란 이름에서 이를 보완하므로 좋은 이름에 해당한다.
　모든 사람에게는 눈에 보이지 않는 영기(靈氣: 텔레파시)가 있는데 그 영기를 바르게 활용하지 못해 불행의 길로 유도되는 불운을 겪는 사람들이 많다. 그렇다면 자신이 갖고 있는 영기를 무엇으로 유도하여 행운의 길로 가게 하겠는가? 거기에는 자신과는 한 치도 떨어질래야 떨어질 수 없는 자기를 대표하는 이름에 엄청난 운명의 비밀이 숨어있다는 사실이다. 이름에 무슨 운세가 작용하겠냐(?)고 가볍게 여기는 사람들이 있겠지만 이거야 말로 잘못된 생각이다.
　인간의 행. 불행이 이름 하나에 달린 것은 아니지만 이와 같이 많은 사람들의 임상을 통해 이름이 길흉에 직접적인 작용을 하고 있는 것은 분명한 사실이다.
　그러다보니 현대인들은 좀 더 나은 이름을 짓기 위해 저마다 유명하다는 곳을 찾아 나서지만 현실은 각기 다른 정보의 홍수 속에서 갈피를 못 잡고 우왕좌왕하고 있다.
　무엇보다 성명학에 관련된 서적 하나만 놓고도 각종 서적이 산더미처럼 쏟아져 나오고 있는 현실이다. 요즘이야 말로 어떻게 보면 정보매체와 서적의 홍수시대에 살고 있다고 해도 과언이 아니다. 그만큼 선택의 폭이 넓어졌다고 볼 수 있다. 그러다 보니 더욱 더 성명학 이론에 관해 어느 것이 올바른 학설인지 분별하기 어렵게 되었다.

그렇지만 구성성명학을 한번이라도 접해본 사람은 이러한 의구심이 한 순간 싹 가시게 된다. 왜냐하면 이름 석 자 만으로 당사자의 운명을 80%이상 예측하기 때문이다. 이 또한 타인의 입을 통해 불러주는 이름의 위력이 그만큼 크다는 것을 반영하고 있다는 증거이다.

그런 면에서 정운천 장관의 이름에서의 '운'은 중첩된 인성(문서) 9.9를 재성(금전) 6이 극제하므로 흉(凶) 중에 길(吉)로 전환된 대길한 수리의 배합이다.

그래서인지 우리나라 초대 농수산부장관을 지냈고 2선 국회의원으로 활발한 활동을 전개했던 것도 알고 보면 이러한 이름에서 발현되는 기운의 작용이라 할 수 있다.

따라서 이름은 성(姓)과 나이에 맞게 어울릴 수 있는 것이라면 모두 좋은 이름이라 생각하기 쉽다. 그러나 그 이전, 그 사람의 사주팔자와 연계되어 지어졌을 때, 이름에서 파생되는 운기를 그대로 감지할 수 있다. 그렇다고 이름이 운명의 전부를 차지하고 있는 것은 아니다. 가장 중요한 것은 타고난 운명에 어떤 옷을 입히느냐에 따라 그 사람의 가치 기준도 현저하게 달라진다는 점이다.

따라서 성(姓)은 머릿속 생각을 나타내므로 앞서 잠깐 언급했듯이 재물과 명예와 그것을 이루기 위한 학문적 배합이 서로 상생으로 잘 흘러가고 있다. 그러다보니 정운천 전 장관의 생각 또한 좋은 이름과 맞물려 늦게까지 활발한 정치활동을 펼칠 것으로 보여 지고 정치생명 또한 오래도록 유지될 것으로 생각된다.

또한 재성(재물과 부인)이 좋게 작용하므로 축적의 기운도 매우 왕성하다. 그러므로 남들이 불러주는 좋은 이름의 소리에너지에 의해 건강은 물론 재물의 축적 또한 만만찮게 많다.

　아들 결혼식 주례를 부탁했을 때 바쁜 일정임에도 불구하고 마다않고 시간을 내준 정운천 장관한테 늘 고마운 마음이었다. 그래서 이름만큼 좋은 아호를 선물로 드리겠다고 마음먹고 '귀암'이란 아호를 지어 감사한 마음과 함께 그때의 고마움을 전달했다.

　'병(病)은 입으로 들어오고, 화(禍)는 혀에서 생긴다.'라는 말이 있다. 말을 조심해야 화를 면할 수 있는데, 즉 입은 곧 마음의 문이기 때문에 말을 조심하지 않으면 안된다. 다시 말해 입을 엄밀하게 지키지 않으면 마음 속 기밀이 새어나가므로 문제의 근원을 만들게 된다. 마음에 품은 뜻도 마찬가지다. 이 마음단속을 바르고 엄격하게 다스리지 않으면 사악하고 그릇된 길로 마음이 치닫게 된다. 그래서 이러한 마음과 입을 경계하라고 성현들의 말을 빌려 잠시 내 생각을 전하고자 한다.

대한민국헌정대상을 수상한 조경태의원

　우리가 역사를 통해 얻을 수 있는 교훈은, 자기 자신에 대해 완전히 깨달은 사람들은 모든 욕심이 사라져 눈에 보이는 사물을 자기 소유로 삼지 않고, 사물 그 자체에 맡겨둔다. 또한 사사로운 욕심을 버리고 자연의 이치에 맡겨둔 사람은 비록 속세에 살고 있더라도 그런 사람은 이미 속세를 떠나 자연에 순응하고 있다. 따라서 옛 성현들은 탐하지 않는 마음을 보배로 여겼고 그랬기에 한세상을 풍미를 즐기며 유유자적하게 살 수 있었다.
　무엇보다 꽃이 피고 잎이 무성한 한여름의 풍경 속에는 이미 가을의 조각이 잉태되어 있고, 나뭇가지가 얼어붙고 잎이 말라 떨어진 엄동설한의 추위 속에는 장차 봄이 되면 피어날 새 생명의 기운이 움트고 있는 것이 자연의 섭리이다. 즉 차면 기울고 기울면 다시 차고, 여름이 가면 겨울이 오고 겨울이 가면 여름이 오는 것이 우주의 대경대법(大經大法)이다.
　아울러 군자란 모름지기 인격을 갖추게 되면 세상을 밝게 비추는 등불이 되지만 국가의 녹을 먹는 군자라도 개인적인 사리사욕이 앞서면 결국 졸부에 지나지 않는다. 그러므로 정치인들이말로

조경태의원과 조선호텔 앞에서

편안하고 부유할 때 방심하지 말고 다가올 재난에 미리 대비해야 어려움을 당했을 때 실망하거나 포기하는 일이 없게 된다.

각설하고 우주의 모든 생명체는 한 가지 공통적인 요소가 있다. 그 요소위에 기초하고 있는 것이 있는데 그것은 바로 지속적인 변화 즉 '소리'다. 우리의 감각은 이러한 서로 다른 소리가 서로 상호 연결되어 반응하고 있다. 우리는 다만 한 가지 소리와 다른 것을 비교하여 그 소리의 차이만을 인식하고 있을 뿐이다.

이러한 인식의 차이는 선대인류가 지속적으로 제공하는 정보다발(우주심)에 의해 이름에서 발현되는 파동의 에너지가 서로 간섭하고 감응하여 인간의 운명에 운력(運力)을 발생시켜 성격을 형성하고 운명을 창출해 낸다.

따라서 구성성명학이 연구된 기본 원리는 어째서 이름을 부를 때의 소리가 갖가지 운력을 인간의 운명에 발생시키는가에 있다. 이를 요약하자면 '음파의 공명현상(共鳴現象)'이다.

일반적으로 하나의 파동 즉 음파가 발생하게 될 때 (공기나 물, 전자장 등 모두 같다) 주위에 있는 사물은 여기에 동조하려는 성질을 갖고 있다. 우리가 의식하지 못할 뿐 꾸준히 일어나고 있다는 사실을 주시해야 한다.

우리 자신은 실제로 여러 가지 소리 파동을 통해 우주전체의 모든 생명체 에너지 곧 기(氣)와 연결되어 있다. 현대 물리학에서도 입증되었듯이 물리의 특성을 결정짓는 가장 중요한 것이 진동에너지다. 그 진동이 인간의 운명에 직결되어 있는데 그것이 바로 타인의 입을 통해 평생 동안 불리워지는 이름 석 자 안에 담겨 있다.

따라서 이름만 봐도 당사자의 운명을 80%이상 예측할 수 있다는 그 자체가 굉장히 획기적인 일이다. 그래서 그 누구보다 일찍 정계에 입문하여 아직은 젊다면 젊은 오십대에 초선도 아닌 5선 국회의원으로 당당히 의정활동을 펼치고 있는 조경태의원의 이름이 궁금해 졌다. 그래서 그의 이름을 분석해 보았다.

```
85  349  29
조   경   태
76  430  10
```

'조경태'의 이름을 풀이하기에 앞서, 그가 왜 만 28세에 통합민주당 공천을 받아 제15대 국회의원 선거 부산 사하구 갑에 출마하게 되었는가? 당시 박사과정의 신분으로 당시 부산이나 경남권에서 절대적인 지지세를 갖고 있는 신한국당을 상대로, 타 정당의 새파랗게 젊은 신인이 비록 낙선은 했지만, 왜 그가 15.5%란 표를 얻어 정계사람들을 놀라게 할 정도로 대단한 이슈거리의 주인공이 되었는가?

그래서 문득 조경태의원의 이름이 궁금했다. 막상 풀어보니, 좋은 이름 그대로 그 역시도 이름값을 한다는 생각이 들었다.

우선 '조'의 8.5와 7.6이 이를 잘 반영해주고 있는데서 '경'의 3.4.9가 확실하게 한 번 더 이를 증명하고 있어 향후 그의 의정 활동이 예측되고 있다. 그래서 더욱 좋은 정치인으로 거듭나길 바라는 마음에서 아호를 선사하고 싶었다. 마침 조경태의원도 아호를 선물하면 감사하게 받겠다고 해 기쁜 마음으로 '소헌'이란 아호를 선사했다.

이름에서 성(姓)은 초년이요, 또한 머릿속 생각을 나타낸다. 따라서 생각이 마음을 일으키고 그 마음이 행동으로 옮겨지면서 행위의 결과에 따라 성공하느냐, 실패하느냐가 결정된다. 그래서 이름이 매우 중요하다는 거다. 그중에 성(姓)은 앞서 잠깐 언급했지만 머릿속 생각과 사고를 나타내기도 하지만 평생 동안 지니고 가야할 사주(四柱)와 같은 거라 더욱 중요하다.

그런데 '조'씨 성에서의 7.8은 명예고 5.6은 재물과 부인을 나타낸다. 이는 머릿속 생각이 명예와 권력에 대한 집념으로 가득 차 있다는 뜻이다. 또한 5.6은 여자와 재물을 나타내는데 그러한 집념 뒤에는 부인의 내조가 한몫하고 있다는 것도 암시되고 있다.

그러다보니 16대 총선 낙선 직후부터 지역구에서 발로 뛰며 사람을 만나고 다니면서 지하철 연장 공약을 약속했던 그 약속을 이루어내기 위해 연약지반이라 시공이 어렵다는 사람들이 주장을 뒤로하고 본인의 전공(토목공학)을 살려 백방으로 노력한 일념이 결국엔 국회의원 당선에 큰 공헌을 하였다.

그러한 끈질긴 집념이 결국 제17대 국회의원 선거에서 열린우리당 소속으로 사하구 을에 출마해 부산 도시철도 1호선 다대포 연장을 공약으로 내걸고, 39.13%라는 기적에 가까운 득표율로 불과 36세의 나이에 당선을 이뤄내었다.

그리고 연이어 5선까지 할 수 있었던 것은, 명예에 가장 좋은 수리배합이라 할 수 있는 3.4.9의 영향이 한몫했다.

　더욱이 태어난 년도가 천간(天干)과 지지(地支)가 같다보니 이름이 좋으면 두 배로 좋고, 흉하면 두 배로 흉하다.

　이러한 수리 배합이 이름 끝 자 '태'에서도 이를 한번 더 예고해 주고 있다보니 그가 부산 1호선 적기 완공 공약을 내걸어 득표율 58.19%로 전직 부산교통공사 사장인 새누리당 안준태 후보를 꺾고 압승한 것도 다 '조경태'란 좋은 이름 때문이다.

　물론 조경태의원 자신이 지역구 사람들과의 약속을 잘 지켜 그의 행보에 긍정적인 사람이든, 부정적인 사람이든 전부 인정해준 것이 가장 큰 힘이긴 하지만 그에 앞서 좋은 이름의 수리배합의 역할도 한몫 했다고 볼 수 있다.

　아울러 지하철 개통에 따른 공약을 내건 것에 그 약속을 철저하게 지켜내므로 지역구 관리를 잘했다는 평을 받은 때문이다. 따라서 그러한 점이 모두에게 공감되어 5선 의원까지 되었지만, 어떻게 보면 그러한 약속을 지킬 수 있었던 것도 이름에서 발현되는 파동의 에너지가 그의 마음을 그렇게 하도록 발동시킨 원동력이 될 수 있었다. 그래서 좋은 수리배합을 가진 사람들은 스스로 그 이름에 맞게 이름값을 한다는 사실을 '조경태'란 이름에서 충분히 엿볼 수 있다.

대권에 도전한 대구시장 홍준표

　움직임 속에 고요함이 있고, 고요한 가운데 움직임이 있다. 동중정(動中靜), 정중동(靜中動)이란 말이 있다.
　아무리 바쁠 때라도 조용히 지금 자신의 모습을 돌아 볼 수 있고, 한가하고 아무 일 없는 시간에 다시 바쁘게 돌아갈 내일을 계획할 수 있는 사람이라면 어떤 상황에 놓이더라도 당황하지 않고 내일을 대처할 수 있다. 특히 정치인에게 있어 항상 동중정(動中靜), 정중동(靜中動)의 뜻을 헤아리고 국정에 임한다면 아무리 바쁜 일상이라도 몸과 마음이 자유로워지지 않을까 싶어 노파심에 이 글귀를 떠올렸다.
　인생은 한 편의 연극이나 한 판의 바둑과도 같다고 본다. 연극이 끝나고 나면 배우의 아름다움이나 추함은 아무 의미도 없으며, 바둑을 두고 나면 누가 이기고 진 것 또한 아무 의미가 없게 된다. 그러기 때문에 살아가면서 맞닥뜨리게 되는 희로애락의 감정이나 헛된 명예나 이익 등에 집착하는 것은 자신의 삶을 각박하게 만드는 길이 되고 만다.
　그래서 옛사람은 종두득두(種豆得豆)의 철리(哲理)를 강조했다. 콩을 심으면 콩을 거두고 팥을 심으면 팥을 거둔다. 콩을 심었는데 팥이 나는 법이 없고, 팥을 심었는데 콩이 나는 일이 없다. 인생에는 인과업보(因果業報)의 법칙이 지배한다. 원인에는 반드시 결과가 있고 업(業)에는 반드시 보(報)가 있다.

기초가 튼튼한 집은 무너지지 않고, 뿌리 깊은 나무는 바람에 흔들리지 않는다. 그러기 때문에 사람은 자기가 심는 것은 자기가 거두게 되어 있다. 많이 심는 자는 많이 거두고 적게 심는 자는 적게 거둔다. 아무것도 심지 아니한 자는 아무것도 거둘 것이 없게 되듯이, 노력의 씨앗을 뿌리면 행복의 열매를 거두고 나태의 씨앗을 뿌리면 실패의 열매를 거둔다는 철리(哲理)를 잊지 말아야 한다.

그런 점에서 홍준표 대구시장이야말로 이름에서 나타나 있듯이 성공은 요행의 산물이 아니고, 번영은 우연의 결과가 아니라는 것을 잘 말해주고 있다.

526 388 11
홍   준   표
059 811 66

홍준표시장의 이름을 풀이해 보면 매우 귀한 이름임을 한 눈에 알 수 있다.

초년을 나타내는 '홍' 6.1.5는 재다신약(財多身弱: 재가 많아 내 세력이 약함)의 기운을 비견 1이 억제하여 그로인한 공로로 재물의 융성함을 알게 한다. 또한 편재 5가 이름의 첫 자 '준' 4를 생해주므로 상관의 힘을 보태주고 있다. 재성의 의해 힘을 얻은 3이 중첩된 편관 8.8을 제압하여 혁혁한 공로를 세우게 된다.

중심운 상관 3의 특성은 직감력이 발달한 편으로 두뇌회전이 빠르고 예지력과 창의성이 풍부하여 대개 학자, 예술가, 사상가 등의 분야에서 출세하는 사람이 많다. 자기 스스로는 할 일이 많고 욕심도 많지만 표현을 하지 않아 태평한 사람으로 인식되기 쉽다. 그렇지만 자신에 대해 스스로 자만심이 가득하다보니 다른 사람에 비해 특별나고 유별난 능력을 지니고 있다고 생각해, 더러는 편협하고 기회가 오면 단호한 결단력을 보이기도 한다.

이름 끝 자의 '표'는 중첩된 1.1은 재성(재물)을 극하는 흉신으로 변하는데, 이를 편관 8이 잘 제압하므로 재성(돈과 여자)을 보호함은 물론 주변의 따르는 무리들도 많다.

지지(地支)에서 발현되는 기운 또한 성에서의 0.5.9가 이러한 작용을 한번 더 확인시켜주고, 자기의 세력을 나타내는 1.1을 관성(명예) 8이 극제 시켜주므로 숨은 재성(재물)이 살아난다. 아울러 처(여자)를 나타내는 중첩된 6.6을 비견(형제) 1이 극제하므로 재성(돈과 여자)이 살아난다. 3.8.8에 의해 권력(명예)에 대한 욕구가 강하고, 1.6.6에 의해 금전의 왕성함을 알 수 있으며. 8.1.1에 의해 재물을 축적하는 기운 또한 왕성하다. 따라서 대구시장으로서의 위용은 물론 오래도록 정치력을 과시하는데 부족함이 없다. 무엇보다 이름의 귀한 배합의 작용으로 인해 늦게까지 정계에서 그 입지를 굳히는데 손색이 없을 것으로 예단해 보는 바다.

그래서 이런 좋은 이름에 거기에 걸 맞는 아호까지 지니게 된다면 더없이 금상첨화라 생각되어 그동안 이런저런 연유로 친분관계를 맺어온 많은 유명정치인들 중에 제일 먼저 떠오른 사람이 홍준표 대구시장이었다. 그래서 '송안'이란 아호를 권했더니 흔쾌하게 기쁜 마음으로 받아 들였다.

확실히 좋은 이름을 가진 사람들은 법인명이나 아호를 권하면 망설임 없이 긍정적인 마인드를 갖고 쉽게 받아드리는 것을 많이 본다. 앞으로 '송안'이란 아호가 홍 대구시장의 정치력을 더욱 굳건하게 다져주는 기틀로 또한 좋은 정치인으로서의 입지를 다져줄 디딤돌로 사용될 것을 확신하면서 차후 그의 정치 행보에 많은 기대를 걸어보는 바다.

무엇보다 구성성명학을 심도 있게 배우고 나서, 몇몇 정치인들의 이름을 풀이해 보았다. 그랬더니 한 두 사람만 빼놓고 거의 대부분 이름들이 좋았다. 그 중에 홍준표 시장의 이름이 가장 좋게 나타나 있어 그의 좋은 이름에서 예시하듯 앞으로 자신의 뜻을 펼치는데 막힘이 없을 것이라 여겨진다.

그래서 지난 대선 때, 많은 사람들로부터 지지를 받았던 홍준표의 이름을 우선적으로 풀이해 보았던 기억이 지금도 떠오른다. 앞에서 잠깐 설명했지만 유독 '홍준표'란 이름에 극(剋)이 매우 많다. 언뜻 보면 극이 많아 흉한 배합의 이름 같아 보이지만 자세히 분석해 보면 도리어 퍼펙트한 이름에 해당한다. 그렇더라도 무언가의 뜻을 성취할 때는 쉽게 이루어지는 것보다 극한의 지경까지 도달했다가 다시 되살아나는 저력을 갖고 있는 것이 이런 이름의 특징이다. 그래선지 몰라도 그의 정치적인 영향력은 내가 굳이 설명하지 않아도 국민들이 더 알고 있을 거라 생각되어 더 이상의 설명은 생략하기로 하겠다. 어쨌거나 많은 정치인들 중에 특히 '홍준표'란 이름에서 발현되는 운기가 매우 좋은 것만은 그의 이름에서 한 번 더 확인한 셈이다.

옛 말에 관직에서 물러나 고향에 와서 살 때에는 위엄 있는 체하지 말고 몸가짐을 너무 높게 하지 말아야 사람들로 하여금 마음을 보기 쉽게 하여 사람들이 모여들어 옛정을 돈독히 하며 세상을 논한다고 하였다.

이는 매는 조는 듯이 서 있고 호랑이는 병든 것처럼 걸어가지만, 이것이 바로 그들이 마음을 움켜잡고 물어뜯는 수단으로 활용하고 있는 것으로, 그러므로 군자는 자신의 속내를 드러내지 않고 감정을 나타내지 않아야 큰일을 도모할 수 있다는 채근담의 내용의 뜻이다.

 그러므로 현역이 되었든 물러나 있든 간에 정치인들이라면 누구나 한번쯤 곱씹어 봐야 하는 옛 성현의 말이 아닐까(?) 그리 생각하는 바다.

신분이 알려지는 것을 주저하기에

 정말 정치를 하는 사람들에 있어서 큰 힘은, 국민과의 약속을 성실하게 지속하는 능력이다. 처음에는 미약한 듯 보여도 결국 그러한 큰일을 해내는 사람들의 성향을 살펴보면 대개 보이지 않는 그런 작은 약속부터 착실하게 실행해낸 사람들이다.
 불가에 천하귀정(天下歸正), 만물귀정(萬物歸正)이란 말이 있다.
 온 천하가 정(正)의 자리로 돌아가야 하고, 만물이 '바로'의 자리로 돌아가야 무슨 일이나 제대로 된다. 잘산다는 것은 바로 살아야 잘 사는 것이다. 잘 사는 것과 바로 사는 것은 둘이 아니고 하나다.
 우리는 지금 각자가 바로 살고 있는가? 정치는 바로 하고 있는가? 할 때 우리 나라 정치는 부정의 탁류가 흐르고 있어 정(正)의 질서가 무너지고 부정(不正)의 질서로 전락해 가고 있어 안타까울 뿐이다.
 거짓 위에 세워진 인격과 사회는 허망하고 나약하지만, 진실 위에 세워진 인격과 사회는 견고하고 생명력이 강하다. 우리 정치인들은 국정이 임할 때 허(虛)와 위(僞) 위에 세우지 말고 진(眞)과 실(實) 위에 세워야 한다.

```
94  18  252
주   *    *
47  61  505
```

그런 면에서 볼 때, 무엇보다 '주**'이란 국회의원의 이름을 분석해 보면 길(吉)한 수리배합인 1.8.2와 6.1.5의 귀한 배합과 5.2와 4.7의 흉한 배합이 이름 안에서 서로 공존하고 있다

이러한 이름의 배합구조는 허와 실이 항상 함께 존재한다. 즉 무실의 거짓은 허요, 텅 빈 것이요, 허황된 것이다. 허장성세(虛張聲勢), 유명무실(有名無實), 외화내허(外華內虛) 모두가 무실과 반대되는 말이다.

참을 힘쓰는 것이 무실(務實)이다. 역행(力行)은 행하기를 힘쓰는 것이다. 그러기 때문에 역행은 곧 실천이다. 행동이 따르지 않는 빈 이론, 실천이 수반되지 않는 허황한 공상, 모두 다 역행의 반대다.

그러므로 행(行)이 없는 지(知), 실천이 없는 공론, 행동이 없는 말은 아무 힘이 없고 아무 열매와 성과가 없다. 무엇이 정치인들한테 폐단인가. 거짓과 공리공론이다. 허위와 빈 말만이 난무한 작금의 형태가 우리나라 정치인들한테서 질리게 보아 온 모습이라 안타까운 마음뿐이다.

'주**'의 1.8.1과 6.1.5 의 귀중한 배합 때문인지 1982년 사법시험에 합격한 뒤 부자 법조인 집안에서 태어난 2대째 부친의 뒤를 이어 20년 동안 판사로 재직했다. 그러다가 대구법원 판사로 재직 중이던 시절 자동차 사고로 두개골이 골절되는 중상을 당했

다. 그야말로 13시간에 걸친 대수술 끝에 살아난 기적의 사람이라 해도 과언이 아니다.

그런 대형 참사가 일어난 것도 알고 보면 '주**'이란 이름 안에서 충분히 엿볼 수 있다. 앞서 잠깐 언급했듯이 이름 끝 자 2.5와 4.7의 흉한 수리배합 때문이다. 그런 상황에서 지금까지 건재한 모습으로 의정활동을 활발하게 하는 것 또한 이러한 흉한 수리를 상쇄시켜주는 1.8.2의 수리배합과 6.1.5의 수리배합에 이어 성(姓)에서의 9.4가 명예를 주관하는 길한 배합이 합세하여 좋은 운기가 발현했기 때문이다.

그래서 17대 총선에 당선되어 의정 활동을 시작하면서 비서실장과 대변인을 지내다가 초대 특임장관을 역임한 것도 이러한 좋은 이름의 배합덕분이다.

간혹 사람들이 본인의 이름이 좋지 않다고 하면 마치 운명 전체가 나쁜 것처럼 단정하고 걱정부터 하는데 중요한 것은 이름의 좋고 나쁨을 논하기에 앞서 타고난 운명이 우선이 된다.

먼저 선천 운(사주팔자)을 좋게 타고난 사람은, 이름이 그렇게 운명에 영향을 미치지 않을뿐더러 어느 정도 사주에 맞는 좋은 이름을 갖게 된다. 그러나 선천 운이 나쁜 사람은 대부분 그 사주에 비슷한 이름을 갖게 되어 힘들게 고생하며 사는 것이 다반사다. 그러다보니 이름에서 발현되는 그 기운에 지배를 받다보니 더욱 힘들게 살아갈 수밖에 없다. 그렇지만 사주는 신의 영역이라 인간의 힘으로 어쩌지 못하지만 이름은 가변성의 운명이라 그렇지 않다. 그러기 때문에 좋은 옷(개명)으로 갈아입으면 어느 정도 보완되기 때문에 크게 염려할 필요는 없다.

사람들은 누구나 좋은 이름을 지었으면 한다. 그래서 유명(?)하다는 작명가를 찾아다니며 많은 돈을 지불하고 이름을 의뢰하는데, 좋은 이름을 짓기란 그리 만만치 않다. 왜냐하면 기존의 작명방식은 인간의 운명에 어떠한 영향도 끼치지 못하고 있다. 그러나 구성성명학은 사주 푸는 방식을 성명학에 그대로 접목한 학문이라 엄밀히 말하면 사주성명학이라 할 수 있다.

또한 모든 소리에는 파동의 힘이 있다. 이를 소리에너지라 하는데 한글은 입모양을 본떠 만든 소리음이다. 그러기 때문에 어떠한 소리가 되었든 소리에서 파생되는 모든 소리에는 반드시 오행이 따라붙는다. 그러한 이름에서 불리워지는 오행을 태어난 년도에 대입하여 당사자의 운명을 예측하는 것이 구성성명학이다. 그야말로 국내에 단 하나 밖에 아니 전 세계에 하나밖에 없는 성명학이 바로 다지음의 한글성명학이라고 감히 자신하고 말할 수 있다.

그래서 지금 외국인이 이름을 통해 좀 더 쉽게 '한글'에 접근할 수 있도록 교육프로그램을 만들어 K-pop에 열광하는 젊은 외국인들한테 교육시킬 목적을 갖고 있다. 구성성명학 이론으로 외국인의 운세를 풀이해주므로 한글을 세계시장에 선보일 계획이다. 따라서 K-팝과 함께 K-한글을 전 세계에 펼치기 위해 지금 사단법인 한글구성성명학회에서 '한글학회'를 따로 개설하여 K-팝에 열광하는 전 세계의 젊은이들한테 이름을 통해 한글이란 글자를 좀 더 쉽게 익힐 수 있도록 거기에 걸 맞는 교육 프로그램을 준비하고 있다.

각설하고 2020년 21대 총선에 성공한 주**국회의원한테 아호를 지어 주겠다고 했더니 지금 여러 개의 아호를 많이 갖고 있다며 극구 사양했다. 그렇지만 그 누구보다 한글구성성명학의 소리파동의 에너지에 확신을 갖고 있기에 적극적으로 다지음 작명법으로 '천강'이란 아호를 지어 선사했다. 그랬더니 마음만 고맙게 받겠다며 또 다시 정중히 거절했다. 아무리 좋다 해도 당사자가 원치 않으면 더 이상 권할 수 없는 일이기에 아쉬움이 컸지만 그 또한 때가 되면 언젠가 '천강'이란 아호를 사용하겠지……! 그렇게 스스로를 위로하고 말았다.

물방울이 한 곳에 계속 떨어지면 돌도 뚫을 수 있다는 자연 현상에서도 발견할 수 있듯이, 이것은 정치를 하는 일에서도 그대로 적용할 수 있다. 그러므로 자신이 국가를 위해 또는 국민과의 약속을 지키기 위해 최선을 다하고 있는가? 그런 연 후에 거기에 따른 결과를 바라고 있는가? 정치인들이라면 누구나 한번쯤 깊이 생각해 봐야 한다.

우리는 바로 사는 것이 곧 잘사는 것이라 정의한다.

그러기 때문에 무슨 일이나 '바로' 해야 한다. 생각도 '바로'하고, 말도 '바로' 하고, 행동도 '바로'하고, 모든 것을 다 '바로' 해야 나라가 굳건하게 선다.

그러려면 정치인들이야말로 무실역행해야 한다. 무(務)는 힘쓰는 것이요, 실(實)은 진실이요, 성실이요, 실질이고 실력이다. 참되고 착실하고 알맹이가 있는 것을 실(實)이라 한다. 실(實)을 힘쓰는 것이 무실(務實)이다.

대통령 이름은 따로 있다

1935년 을해(乙亥)생 이승만

```
86  658  420
이   승   만
53  345  197
```

나무는 일단 줄기만 남은 후라야 비로소 잎과 꽃과 열매가 모두 헛된 영화였음을 알게 되고, 사람은 죽어 무덤에 묻힌 후라야 자손과 재물이 모두 헛된 것이었음을 알게 된다. 그러므로 사람이 살아가면서 죽은 후를 생각한다면 마음속의 욕망이 부질없음을 깨닫고 후회 없는 인생을 살 수 있도록 노력하게 될 것이다.

  1960년 3월 15일 여당과 정부가 전국적이고 조직적으로 부정선거를 감행하여 대통령에 4선 되었지만 4. 19혁명으로 인해 사임, 하와이에서 망명해 있는 동안 고독한 말년을 보내면서 결국 해외에서 사망하였다.

  중심 운에 6은 성품이 온화하고 정직해서 누구에게나 믿음이 있고 신중한 현실주의자로 완고하며 보수적이다. 또한 생각이 깊고 확신이 강하며 시간관념이 철저하다.

초년에서 나타내는 성에서의 8과 6은 잘못된 일이 생기지 않도록 미리미리 경계하는 장점이 있으며, 리더로서 공정한 논공을 바르게 하므로 구성원들의 마음을 사로잡는데 일조를 하여 큰 결속력을 다지는데 한 몫 하게 만든다.

자신이 정해 놓은 목표를 하나하나 달성함으로써 개인의 행복보다는 국가 안위를 위한 애국심으로 불타올라 혼란기에 뚝심으로 환란을 극복해 나가는 배짱이 있다.

이러한 특성 때문인지 이승만 박사는 일본인의 명성왕후 시해에 대한 복수사건에 가담하여 연루되다 쫓겨 다니던 중, 미국인 여의사의 도움으로 위기를 모면하고 이 무렵에 개화사상에 심취하여 그리스도교에 입교하면서 서재필의 지도하에 독립협회의 간부로 활약하였다. 독립협회에 활약하던 중 정부 전복을 획책했다는 혐의로 사형선고를 받았으나 종신형으로 감면되면서 민영환의 주선으로 7년 만에 석방 되었다.

그리고 그 해 겨울 미국으로 건너가 그 곳에 계속 머물면서 조지워싱컨대학과 하버드대학교를 다니면서, 1910년 프린스턴대학교에서 철학박사 학위를 받았는데 이는 당시 우리나라 최초의 박사로 그 명성이 자자했다.

따지고 보면 성에서부터 이름 첫 자의 상생으로 이루어진 배합 때문으로 학업 운이 좋고 명예가 크며 성공하여 부귀가 따르게 됨을 쉽게 알 수 있다.

또한 중심명운의 중복된 재성 6,5가 복록궁인 관성(권력) 8을 재생관(財生官)으로 물 흐르듯 상생되어 명예를 나타내는 복록(명예) 8을 조화롭게 인도해주어 우리나라 초대 대통령을 만들게 한 요인이 되었다.

그렇지만 이름의 끝 자 4,2,0은 학문 연구에는 대성하나 괴팍하고 외골수의 길을 걷게 하므로 불행이 자주 생기게 된다. 그러므로 말년을 평탄하게 살지 못하고 풍파가 많은 굴곡이 심한 삶을 살게 만든 것도 따지고 보면 이름에서 나타나는 징후 때문으로, 4. 19 부정 선거로 인해 해외에서 망명생활을 하게 되었던 것이라 본다.

1917년 정사(丁巳)생 박정희

544 700 97
박　　정　　희
633 899 08

故 박정희 대통령하면 일단 '시대가 영웅을 만들지 영웅이 시대를 만들 순 없다.'라는 생각이 든다. 왜냐면 제 아무리 뛰어난 사람이라 할지라도 시대를 거스를 수 없기 때문이다.

이것처럼 제 아무리 완벽한 인간일지라도 신(神)이 아닌 이상 100% 만족하고 완벽한 사람은 없기 때문에 어쩌면 박정희 대통령을 절대 영웅이라고 볼 수 없지만 그렇다고 절대 역적이라고 부르기엔 너무 업적이 많은 인물이기도 하다.

따라서 배고픔에 허덕이는 국민을 위해 '새마을 운동', '잘살아보세 운동'을 통해서 산업화의 경제 붐을 일으켜 인간이 살면서 가장 중요한 기본적인 욕구인 의식주를 해결해 주었다는 점에서 박정희 대통령의 업적은 충분하고도 남을 것이다.

성(姓)에서 나타나듯, 5와 중첩된 4.4는 상생되는 배합이면서도 흉한 기운과 길한 기운의 작용으로 객지로 분주하게 다니고 재복이 한결같지 못하여 재물에 집착이 없으며 또 배우자궁이 불길하여 이별수가 있게 된다.

중심 운에 7은 권세를 나타내고, 완강하며, 의협심과 항쟁심 등이 강해, 바로 그의 역사적 오점이라 할 수 있는 쿠데타를 일을 킨 그 자체만으로도 그의 부정적인 측면을 충분히 읽을 수 있다.

7의 특성상 용기 있고 진취적인 이 작용의 기운은 격한 성격 때문에 감정에 따라 흥분을 잘하고 그때그때의 생각에 따라 밀어붙이는 승부욕이 강하게 나타난다.

우리가 흔히 보는 대나무 잎이 많이 피지 못하는 것은 너무 곧고 굳세기 때문이다. 사람의 경우도 마찬가지여서 지나치게 강직하면 인정이 쌓일 여지가 없어 사람이 따르지 않게 된다. 그러므로 절의가 있는 사람은 온화한 마음을 길러야 비로소 분쟁의 길을 열지 않게 되고, 공명이 있는 사람은 겸양의 덕을 체득해 선을 베풀어야 비로소 질투의 문을 열지 않게 돼 분쟁이 일지 않는다.

쿠데타라는 게 겉으론 국민을 위해서 일으켰다 하지만서도 국민에 눈과 귀를 막고 언론을 틀어막고 자신의 반대세력을 제거하고, 권력유지를 위해 살권을 마음대로 휘두르는 것은 큰 화근이 될 수 있다. 그것이 종내에는 1979년 10월 26일 서울 궁정동, 당시 중앙정보부장이었던 김재규의 총에 살해된 원인이 되기도 했지만 그에 앞서 중첩된 인성(문서) 0.0.9가 사망문서를 예고한 때문이기도 하다.

그러나 이름의 첫 자인 중심 운이 7은 본인의 도덕적, 인격적 존엄에 대한 권위의식이 매우 강해, 중대 사안이 발생하면 친소를 가리지 않고 밀어붙이는 경향이 있다. 모든 사람을 같이 생각하고 하나로 뭉쳐 위기상황을 돌파할 수 있는 능력이 있는 사람으로 항상 분주하고 기분에 좌우되는 성격으로 성공이 순조로워 큰 업적을 달성하는데 그다지 어려움을 겪지 않으므로 명예가 높고 이름을 사방에 떨치게 한다.

부귀와 공명은 마음을 놓아버릴 수 있을 때 비로소 세속에서 벗어날 수 있고, 도덕과 인의는 마음을 내려놓을 때 비로소 성인의 경지에 들어갈 수 있다.

지난 60년 동안 대한민국을 세계에 알린 인물이 누구인가라는 설문조사에서 故박정희대통령이 가장 많은 표를 얻었다는 결과가 나왔다.

어떻게 보면 故박정희대통령만큼 양면성이 잘 나타난 인물도 드물 것이다. 우리나라 한강의 기적을 이룬 산업화에 한 축이자 영웅이라고 보는 시각과, 일각에선 자신의 권력야욕에만 눈이 먼 유신의 독재자 일뿐이라는 사람 등 박대통령만큼 우리나라에서 엇갈린 평가가 극과 극인 경우도 아마 없을 것이다.

1931년 신미(辛未)생 전두환

146 66 3086
전 두 환
924 44 1864

일국의 대통령이었던 그가 쿠데타를 일으켜 많은 국민들을 학살하였음에도 그에 따른 반성은 커녕 엉뚱한 발언으로 국민들의 빈축을 사고 있어 역대 대통령 중 가장 불미스러운 대통령으로 남아 있다.

세간에는 전두환 시절이 먹고살기는 편했다는 말을 간혹 하는 이들이 있다. 그러나 그것은 그가 한 게 아니라, 당시 세계 경제는 3가지의 저가 현상 즉 저유가, 저금리, 저달러, 수출로 먹고사는 우리나라에선 최고의 경제적 배경으로 결코 그가 정치를 잘해서 만들어진 것이 아니라는 점이다.

저유가는 당시 일시적으로 석유 수출 국가의 카르텔이 붕괴 하면서 나타난 현상이었고, 저금리는 미국에서 기업하기 좋게 하기 위해 행한 정책이었고, 저달러도 지금도 마찬가지지만 미국의 경제적 적자를 매우기 위해 취한 정책으로 결코 그의 능력은 아니라는 것이다.

당시 정치시절 우리나라의 프로 야구나 농구가 발족 된 것도 따지고 보면 그가 다 정치에서 국민의 관심을 멀어지게 하려는 우민화 정책을 쓴 것이라 밖에 볼 수 없다.

수천억 원대의 재산을 은닉해 놓고도 통장에 단돈 몇 십 만원 밖에 없다고 발뺌하면서도 들리는 얘기에 의하면 아직도 수백만 원짜리 골프를 치러 다닌다는 소문이 무성한 것만 봐도 그리고 가끔 언론에서 그의 비자금을 찾았다는 소식이 전해지는 것을 미루어만 보아도 그의 치졸한 인간성을 어느 정도 짐작하게 하고도 남음이 있다.

그런 그가 대한민국의 대통령이었다는 사실이 국민의 한사람으로서 부끄럽고 창피스러우며 그의 졸렬하고 치졸한 행위는 일국의 대통령으로서 두고두고 후세에도 기록될 중범죄를 지은 중죄인으로 씻을 수 없는 오점을 남긴 것만은 틀림없다고 본다.

각설하고 초년을 나타내는 姓(성)에서의 1이 3을 만나고 다시 또 財(재)인 6의 상생으로 이어짐은 어려운 가운데 보통 사람들이 보지 못하는 조직의 약점이나 문제점을 명확하게 파악하고 지적하는 능력이 뛰어나, 예상치 못한 뜻밖의 돌발적인 변화변동을 감안하여 잘 대처한다.

또한 자신의 부정적인 면은 보지 않고 긍정적인 면을 최대한 활용하여 행동주의 철학이 강한 사람으로, 여간해서 어려운 일에 처한 사람을 잘 도와주지 않지만 한번 행동을 취하면 끝까지 보살펴 주는 의리는 있다.

중심 운의 6의 중복됨은 고집이 지나치게 세기 때문에 한번 한 다하면 하고야 마는 점은 좋으나, 물질적인 욕심이 강해 본인의 재산을 강제적이고 강압적으로 빼앗으려고 할 때는 혈연, 지연, 학연 등 모든 수단을 다 강구하여 적극적으로 대처하는 일면이 있다.

재물은 모든 사람들이 좋아하는 것이기 때문에 이 재물을 이용해 신복인 부하로부터 배반을 당하지 않으며 여자가 많이 따르기도 한다. 따라서 주색을 삼가지 않으면 부부간에 불화 내지는 자식간의 비극을 보거나 명예에 손상을 입게 되는 치명상을 당한다.

재물은 명예를 만들고 벼슬을 생하며 양생하는 근원이 되지만 재앙과 우환을 낳고 사활(死活)을 좌우하기도 하는 고로, 길한 중에 흉한 기운이 작용하고 있다는 사실을 특히 그가 잊어서는 안 된다.

또한 중심 운에 6은, 명예를 중히 여기고 번영을 의미하며 자산과 신용을 나타내며 복록과 길상을 뜻하나 중심운 지지(地支)에서 나타나는 1과 8의 배합이 8이 1의 협력하고자 하는 동지의 힘을 극하므로 물질에 대한 탐욕을 일으키게 만들며 또한 의협심이 강해 대의명분을 빙자하여 정의와 공론에 의해 시비를 분명히 가린다며 잔악성을 휘두르기도 한다.

그것이 바로 5. 18광주 민주화 운동에서 신군부들이 광주 시민들을 같은 민족으로서 차마 눈뜨고 보지 못할 정도로 흉폭 했던 참혹한 현상들이나, 사회정의 차원이라며 선량한 서민들까지도 삼청교육대에 보낸 일들을 예로 들 수가 있다.

우리 주변에 삼청 교육대의 모진 훈련과 고문으로 인해 지금까지 그 후유증으로 사회생활을 해 나가는데 어려움을 겪는 사람들이 있는 것만 보아도 자신의 권력만을 믿고 제멋대로 세상을 휘두르는 그의 특성을 이름에서도 잘 엿볼 수 있음을 알 수 있게 된다.

아울러 이름 끝 자에서 나타나듯이 3이 0을 만남은 어떠한 지위에 있건 명예에 대한 집착심이 강하게 작용하고, 과감한 배짱은 있으나 신속한 행동력은 부족한 편으로 또한 고집이 있지만 처가나 형제로 인해 애로를 겪기도 한다.

아울러 끝 자에서 이어지는 6이 8을 생하고 또한 0을 생하면서 뛰어난 기억력과 사리에 맞는 언변으로 주위 사람들을 놀라게 하고 끝없이 이어지는 재물에 대한 그칠 줄 모르는 과욕으로 인해 그의 남은 생애가 염려스러웠던 가운데 끝내는 생을 마감했다. 지지(地支) 이름 끝 자의 1이 6을 극함은 성실성과 도덕성을 망각하게 하고 때로는 결정적인 순간에 실패를 부르기도 하여 그로인해 의외의 재앙과 파멸을 좌초하게 되는 것도 다 이 수리에 위배되는 까닭이다.

세속을 떠나 자연에 묻혀 사는 즐거움을 아는 체 떠드는 사람은 자연의 참맛을 모르는 사람이거나 진정으로 세속을 떠나 살겠다는 의지가 없는 사람이다. 만일 자연의 참맛을 깨달은 사람은 자연의 즐거움을 새삼 입 밖에 내려 하지 않고, 또한 그 참맛을 쉽게 표현하지도 않는다.

그리고 명리에 대한 이야기를 꺼리는 사람은 진정으로 명리에서 벗어난 사람이 아니다. 명예와 이익에 대한 집착에서 벗어난 사람이라면 완전히 초월해 명리에 대한 생각조차 하지 않는다는 말이 있다. 이 말은 꼭 그들 두고 하는 말 같아 왠지 마음이 무겁고 착잡하기만 하다.

1932년 임신(壬申)생 노태우

```
71  85  57
노  태  우
59  63  35
```

노태우 대통령하면 비자금으로 수천억 원을 횡령했다는 생각이 먼저 떠오르는 것은 비단 나만의 생각은 아닐 것이다. 오늘날 초등학생들은 역대 대통령 중 가장 나쁜 사람으로 노태우를 든다고 한다. 전두환은 광주 시민을 학살하고 대통령이 되었기 때문에 당연히 그가 가장 나쁜 대통령이 될 줄 알았는데 초등학생들이 그렇게 생각지 않는 게 좀 뜻밖이다.

노태우는 12. 12와 5. 17 구테타의 신군부 광주시민학살 때 역시 제 2인자였다. 또한 대통령이었을 때는 개인적인 사리사욕에 눈이 어두워 천문학적인 비자금을 횡령했다는 사실 또한 그의 죄과도 전두환 못지않게 엄청난 것이었지만 그러나 우리 국민들은 그도 우리의 대통령이었고, 옥살이를 하였으니 죄값을 치렀다고 하여 많이 관대해진 편이다.

사람은 누구나 권력과 재산을 갖고 싶어 한다. 그러나 그것을 얻기 위해 얼마나 많은 것을 잃고 있는지는 알지 못한다. 역사를 거슬러 올라가 자세히 살펴봐도 정당한 방법으로 권력과 재산을 모은 자는 그리 많지 않다. 그렇지만 정당치 못한 방법으로 치부한 그 권력으로 자신의 짧은 생을 호화롭게 보낼 수는 있지만 그 뒤 영원한 세월의 역사 속에 부끄러움을 안고 묻혀져 간다는 것은 참으로 부끄러운 일이다.

일상적인 평범한 우리네 사람의 방식에선 그렇게 살아가는 그들의 방식이 도덕적인 기준에서 외롭고 쓸쓸해 보이지만, 그들은 후세에 기리 존경받는 사람은 되지 못할지언정 최소한 후세들한테 경멸의 대상은 되지 말아야 한다는 사실을 알지 못하는 것 같아 안타깝다.

성에서 나타나는 7과 1은 숨은 재물을 뜻하며, 재물에 대한 집착이 강함을 알 수 있다.

중심 운에 8은 높은 긍지를 갖고 책임감이 강한 점은 있으나 행동에는 대담성이 없으며, 나설 때와 물러설 때의 분별이 심하여 불리한 입장에서는 발뺌을 하므로 지나치면 욕을 먹고 비난을 받게 된다.

또한 소심한 사람으로 보이게 하며 그런 의미에서 신중한 사람이라는 평을 듣게 되고 대체로 경솔성이 없기 때문에 큰 과욕만 없다면 인생행로에 있어 안정된 길을 가게 하나 과욕을 부리면 패망의 길을 걷게 된다.

중심 운의 8은 관리의 품격이며 무슨 일이든지 책임을 지워 일을 맡기면 훌륭히 처리하지만 책임이나 지위도 주어지지 않을 땐 기분이 내키지 않아 별로 신경을 쓰지 않고 중도에서 포기하기도 하며 감투를 좋아 하는 유형이다. 그러나 만약 화가 미칠 듯하면 자기 몸을 사리며 모르는 체 그냥 넘어가려 하는 비양심적인 마음이 발동하는 사람으로 특히 자신의 명예에 손상이 미치는 것을 극도로 두려워하기 때문에 항시 뒤에서 관망하는 편이다.

따라서 이 수리에 해당된 사람이 과욕을 일삼으며 부정을 행하면 불행한 결과를 초래하고 그 이상의 피해를 보게 된다. 그러므로 모든 일을 처리함에 있어 다각적인 면으로 관찰하고 생각하며 여러 사람들의 의견을 종합하여 결정하여야 한다. 특히 나랏일을 보는 사람으로 책임 있는 권좌에 오르면 도덕적인 삶을 사는 것이 외롭고 쓸쓸해 보일지 모르지만, 후세에 길이 존경 받는 삶이라는 것을 잊지 말아야 할 것이다.

이름 끝 자의 5와 7은 상생의 관계로 개인이 가지고 있는 잠재 가능성을 충분히 활용하여 적재적소에 알맞게 배치하고, 목전의 이익을 위해서 몸부림치며 지키려고 애를 쓰기 때문에 늦도록 재물에 대한 구설이 떠나지 않는다.

손가락으로 달을 가리키면 달을 보아야지, 손가락만 보아서는 끝내 달을 보지 못한다. 달이 사람의 본성이라면, 손가락은 사람의 마음을 가리는 세속의 욕망이다. 인간의 마음이란 자연의 진리이니, 나의 마음을 보지 못하고는 영원히 한낱 미물에 지나지 않는다는 걸 깨달아야 한다. 누구보다도 정치를 하는 사람들에게 있어서 가장 가슴으로 새겨들어야 할 성현들의 말씀 인 것 같다.

중심 운의 8이 5를 보면 공명이 해외까지 전파되는 배합으로 원하는 것을 얻기 위해서는 자신도 모르는 잠재능력이 몇 배로 나오곤 한다. 금전에 대한 욕심만 없다면 지덕을 겸비하여 지도적 인물로 많은 사람들의 존경을 받아 성공이 순조롭게 가문을 빛내게 되는 이름이나 문제는 과욕을 일으키는 데서 이러한 좋은 특성이 가려지는 그의 처신이 아쉽기만 하다.

노태우란 이름이 성에서부터 이름 끝 자까지 재물로 연결되는 배합이라 늦도록 재물에 대한 집착을 버리지 못하고 많은 사람들의 입에 오르내리게 하는 것만 보아도, 이렇듯 이름에서도 그 이유를 찾을 수 있는 것이다.

사람은 누구나 자신만의 고유한 잣대로 남을 평가하게 되는데, 그 잣대의 기준은 언제나 나 자신인 경우가 많다. 예컨대 내 마음이 성실하면 남을 믿고, 내 마음이 성실하지 않으면 남을 의심하게 된다. 부처의 눈에는 세상의 모든 사람이 부처로 보이고, 돼지의 눈에는 세상의 모든 사람이 돼지로 보인다. 금전에 어두운 사람은 그래서 세상이 다 돈으로만 보여 탐욕을 일삼게 되는가 보다.

1927년 정묘(丁卯)생 김영삼

486 030 847
김 영 삼
264 818 624

　1954년 대한민국 3대 총선에서 자유당 후보로 고향인 거제에 출마해 최연소 국회의원으로 당선되어 정치에 입문한 김영삼 전 대통령은 이후, 야당의 정치 지도자로 여당을 견제하는 역할을 해왔다.
　문민정부라 불리는 재임기간 동안 여러 가지 민주화 개혁을 시도하였지만, 임기 말 아시아 국가 전반에 들이 닥친 경제 위기를 잘 다스리지 못하고, 국제통화기금(IMF)의 원조를 요청하는 치욕적인 실정으로 국민의 비난을 받으며 퇴임하게 된 부끄러운 대통령이 되었다.
　중심운 0의 특성은 어떠한 위치에 있건 명예에 대한 집착심이 강하고 자기 멋대로 고집이 대단하며 종교를 경신하는 경향이 많다. 또한 예술을 좋아하며 특히 고전 분야에 취미를 가졌고 항상 순수하고 꾸밈이 없으나 자존심 부분에서는 굉장히 민감하여 의외로 융통성이 없을 정도라고 할 수 있다. 그렇지만 0이 3을 만나면 지혜의 덕을 갖추고 있어 성공 발전하며 자기 자신의 어두운 면을 찾아서 항상 밝은 빛을 내려고 노력하는 정신이 대단하다.
　그러므로 지식을 통해 등불을 밝히고 진리에 도달하려는 성격이 강하게 작용해, 권세가 무궁하고 복록이 많아 장수하고 실패를 두려워하지 않는다.
　초년을 나타내는 성에서의 3,8은 완고하고 질투가 심하며 비판력이 뛰어나 사물을 평가할 때 긍정적인 면보다 부정적인 면에 무게를 더 두므로 나를 싫어하는 사람을 내 편으로 만들지 못하고 점점 더 적대시하는 관계를 만들게 된다. 다행히 8이 6을 만남으로 지성적이고 평화를 사랑하며 전통을 지키려는 집념이 강하여 시대의 흐름을 좋아하지 않으며 임기응변의 재능이 부족하고 고지식하며 주관이 강해 최상인의 긍지를 갖고 있기 때문에 이 수리에서 특출한 지도자가 많이 생기게 된다.

재주가 좋으나 성공에 지장이 자주 생기고 재물 풍파가 많으며 배우자궁이 산만하고 수차 재앙도 따르게 되는 이유는 이름 끝 자에서 7이 4를 만났기 때문이다. 그러므로 이 수리에 해당된 사람은 말년에 재난이 따르고 고독한 경향이 있으며 다른 사람의 존경을 받기를 원하지만 따르지 않아 외롭다. 그나마 4가 6을 상생하므로 건강하고 장수하게 되리라 본다.

구시대와 기성시대의 학문이나 제도 및 규율에 대하여는 해박한 지식을 갖고, 또 그 범위에 맞춰 사물을 처리하는 반면, 구세대의 전통성에서 탈퇴하는 신학문, 신제도, 새 규율에 대해서는 지나친 고정관념으로 인하여 쉽사리 받아들여지지 않으므로 반대 입장을 고수하기도 한다. 이러한 경향은 사회생활에서 두드러지게 나타나며 집단 속에서도 큰 영향을 미친다.

말년을 나타내는 이름 끝 자의 7과 4로 인해 명예의 손상을 입으며 구설이 분분하고 정신적 애로가 따르니 자신의 성질을 한 템포만 죽이면 안락하다.

중심운의 0,3,0은 자녀를 훈도하는 부모의 기운이 있으므로 자상하면서도 때로는 차갑고 냉정한 인상을 주기도 하지만 육친에 대한 애정이 남보다 강하고 부모 형제를 아끼는 사람으로 이해타산이 분명하여 때로는 불만과 비난의 대상이 되기도 한다.

또한 생각이 깊고 행동이 바르며 사람을 사랑할 줄 알고 또한 자기를 유익하게 할 줄도 알기 때문에 돈에 인색한 사람 같아 보이지만 이익되는 것을 볼 때 의로운 것을 먼저 생각해 자제할 줄 아는 능력이 있다.

군자란 모름지기 인격을 갖추게 되면 세상속의 모든 것은 우주 속에서 하나의 티끌에도 지나지 않는다는 사실을 스스로 깨닫게 된다.

1926년 병인(丙寅)생 김대중

```
375  19  819
김   대   중
153  97  697
```

대체적으로 김대중 前 대통령의 생년월일이 정확치 않다는 얘기가 분분하게 나돌아 어느 것이 분명하고 정확한지 나도 잘 모르겠다. 그렇지만 최근 인터넷에서 조사한 바로는 26년 생으로 기록되어 여기에 근거로 풀이 할 작정이다.

사람의 욕심은 끝이 없어 가질수록 더 가지려 하는데, 부귀와 명예에 대해 집착하다보면 탐욕의 노예가 되어버리고 만다. 자신이 가지고 있는 것을 소중히 생각하고 사랑할 수 있어야 풍요로운 삶을 살 수 있는데, 얻기를 탐내는 사람은 금을 나누어 주면 옥을 얻지 못했다고 한(恨)하고, 공작(公爵)을 봉해주면 제후(諸侯)로 봉함을 받지 못했다고 원망하니, 부귀하면서도 스스로 거지 노릇을 자처하는 현상이다. 그러나 족함을 아는 사람은 칡뿌리도 고기보다 맛있게 여기고 베 두루마기도 여우나 담비 털옷보다 따뜻하게 여기니, 서민이면서도 왕공(王公)을 부러워하지 않는 소박한 삶이 오히려 왕후장상 못지않다.

이는 가진 것 많은 사람이면서도 그것에 만족하지 못하고 한없는 욕심으로 비유한 말로 어떻게 보면 작금의 우리나라 관료들을 지칭해 꼬집은 말일게다.

초년 운을 나타내는 성에서의 3과 7은 갈 길은 먼데 방해 요소가 많고 마음은 항상 바쁘고 일은 어렵게 진행된다. 파란만장함을 의미하며 리더쉽이 뛰어나 단체의 조직을 결성하고 리더가 되지만 위태로운 상황에서 거의 죽다가 다시 살아나는 몇 차례 과정을 밟게 되는 고비를 겪게 된다. 그렇지만 몸에 상처가 있으면 그 위험이 반감되는 수가 있음도 이 수리의 배합이라 할 수 있다.

그래도 7이 5를 상생함으로 어려운 일에 직면하더라도 나름대로 세력을 만들어 개인적으로는 세계관, 국가관, 사회관, 인생관 등을 개척해 나가는데 일등공신이 되어 준 편이다.

오래 전, 신문기사에 이런 내용이 실린 적이 있었다.

'한 가정을 책임져야 하는 가장이 있습니다. 그런데 어느 날, 그 가장에게 거지가 구걸을 해요. 그러자 그 가장은 거지에게 과일도 깎아 주고 살림에 보태 쓰라고 부엌칼을 하나 줍니다. 그런데 그 거지가 그 부엌칼로 가장의 식구들을 위협하며 강도짓을 한다면 그 가장한테는 책임이 없는 건가요? 그런 상황에서도 그 가장은 단순히 거지가 불쌍해서 도와주고 싶어서 부엌칼을 준 것이라고 변명할 수 있을 까요?'

〈북핵 반대 및 한·미연합사 해체 반대 천만 명 서명운동본부〉 주최로 서울 시청 앞 광장에서 8일째 열리고 있는 〈한민족 생존과 한반도 평화를 위한 범국민 촛불기도회〉에 참석한 40대 회사원(여)은 이렇게 말하며 김대중 정부와 노무현 정부에 햇볕 정책을 비판했었다.

항간에는 그가 노벨상에 눈이 어두워 우리나라를 김정일한테 팔아먹으려 하고 있다면서 아울러 현 정권에 대해서도 친북하는 노무현 퍼주기식 대북지원을 중단해야 한다고 목소리를 높이고 있는 실정에서 너무 적절한 뭐라 더 이상의 수식어가 필요 없는 대다수의 국민들의 공통된 마음을 그녀가 대신 표현한 거란 생각이 든다.

이는 중심 운의 1과 9는 지혜와 사고력이 뛰어나고 인내와 저력이 있는 통솔자의 품격으로 무에서 유를 창조해 내려는 개척자의 기상이 왕성한 수리에서 비롯된 것으로 보이지만, 9의 세력이나 (1)를 중심으로 집합하여 자신의 주장을 내세우고 자기의 고집대로 일을 처리하기 때문에 다른 사람과 화합하지 않는 불리함을 초래하게 되는 이유가 된다.

간혹 성질은 의지가 굳고 노력성이 대단하며 자존심이 강하고 투지가 돋보이며 왕성한 독립심이 있는 거 같아 보이지만, 고집이 세어, 자기의 주관대로 뜻을 펼치므로 남의 명령이나 지시를 싫어한다.

격한 감정과 온고한 성품은 자신의 내면적인 비밀을 감추고 자기 입장을 적극적으로 굳혀 가려는 수비본능이 강한 일면도 가지고 있어 어떻게 보면 그의 이중성을 읽게 한 일부라고도 볼 수 있다.

관직에 있을 때에는 편지 한 장이라도 절도가 있어 함부로 써서 조그만 마음의 틈이라도 사람들로 하여금 마음을 보기 어렵게 하여 요행을 바라는 실마리를 주지 말아야 하는데, 그는 노벨 평화상 수상을 목적으로 한 북한의 대북지원으로 국민들의 혈세를 마구 퍼주었다는 비난을 면치 못하고 있다. 그래서 우리 정부는 북한에 달러를 지원해 핵을 개발할 자금을 지원한 꼴이 되었고 지원된 식량의 분배의 투명성도 제대로 확보하지 않아 북한 주민들에게 실질적인 혜택이 돌아가지 못한 꼴이 되어 국민들로부터 비판을 받고 있는 실정이다.

일부에서는 통일 전, 서독과 동독의 교류를 예로 들며 햇볕정책을 지지하지만 김대중 정권과 노무현 정권의 햇볕정책과 통일 전 동독과 서독의 교류는 다르다고 할 수 있으며 서독은 통일 전 동독과 교류하면서 절대로 달러로 거래를 하지 않았고 자국 통화를 사용해 자국의 기업들에게 실질적인 이익이 돌아가게 했고 동독이 서독으로부터 받은 돈을 다른 목적에 사용되는 것을 철저히 차단했지만 우리 정부는 북한에 달러를 지원해 핵을 개발할 자금을 지원한 꼴이 됐고 지원된 식량의 분배의 투명성도 제대로 확보하지 않아 북한 주민들에게 실질적인 혜택이 돌아가지 못했기 때문에 결국 북한의 핵실험과 방위 벽을 튼튼히 하는데 일조를 가한 꼴이 되었다.

말년을 나타내는 그의 이름 끝 자에서 보면 8이 1을 억제시키므로 재물 5,6이 살아나 갈수록 금전에 대한 집착이 강하고 이는 또한 숨은 재물을 뜻하기도 하므로 표면에 드러나지 않은 숨겨진 돈이 많음을 의미하기도 한다.

그렇지만 성품을 가장 극명하게 잘 나타내주는 중심 운의 1과 9는 언제나 계획은 잘 세우고 모든 사람들을 설득시키는데도 자신을 갖지만, 무게 없는 처신과 때때로 즉흥적인 언행 때문에 큰일에 구멍이 생기고 그것이 세월이 가면서 감당할 수 없는 결과를 초래하기도 한다.

독자적인 사고방식과 완강한 고집 또는 무절제한 지출 등이 모두가 실패를 좌초하는 원인임을 깨달아야 한다. 그런데도 그가 살아있던 당시 팔십이 넘은 고령임에도 불구하고 당시 북한 방문을 계획하고 실행하는 것을 보면서 그의 정치에 대한 끈질긴 집념을 보고 놀란 적이 한두 번이 아니었다.

1946년 병술(丙戌)생 노무현

15 51 041
노 무 현
37 73 263

　상고 출신으로 사법고시에 합격, 판사, 변호사 생활을 거쳐 국회의원, 민주당 최고위원, 해양수산부장관까지 두루 걸쳐 제 16대 대통령에 오르기까지 한 편의 드라마 같은 입지전적인 인물이라 할 수 있다.
　이는 성에서 나타나듯이 1이 5를 극하는 수리로 인해 매사가 중도에서 좌절되는 불길한 배합으로 이루어진 탓으로 재물 복이 없고 조실부모하여 부부간에 애로가 많으며 형제가 불화하게 된다. 또한 중심 운이 5와 1 역시 주위의 도움이 적고 성공에 장애가 많으며, 일생이 분주하고 불행한 일이 자주 생기며, 소득이 적고 지출이 많을 뿐 아니라, 재물풍파가 자주 속출하게 되는 배합으로, 일시적으로 성공했다 하더라도 장애가 따르게 된다.
　그래서 그런지 대통령에 취임하자마자 너무 개방적이고 도발적이며 열정적인 발언으로 인해 말도 많고 구설도 많이 따르게 한 원인이 바로 이렇듯 상극의 배합으로 이루어져 있기 때문이라 볼 수 있다.
　'병(病)은 입으로 들어오고 화(禍)는 혀에서 생긴다.'라는 말이 있다. 말을 조심해야 화를 면할 수 있다는 뜻이다.
　이름 끝 자의 0과 4는 관록(官) 7.8을 해치는 상관성 4를 인성이 제압하므로 다시 숨은 관성(명예)이 살아나므로 부귀와 공명이 따르는 배합으로 지혜가 뛰어나 만인이 우러러 보는 인물들에게서 많이 나오는 수리이다. 따라서 장수하고 부와 명예가 따르나 주변에서 이해가 부족하고 인덕이 없어 항상 외로움을 많이 느낀다. 이는 일정한 논리적 근거는 있으나, 지나치게 감정적 요소가 가해져서 쌍방간의 감정 손실이 우려되므로 일어나는 협상의 최대의 적은, 감정을 조절하지 못하는데서 비롯된다고 볼 수 있다.

그렇기 때문에 비록 상극 관계이나 흉한 특성의 4가 교양신인 0에 감화되어 대길한 기운으로 바뀐 것이 이 배합의 특징으로 꼽을 수 있다.

우리 사회의 여론 향배는 '노무현 대통령은 현실을 너무 무시한다. 금강산 관광이나 개성 공단 사업은 북한 주민들에게 돌아가는 것이 아니고 북한 권력층들을 배불리고 핵 개발하는데 쓰이고 있다.'는 일관된 생각으로 불만을 갖고 있는데도 당시 노대통령만 애써 이를 무시했던 것 같다.

또한 김대중 정권으로부터 이어받아 무조건 지속한 소위 햇빛정책은 상대방인 김정일의 파트너로서의 인격과 신뢰성에 대한 오판으로 무조건 퍼주기 식으로 일관된 결과가 핵무기라는 핵폭탄을 선사받는 결과가 되었다고 일부 주장하는 사람들도 있다.

북핵 실험의 원인은 미국의 대북 강경책 때문으로 미국에게 책임이 있다는 진보 진영의 주장에 대해서도 미국의 대북정책과 상관없이 정권 유지를 위해 핵개발을 하고 있다며 진보 진영의 주장을 일축하고 있다.

노무현대통령하면 지금도 가장 안타까운 것은 모든 대통령들에 비하면 그래도 결벽증에 가까울 정도로 도덕적이고 정의로운 대통령이었다. 올곧은 그가 정치적 자산이자 무기인 '도덕성'에 상처를 입고, 검찰 소환 조사에 응하면서 극단적인 선택을 한 것은 어느 정도 이해가 되지만, 일국의 대통령으로서의 자살이란 극단적인 선택에 대해선 지금도 부정적인 생각을 갖고 있다. 물론 검찰의 수사 내용이 실시간으로 중계되면서 견디기 힘들 정도로 인간적인 모욕을 당한 것은 충분히 이해가 되고 또 그로인해 자신의 참모들과 가족들까지 고초를 당하고 있는 것에 부담을 느낀 것도 이해가 되지만, 아무리 그렇더라도 한 나라의 대통령으로서 세계의 이슈거리가 되는 자살행위는 현대사의 비극으로 길이 남을 일이기에 더욱 부끄럽게 여기는 바다.

1941년 신사(辛巳)생 이명박

  42 074 988
  이 명 박
  97 549 633

  샐러리맨의 신화로 불리는 이명박대통령은 조선일보에서 실시한 '대한민국 50대 인물'의 경제 분야 10인 중의 한 사람이자, 유일한 전문 경영인으로 선정되었다. 그는 우리나라 건설 산업의 산 주자이자, 현대 건설 공채사원으로 입사해 12년 만에 최연소 사장에 올랐으며, 현대 그룹 6개 계열사의 회장을 역임한 전문 경영인으로 그 역할을 충실히 해냈다. 또한 정계로 진출하여 14, 15대 국회의원을 지냈으며 서울시 시장으로 재임하는 동안 모두가 불가능이라 여기던 청계천 복구공사를 성공리에 끝마쳐 서울시의 환경에 공헌한바가 크며 또한 복원공사는 공사 기법이 아주 우수해 외국에서도 공사기법을 배우고 있는 중이라는 얘기가 뉴스의 초점거리가 되었다. 그로 인해 도심 속에서 한가로이 시간을 보낼 수 있는 볼거리가 마련되었으며, 무엇보다 버스 중앙차선제를 도입해 서울시의 교통 혼잡을 많이 줄였다. 처음 도입 당시만 해도 시민들이 익숙지 않아 많은 불편을 겪어 불평불만이 많았다고 하는데 지금은 오히려 시민들이 더 좋아하고 있다.

그의 초년 운을 나타내는 성에서의 4와 2는 청소년 시절 신체적인 발달과 성장에 따라 개인의 차등이 있을 수 있으나, 비교적 무덤덤한 성격으로 활동성이 비교적 작은 듯하지만 그의 내면에는 예민하고 날카로운 면이 잠재하고 있어 늘 이상을 꿈꾸며 살았다고 할 수 있다.

그렇지만 불길한 4와 2의 배합으로 인해 수술, 형벌 등의 액이 있고, 형제 중에 불의의 화를 당하는 기운이 있을 뿐만 아니라, 학문과 예술 그리고 인격과 사상에 자기의 모든 힘을 쏟아 부어 자기만의 독특한 인생관을 만들어가는데 많은 애로 사항을 겪으면서도 발전을 거듭하게 된다.

그런 가운데 중심운에 0,7은 고귀하고 귀중한 기운의 작용으로 입신양명하고 가도가 중흥하며 부귀 공명하는 배합이다. 정치적 수완이나 조직적 수완이 있는 유능한 사람으로 사회적으로 활동하는데 이보다 좋은 수리가 없다 할 정도이다.

또한 본인의 도덕적, 인격적 존엄에 대한 권위의식이 매우 강해 사람들과 쉽게 어울리지 못하는 경향이 있어 비록 처음에는 좌절되는 일이 많은 듯해도 결국 성공발전하며 세인의 존경을 받고 또한 주위에서 도와주는 사람이 많아 상하의 신망을 얻어 지도적 인물이 되는데 손색이 없다.

사람들은 흔히 '착하게 살 필요 없다. 악한 사람이 더 잘 된다'라는 말을 한다. 그러나 절대 그렇지만은 않다. 착한 일을 하면 이익은 보이지 않더라도 마치 풀 속의 동아처럼 모르는 사이에 저절로 자라나고, 나쁜 일을 하면 손해는 보이지 않더라도 풀 앞의 봄눈처럼 모르는 사이에 사라져 버린다.

그러므로 선행과 악행에 대한 대가는 언젠가는 치르게 되므로 시간이 흐르면 그 결과가 눈에 보이기 시작하고, 이 생에서 다 받지 못하면 다음 생에서라도 반드시 받게 되어 불교에서는 이것을 업(業)이라고 한다.

각설하고 중심운에 0은 두뇌와 학문을 뜻하므로 독창적 아이디어가 풍부한 이름의 소유자이기도 하며, 체제의 영향과 규제를 싫어하는 기운으로 인하여 법의 테두리를 벗어난 직업에서 종사하는 사람들이 많은 것이 0수리의 특징이다. 특히 지혜가 뛰어나고 총명하며 인의를 알고 자비심이 있으며 학문 및 기술 습득의 능력을 구비하여 윗사람의 신임을 받게 된다.

타고난 자질이 세련되고 타협적이며 논리적으로 반항적인 사람을 싫어하고 보수적인 경향이 많아, 자기 자신의 어두운 면을 찾아 항상 밝은 빛을 내려고 노력하는 정신이 대단한 사람이다.

우리가 흔히 말하기를 부지런함이란 본래 도덕과 의를 지키기에 부지런한 것을 말한다. 검소함이란 본래 재물이나 이권을 보고도 탐내지 않고 초연한 것을 말한다. 그런데 세상 사람들은 군자가 덕을 쌓는데 활용하는 근면과 검소를 마치 선전 도구인 양 사용하고 있다.

'이명박'이란에서 나타내 보이듯 겉으로는 강해 보이고 내면은 부드럽고 유하며 이름에 첫 글자 중심운에 4가 7을 극하는 것을 9가 4를 억제하므로 명예를 상징하는 관(官) 7이 살아남으로 명예와 권력에 따른 집착이 보기보다 매우 강하다. 특히 빈곤한 가정에서 자라난 사람은 일가를 일으키는 인물이 되는 경우가 많으며, 어려서는 간혹 병으로 고생하는 사람도 있다.

언뜻 보면 상극의 배합이 많아 불길한 듯해 보이지만 이는 흉성을 극하므로 도리어 길성(吉星)으로 작용해 존귀와 관록을 주관하는 기의 근원을 창조해 부(富)와 귀(貴)가 따르게 된다.

말년을 나타내는 이름 끝 자의 9와 8은, 일에 임할 때는 사사로움이 없고 깨끗한 마음으로 일처리를 하므로 다방면에서 명성을 얻고, 다른 사람의 의견을 신중하게 수렴할 줄도 알며 자기 전공의 학문에 대한 역량을 발휘해 여러 분야에서의 통솔적 지도자가 되는데 한 몫 거두게 된다.

그렇지만 끝내는 물질에 대한 탐욕 때문에 교도소에 수감되었다 현 정부의 도움으로 다시 일상으로 돌아온 이명박 대통령을 보면서 권력에 대한 종말을 보는듯해 가슴 서늘하다.

1952년 임진(壬辰)생 박근혜

```
299  947  63
 박    근   혜
855  503  29
```

박근혜의 삶은 결코 그 스스로가 선택할 수 있었던 삶은 아니었을 것이란 생각이 든다. 물론 대통령의 딸에서 퍼스트레이디까지 빛나는 순간도 있었지만 그로 인한 대가로 생각하기에는 너무 많은 책임과 희생이 뒤따랐으며, 그의 삶은 인간이 과연 얼마만큼의 고통과 외로움을 감수할 수 있을지 지켜보는 시험대와 같았을 것이다.

물론 세상에는 그보다 더한 고통과 시련을 받은 사람들도 많이 있다. 그러나 보이지 않았던 부분들을 되짚어 보면서 우리가 대통령의 딸이라고만 생각해 왔던 그녀가 결코 평탄하다고 말할 수 없는 삶을 지나왔음을 보게 된다. 뿐만 아니라 대통령의 권좌에 올랐음에도 최순실이란 심복 하나 때문에 퍼스트레이드로서의 삶을 살았던 그녀가 오랜 수감생활까지 치러야 했다.

이러한 원인도 이름에서 충분히 볼 수 있는데 '박'에서 나타내는 초년 운 2.9.9가 중첩된 인성(부모)의 불길함을 예고하는데 이름 중심 9가 또 다시 이에 합세하여 불운을 말해주고 있다. 그렇지만 중심운 9의 성향은 자신이 갖고 있는 경험과 지식을 통하여 인생의 성숙함을 알게 하고 지혜롭게 앞일을 헤쳐 나갈 수 있게 해 줌과 동시에 '근'의 9.4.7이 정계에 입문하게 한 수리에 해당했다고 볼 수 있다.

따라서 이 수리는 강한 가운데 유함을 나타내고 진퇴의 변화에 능하도록 구성되어 있어 주변 사람들에게 실패의 요소를 수정해 주고 성공할 수 있는 힘을 주며 단점을 보완하고 장점을 더욱 발전시켜 자기 개발을 할 수 있도록 여건을 만들어 주는 역할을 한다.

그런 가운데 중첩된 9.9.9와 5.5.5가 부모덕이 없어 조실부모하게 하고, 어떤 일에 한번 몰입했다 하면 다른 생각을 일체 하지 않게 한다. 한 가지 일에만 모든 정신을 집중하므로 매사가 될 듯하면서 막히고 성공할 것 같으면서도 실패와 재앙이 속출하게 되는 경우가 이런 수리에서 많이 발생한다. 어떻게 보면 일찍 어머니를 여읜 것도 성에서의 중첩된 흉한 수리를 이름 첫 자 '근'에서 이를 극제하지 못하고 도리어 힘을 합한 원인이라 할 수 있다.

사람이 자기 생각에만 갇히면 주변의 사물이나 사람을 제대로 이해할 수 없게 되고, 모든 것을 자기 입장으로만 생각하다 결국엔 그릇된 판단을 내리게 된다.

아울러 중심 운에 9와 4는 원래 상극이나 4의 나쁜 특성을 9가 억제시키므로 흉한 중에 길한 배합이 되어 그러므로 일의 절반은 순조롭게 진행되고 절반은 성취하는 과정에서 서로 충돌하는 일이 빈번하게 발생하게 된다.

그렇지만 4가 또 7을 봄으로 해서 두 수리가 나쁜 배합으로만 이루어져 흉한 기운으로 인해 어떤 형태로든 불행이 닥치게 됨을 예고해 주는 이름이라 할 수 있어 아버지 또한 총탄에 잃게 하였는지 모른다.

한 가지 짚고 넘어갈 사항은 4가 관성인 7을 억제하여 남편과 명예에 치명적인 손상을 주어 불길하다 할 수 있으나, 9가 나쁜 특성인 4를 억제시켜주어 여성인 경우 너무 자만하지만 않으면 복록을 누릴 수 있다.

그러나 흉한 배합은 피해 갈 수 없으므로 불행한 일이 자주 생기고 가정적으로 풍파가 따라 심적 고통이 심할 수밖에 없다.

중심운의 9는 고독한 마음의 소유자로 시작과 반복을 수없이 하게 되며, 삶의 지평을 넓히기 위해서는 여러 가지 방법을 활용하여 항상 개척자의 정신으로 살아가야 한다.

부드러우면서도 강한 일면이 있고 큰 명예가 따른다 하여도 내적으로 불행이 숨겨져 있어 늘 노심초사하며 인덕이 없어 고독한 성격이다. 특히 남편이나 자식과 인연이 없으며 자궁암에 걸리는 사람들도 여성의 이름에 9.0이 3.4을 보는 경우에 종종 나타나게 된다.

다행히 말년을 나타내는 이름 끝 자 6과 3은 서로 상생의 배합으로 명예와 재물의 혜택이 자못 크며 성공이 순조롭게 보장돼 부귀가 항상 따르게 된다. 아울러 예상치 못한 뜻밖의 돌발적인 변화 변동에 대응할 수 있는 능력이 없다보니 리더로서의 자질에는 부족한 이름이라 할 수 있다.

1953년 계사(癸巳)생 문재인

　　288 36　648
　　문　재　인
　　511 89　971

하늘의 본체는 언제나 맑고 깨끗하지만 그 조그마한 막힘 때문에 사나운 비바람이 몰아치기도, 때로는 맑아지기도 하는 이 모든 현상은 어디까지나 일시적일 뿐 곧 다시 본래의 모습으로 되돌아온다.

마찬가지로 사람의 마음의 본체도 청정하고 고요하여 간혹 일시적으로 생기는 티끌만한 감정에 의해 격한 감정이 일더라도 곧바로 다시 평정한 마음으로 회복되어진다고 할 수 있다.

각설하고 '문재인'이란 이름을 풀이해 보면 성에서의 중첩된 8.8을 이름 첫 자 3이 흉한 수리인 8.8을 극제시켜 주므로 흉중의 길로 전환된다. 이렇게 되면 명예를 관장하는 관성 7.8이 살아나므로 대길한 기운으로 바뀐다. 그래서인지 2012년 제19대 국회의원 선거에 출마해 부산광역시 사상구 국회의원에 당선을 시작으로 정계에 입문하여, 박근혜-최순실 게이트로 인해 박근혜 전 대통령이 대통령직에서 파면된 이후 조기 대선으로 치러진 제19대 대통령 선거에 더불어민주당 소속으로 출마하여 41.08%의 득표율을 기록하며 대한민국 제19대 대통령에 당선되었다.

이와 같이 대통령된 것도 어떻게 보면 이름에서 발현되는 3.4가 7.8을 극하는 대통령의 이름을 가졌기 때문이라 할 수 있다.

초대 이승만대통령에서부터 현재 윤석열대통령의 이름까지 전부 분석해 볼 때 3.4가 7.8을 마주하고 있는 이름들이 거의 대부분이었다. 여기에 전두환과 노태우 대통령만 제외하고는 3.4가 7.8을 보고 있는 것이 특징으로 나타나 있는 것을 앞서의 초대대통령 이승만의 이름에서부터 차례대로 충분히 확인시켜 주었다.

그렇지만 일반인들은 3.4가 7.8을 마주하면 직장생활을 하지 못한다. 그 이유는 3.4가 7.8을 극파하기 때문이다. 그렇지만 대통령은 관(官)을 통치하는 최고 통치권자로서 3.4가 7.8을 극해야만 관(官)을 통치할 수 있다.

'문재인'이란 이름 역시도 이름 끝 자 '인'의 4.8로 인해 대통령이 될 수 있는 이름을 가졌기에 선거에서 당선된 것이라 보여진다.

대통령의 이름을 논할 때 3,4가 7,8을 보는 이 수리배합 하나만 갖고 어떻게 대통령의 이름이라고 확신할 수 있겠는가? 라고 누군가 반문한다면 한글구성성명학적인 논리에서 충분히 이해가 가능한 해석이다.

앞서도 잠깐 언급했지만 일반인들은 관(官)의 지배를 받고 산다. 그러나 대통령을 관(官)을 통치하는 최고 통치권자다. 따라서 식상(두뇌) 3,4는 관성(법률, 법칙, 원칙) 7,8을 극하는 기운을 갖고 있다.

이러한 원리에 의해 3,4가 7,8을 마주하고 수리배합을 가진 이름들에서 대통령된 것을 보면 굳이 다른 설명이 필요할까? 반문해 보는 바다.

무엇보다 중요한 것은 타고난 사주가 대통령이 될 만한 그릇인가를 파악해야 하고 또한 그만한 그릇이 된다 하더라도 이름에서 관(官)을 지배할 수 있는 능력의 수리배합을 가진 이름인가도 파악해야 한다. 꼭 이름 하나만을 갖고 논할 수는 없지만 역대대통령들의 이름에서 3,4가 7,8을 마주하는 수리가 공통적으로 나타났다면 앞서 언급했듯이 이 또한 무시할 수 없는 부분이 아니겠는가?

대개의 사람들은 '행복'과 '행운'을 같은 걸로 착각하기 쉬우나 행복과 행운과는 엄연히 다르다. 행운은 별로 노력하지 않았는데 좋은 운이 밀어닥치는 것을 말하고, 그러나 행복은 요행의 산물이 아니요, 우연의 결과도 아니다. 행복은 지혜의 정성과 노력으로 쌓아 올린 인생의 공든 탑과 같다. 그렇기 때문에 우리는 행복을 매일 매일의 성실한 생활과 실천 속에서 찾아야 한다. 가장으로서 또는 남편으로서 혹은 자식으로서 그리고 인간으로서 자기가 처한 위치에서 자기에게 맡겨진 직분과 책임을 성실하게 수행해 나가는데서 행복은 있다. 행복은 스스로 창조하는 것이지 저절로 찾아오는 것은 아니다. 그러기에 행복은 게으른 사람이나 무책임한 사람이나 불성실한 사람에게 결코 찾아오지 않는다.

특히 정치인들에 있어서는 운이 따라 관직에 몸담고 있어서 부귀영화는 누릴지 몰라도 결코 행복한 삶을 살고 있다고 보기 어렵다. 왜? 늘 경쟁구도 속에서 살아가야 하는 고위공직자일수록 자기 내면을 들여다 볼 여유가 없기 때문이다. 그래서 어떻게 보면 우리 같은 평범한 서민들의 인생이 훨씬 속편하고 행복한 삶이 아닐까?

1960년 경자(庚子)생 윤석열

```
365  137  383
 윤   석   열
678  460  697
```

악 자체는 그늘에 숨어 있기를 꺼리고, 선 자체는 밝게 드러나기를 꺼린다.

선행을 하고 그것을 자랑하여 명예를 얻고자 한다면 그 선행의 동기가 순수하지 못하므로 진정한 공이 될 수 없고, 그래서 선 자체는 맑게 드러나기를 사리며 또한 드러나지 않게 쌓은 공이야말로 진정한 가치가 있게 된다. 언젠가는 악은 악대로, 선은 선대로 드러나게 되는 것이 세상의 이치라는 것을 정치인들이 안다면 어찌 삼가고 두려워함을 가볍게 여기면서 살아가겠는가!!

무엇보다 '윤석열'의 이름을 분석해 볼 때 성에서 중첩된 6.5는 재물과 인연이 없고 또한 처하고도 인연이 없다. 그런데 이름의 첫 자 '석'에서의 1이 중첩된 5.6을 극제하여 주므로 흉중의 길로 전환되었다. 그렇더라도 성(姓)은 잉태되는 순간 무덤으로 갈 때까지 평생을 통해 불러주는 것이라 거의 사주와 같다. 그러므로 '윤'에서 5.6은 처덕이 없음을 말해주고 있다. 그래서 대개의 경우 이러한 이름의 주인공들은 결혼을 늦게 하거나 독신으로 사는 것이 좋다. 다행히 중심수 1이 이러한 흉한 기운을 극제해 주어 어떻게 보면 결혼이 늦어진 것도 비견(자기 세력) 1의 공로가 아니었나 그리 추론해 보는 바다.

지지(地支)에서 발현되는 중첩된 7.8 역시도 흉한 수리는 4가 극제시켜 주어 흉중의 길로 대길한 배합으로 작용하여, 2016년 12월 박근혜-최순실 게이트 특검에서 수사팀장을 맡은 계기로 제19대 대선에서 문재인 대통령이 당선된 후 문재인 정부에서 검사장을 지내다가 2019년 제43대 검찰총장으로 임명된 것이라 보여 진다.

자기 한 몸 희생해 나라를 복지국가로 인도하고자 노력하는 정치인들이야말로 국익에 참여하는 훌륭한 정치인생을 펼치고 있다고 볼 수 있다. 그러나 과연 얼마만한 정치인들이 자기 한 몸 희생하겠다는 신념으로 정치에 임할까?

거의 모두가 권력에 대한 야망 때문에 정치에 입문하는 것이지, 그러니까 거짓말도 천연덕스럽게 하면서 그게 부끄러운 줄을 모르고 있다.

대부분의 사람들이 남을 칭찬하는데 매우 인색하다. 열 마디 가운데 아홉 마디 옳은 말을 해도 칭찬이 없지만, 한 번이라도 도리에 어긋난 말을 하면 비난이 빗발치게 마련이다. 잘한 일에는 칭찬이 인색하지만 한 번이라도 실수하면 책망이 쏟아지곤 하는 것이 대한민국 인심이다. 그러므로 남의 입에 오르내리는 정치인일수록 모든 행동거지나 언행에 조심해야 함은 물론 자신을 낮출 줄 아는 겸허함도 지녀야 한다.

 각설하고 '윤석열'의 이름 역시도 '석'의 3.7이 대통령의 이름에서 흔히 나타나는 수리에 의해, 2021년 6월 대통령 선거 출마를 선언하였고, 7월에는 국민의 힘에 입당하여 당내 경선을 통해 국민의 힘 후보로 선출되므로 이와 같이 이름에 3.4가 7.8을 보는 수리에 의해 제20대 대통령에 당선되어 윤석열 정부가 출범했다고 본다.

 계속 주연을 베풀어 흥청거리는 집안은 부정이 많거나 보잘 것 없는 집안임을 알 수 있다. 반면에 노력하여 벌어들인 재물이라면 쉽게 낭비할 수 없다. 또한 몇몇의 정치인들처럼 이름 날리기에 골몰하고 높은 벼슬만 탐내는 사람들이야말로 국민을 괴롭히는 일을 서슴지 않고 자행하면서도 도리어 국민을 위해 자기 한 몸 희생했다고 너스레를 떤다. 이런 정치인들은 나라와 국민에게 좀 먹는 존재들로 반드시 역사가 말해 줄 것이다.

 그러므로 술잔치의 즐거움이 많으면 훌륭한 국가가 아니고, 최고 권력에 있으면서 자기의 명성만을 떨치기를 바란다면 그런 사람은 훌륭한 정치인이 아니다. 또한 그 주변에서 높은 벼슬만을 탐낸다면 그런 사람은 훌륭한 신하가 아니다. 이를 경계하여 분별할 줄 알아야 권좌에서 물러날 때 패가망신 당하지 않는다. 무엇보다 앞서간 대통령들을 거울삼아 이를 교훈으로 삼았으면 하는 바람을 담고 국민의 한사람으로 쓴 소리를 하는 것이다.

제3부
인연은 무엇이고, 필연은 무엇인가!

인연은 무엇이고 필연은 무엇인가!

한문에 '백련천마'란 말이 있다. 백번 연습하고 천 번 갈고 닦는 다는 뜻이다.

그래서 일류가 되려면 백련천마의 고생스런 과정이 반드시 필요하다. 남보다 우위에 서려면 그에 수반되는 피눈물의 과정이 있어야 한다. 그래서 고생(苦生)은 고생(孤生)을 낳고, 고생(考生)이 심화되면 높은 고생(高生)이 된다.

그러므로 고생을 많이 한 사람만이 인생의 깊이를 알고 높은 곳에서 아래를 내려다 볼 줄도 안다. 높은 곳에 서 있는 사람만이 무엇을 버려야 하고 또 무엇을 취해야 할지도 한 눈에 파악할 줄 안다.

살다보면 '우연'을 가장한 '필연'이 항시 뒤따르는데 그때마다 사람들은 그것을 '인연' 또는 '필연'이라 한다.

그렇다면 '인연'과 '필연'은 무엇이 다른가!

인연은 사람들 사이에 맺어지는 관계이다. 인연의 시작은 굳게 닫혔던 마음의 빗장을 함께 여는 순간 비로소 열려진다. 되돌아보면 우리의 삶 속에서 만남과 헤어짐이 끝없이 반복된다. 만나야할 사람은 어떤 이유로든 반드시 만나게 되어 있다. 인생을 살면서 필연적으로 만날 수밖에 없는 인연에는 선한 인연과 악한 인연이 있다. 그동안 나 역시 육십 평생을 살면서 수없이 거쳐간 인연들 중에는 상처를 준 사람도 있고, 도움을 준 사람도 있다. 나한테 그나마 좋은 장점이 있다면 아픔을 주고 상처를 주고 떠난 사람들을 금방 쉽게 잊어버린다는 점이다. 일부러 노력해서 잊는 것이 아니라 그냥 저절로 잊혀 진다.

그렇다면 왜 그런가? 그만큼 남들보다 우위에 서기 위해 피눈물 나는 과정을 겪었기에 고생(苦生)이 심화되어 그로인한 고생(高生)으로 지금의 한글구성성명학회가 설립되었기 때문이다. 그동안 많은 작명업자들로 부터 시기와 질시를 한 몸에 받아 왔다. 그들의 거센 반발은 그래도 밥그릇 싸움이라 생각되어 충분히 이해하고 넘어갈 수 있다. 그러나 마음을 다하고 사랑까지 주었던 사람들한테 상처를 받을 때는 아픔이 겹겹이 쌓여 그 상처위에 굳은살이 덕지덕지 앉게 된다. 그러다보니 지금은 어떠한 아픔을 주고 상처를 주어도 그들이 밉게 보이거나 괘씸한 것이 아니라 도리어 측은지심이 생긴다.

그렇다면 이 마음을 주신 이가 누군가? 바로 나를 위해 십자가를 손수 지신 하나님이시다. 그분만 생각하면 그 어떤 것이든 마음 안에 미움, 분냄, 성냄, 고집 이 모든 것들이 다 녹아져 내린다. 난 타고난 성정이 남보다 고집스럽고 강한 성격이다. 그래서 내가 한번 옳다 싶으면 남과 절대 타협 하지 않는다. 그런 나의 고집스럽고 강한 성정을 하나님께서 손수 사랑으로 다독거려 주시고 '사랑'의 본질을 손수 가르쳐주셨다. 무엇으로? 말씀(성경)으로.

그래서 그 사랑을 교회들한테 흘러 보내기 위해 내가 할 수 있는 일은, 첫째가 성경말씀을 온전히 전하는 것이고, 둘째는 모든 이들한테 좋은 이름을 지어주는 일이다.

  내게 있어 하나님과의 만남은 일상에서 흔히 우리가 만날 수 있는 우연을 가장한 인연이 아니라 반드시 만나야할 아니 만날 수밖에 없는 필연이다. 그래서 난 더욱더 하나님의 사랑을 이름을 통해 전 세계에 알릴 계획을 갖고 있다.

  왜냐하면 성경에서의 이름(하나님의 이르시는 말씀)은 매우 중요한 역할을 하기 때문이다. 그 이유가 이름에서 제시되는 예언이나 계시가 바로 모든 이름 속에 내포되어 있다. 그래서 하나님께서 천지 창조를 하시면서 제일 첫 번째 하신 일이 앞서도 잠깐 언급했지만 모든 사물에 이름을 붙여주는 것이었다. 그게 바로 칭(稱)이다. 모세 또한 이스라엘(교회)이 여호와에 대해 물을 때 하나님의 이름을 무엇이냐고 물을 때, '스스로 있는 자'라고 답하라 하셨다.

  하나님의 말(성경)을 전한다면서 다른 신(귀신)들의 이름(거짓 교리)으로 말하는 목사가 바로 하나님의 이름(진리의 말씀)을 망령되이 하는 것이고 그런 거짓 교리가 당신을 방자히 욕되게 하는 것이라고 했다. 그런 자(목사)들은 가차 없이 죽이겠다고 하셨다.

  그런데도 오늘날의 목사들은 왜 그렇게 겁도 없이 하나님의 이름을 망령되이 욕되게 하고 있는가? 그 이유가 바로 성경을 몰라도 너무 모르기 때문이다. 성경에 있지도 않은 말을 전하는 그 자체가 바로 목사들이 하나님을 믿지 않는다는 증거고 그게 악인줄 모른다. 그렇다면 성경에서 말하는 악이 무엇인가?

> 내 백성이 두 가지 악을 행하였다니 곧 생수의 근원되는 나를 버린 것과 스스로 웅덩이를 판 것인데 그것은 물을 저축지 못할 터진 웅덩이니라.(렘2;13)

보다시피 생수(말씀)의 근원(하나님)을 버린 것과 스스로 웅덩이를 판 것이다. 웅덩이가 바로 밑 빠진 무저갱(지옥)이다. 이는 왜곡된 말(비진리)을 전하는 그 자체가 웅덩이다. 이는 성경 말씀 이외의 모든 것은 전부 물을 저축치 못할 웅덩이란 뜻이다. 즉 물(진리의 말씀)을 가둘 수가 없는 터진 웅덩이가 바로 지옥(무저갱)이라는 거다.

요즘 목사들이 가장 잘하는 말이 산에서 계시를 받았네, 꿈에 하나님의 계시가 있어 교회가 이만큼 성장하였네, 방언으로 아무개의 앞날을 훤하게 예언해 주었더니 헌금을 하였네, 죽을병에 걸린 사람을 치유의 은사로 살려주었더니 수억을 기증했네, 방탕한 아들을 위해 중보기도로 합심하여 기도해 주었더니 그 아들이 하나님 곁으로 돌아왔네. 그런 헛소리(거짓말)들이 전부 스스로 웅덩이(지옥)를 판(악) 거다. 성경 어디에 그런 내용들이 한 줄이라도 있는가?

더욱 기가 찬 것은 전광훈이다. 설교단상에서 수백 명의 교인들 앞에서 '하나님! 꼼짝마. 하나님 까불면 나한테 죽어' 이런 말을 서슴지 않고 하는 사람이 바로 하나님을 믿는다고 말하는 오늘날의 목사다. 우리나라 목사들처럼 하나님을 무서워하지 않는 목사들도 그리 흔하지 않을 거다.

비단 우리나라뿐만이 아니라 그야말로 하나님을 믿는다고 하는 자들이 전 세계에 수십억이 되는데 이 시대에 믿는 자가 거의 없다고 할 정도로 찾아보기 매우 어렵다. 전부 지옥 갈 인간들만 예배당에 앉아 두 손 번쩍 들고, '할렐루야!'를 외치고 있다. 복음이 뭔지 눈곱만큼도 이해 못한 인간들이 수천 명 혹은 수만 명씩 모여서 짧은 설교를 듣고 서로 은혜 받았다고 너스레만 떨고 있다.

오늘날의 교회는 십일조 꼬박내고 구제와 봉사와 선교와 주일 잘 지키면 그걸 선한 삶이라 그런다. 그러나 성경에선 자기 의

(義)에서 벗어나지 못하는 삶은 전부 악이라 규정했다.

그런데 그게 성경을 통해 악(惡)임을 깨닫고 성령(보혜사)의 인도함으로 진리의 말씀(성경)이 점차 보이기 시작하면 그때부터 내 삶에서 진정한 봉사가 나오고 구제가 나오며 헌신이 나온다. 그리고 그때 비로소 하나님을 경외하는 마음이 충만하게 차오르면서 진정한 이웃사랑이 나온다.

그러나 사랑이 뭔지 아는가? 내가 마음 아파도 참고 인내하며 그를 살려내는 걸 사랑이라 한다. 모든 인간들이 집착을 하면서 그걸 사랑이라 착각하고 있다는 점이다.

이러한 점을 미루어 볼 때, 오늘날의 이름 또한 같은 의미를 담고 있다. 그러므로 미래(천국)에 대한 불안이나 궁금증을 조금이나마 해결해 보고자 하는 마음이 있다면 그게 바로 개명이라 생각한다.

아무리 하늘백성이라 해도 육의 몸을 입고 있기 때문에 이 험난한 세상을 살아감에 있어 늘 평안할 수만은 없다. 세상적인 두려움과 불안의 생각들이 신앙생활에 걸림돌이 된다면 즉 생활고에 지쳐 성경을 읽는데 게을러지거나 기도에 방해요소가 된다면 차라리 좋은 이름으로 개명하는 것이 좋다. 하나님께서 자식 만들기 위한 프로젝트로 징계를 내리셨는데 그 문제를 해결해 달라고 교회에서 기도한다면 그것처럼 어리석은 일은 없다. 왜냐하면 그 기도는 분명 들어주지 않기 때문이다. 차라리 그런 기도에 매달려 헛수고를 할 거라면 좋은 이름으로 개명하여 평안한 가운데 믿음생활에 집중하라는 거다. 그런데 그걸 온전히 깨닫고 이름의 중요성을 인지하는 교회가 과연 몇이나 있을까?

이름을 바꾼다는 것은

　암 말기 환자인 노인이 병원에 입원을 했다. 진실한 마음으로 신앙생활을 해왔던 그는 죽음이 다가오고 있었지만 크게 두려워하지 않았다. 노파에게는 아들과 딸인 두 자녀가 있었는데 그들은 밤낮으로 번갈아 방문하여 어머니를 극진히 보살폈다.
　그런데 병원에 입원하기 전 로또를 한 장 산 것이 있는데 그 로또를 딸이 보관하고 있었다. 그런데 뜻밖의 엄청난 금액이 당첨되어 딸은 너무 놀랍고 기뻐서 이 사실을 오빠에게 말했다. 그리고 그 사실을 어머니에게 말씀 드려야 할지 어쩔지를 망설이다, 의사에게 어머니가 충격을 받지 않도록 잘 전해 달라고 부탁했다.
　다음날 아침 담당 의사가 노파에게 조용히 말했다.
　"할머니 제가 어떤 말을 하더라도 놀라지 마세요."
　노파는 이제 갈 때가 다 되었나보다 생각하고 담담하게 듣기로 했다.
　"무슨 말인데 그렇게 뜸을 드리세요?"
　"제가 말씀 드리고자 하는 것은 결코 나쁜 소식이 아니라……."

"어떤 말씀이라도 괜찮아요. 그러니 말씀하세요."
"할머니께서 사신 복권이 50억이 당첨되었다고 합니다."
"오 하나님! 감사합니다."
이렇게 기도하더니,
"저를 치료하느라 그동안 수고가 많으셨는데 절반을 선생님께 드리겠습니다."

당첨금의 반을 준다는 말에 그 충격으로 심장마비를 일으켜 영원히 일어나지 못했다. 도대체 돈이 무어 길래 사람들이 돈 앞에서 이토록 무참하게 무너지는가? 오죽하면 예수님도 하나님과 맘몬(돈)을 동시에 섬길 수 없다고 말씀하셨다.

노인이 죽음을 앞두고 부자는 천국에 갈수 없다고 하니까 그것이 두려워 의사와 나누는 것이라면 그 돈 때문에 도리어 지옥 간다. 그러나 자기를 극진히 치료한 의사가 고맙기도 하고 덤으로 얻은 것이니 나누어야겠다는 생각에서 아낌없이 준 거라면 그게 바로 하나님이 주신 마음이다. 그럴 경우엔 하나님도 기쁘게 받으시는 십일조가 된다.

그런데 오늘날의 교회들은 얼마나 사악한지 신앙촌에 박태선이 유무상통(有無相通)이란 성경구절을 교묘하게 인용하여 '재산 다 팔아갖고 들어와라.' 그렇게 해서 생긴 것이 신앙촌이란 공동 집단체제다. 그런데 박태선만 그런 것이 아니라 대부분의 교회들이 부자청년의 예화와 십일조를 들먹이며 교회에 헌납 하도록 교묘하게 유도하고 있다. 그런 목사들이 바로 하나님을 팔아먹는 사기꾼이 되고 모사꾼이 된다.

유무상통이란 하나님나라에서 완성된 하늘백성들의 모형을 보여주는 것으로, 이 세상에서 추구해야 할 삶이 어떤 것인지를 교훈하기 위해서 보여주는 거다.

교회는 이걸 정확하게 분별할 줄 알아야 한다.

그런데 이름도 이와 마찬가지다. 삶이 곤고하고 힘이 들어 그 문제로 날마다 기도하다보면 정작 영생을 위한 기도에는 소홀하게 된다. 그래서 그것이 안타까워 세상적인 문제는 개명이 좋다니까 그걸로 해결하고 하나님 말씀에만 집중하라는 것이다. 또한 그런 마음으로 개명을 한다면 그게 바로 하나님이 기뻐 받으시는 십일조가 된다는 사실이다.

그러므로 교회는 성명학이 미신이다, 아니다. 그런 것으로 문제 삼을 것이 아니라 무엇이 하나님의 뜻이고 무엇이 하나님께서 기뻐 받으시는 일인가를 먼저 생각하고 이를 깨달아야 한다.

인간은 태어나면 신(神)이 정해준 운명의 노정을 걸어간다. 개중에는 좋은 운명을 타고난 덕분에 특별한 노력 없이도 잘 살아가는 사람들이 있는가 하면 개중에는 흉한 운명을 타고난 것 때문에 평생을 죽도록 고생만 하다가 죽는 경우도 있다.

그런데 이러한 타고난 운명이 세상사에만 국한 된 것이 아니라 교회들한테도 똑같이 나타나고 있다. 성경은 교회들한테 쓴 책이다. 따라서 모든 성경 곳곳에 하늘 백성과 유기된 백성으로 뚜렷하게 나누어져 있다. 즉 하늘백성들은 태어나기 전부터 선택된 하나님의 백성으로 태어난다는 사실이다. 그러기 때문에 하늘 백성들은 어떠한 경로를 통해서든 하나님을 믿는 믿음의 선진들이 되지만, 유기된 자들은 성경을 수없이 보고 읽고 기도해도 결국엔 바리새인들처럼 그 반대 방향으로 가게 된다. 바리새인들과 유대인들은 하나님이신 예수님이 그들 앞에 직접 나타나 천국복음을 직접 설파하셨는데도 불구하고 그 말씀(모세오경인 율법)의 진위를 깨닫지 못하니까 자기들의 잘못을 지적하자, 그 하나님을 죽여 버렸다.

이와 마찬가지로 오늘날 교회들도 성경 상에서의 이름이 무엇을 나타내는 줄 정확히 그 뜻을 모르니까 구성성명학을 통해 이름의 중요성을 강조하자 도리어 미신으로 몰아 부치고 있는 것과 똑같다.

흉한 이름 때문에 삶이 곤고하고 피폐한 교인들이 그 문제 해결을 위해 기도하고 있다면 그 자체가 성경에서 요구하는 기도와 정 반대되는 현상이다.

사람들은 누구나 다 자신의 재능이나 건강, 직업, 명예 등에 관심을 갖고 살아간다. 그리고 타고난 저마다의 소질을 계발하려고 무던히도 애를 쓰고 노력하며 살고 있다. 그러나 그러한 노력도 흉한 이름일 때는 결국 모든 노력이 수포로 돌아가고 만다. 이름 때문에 고통이나 고난의 문제가 쉽게 해결 되지 않을 때 빛의 자식(하늘백성)들은 그럴수록 기도와 예배와 말씀에 집중하게 되지만, 유기된 어둠의 자식들은 그럴수록 고난의 문제를 해결해 달라고 더욱 기도하며 하나님께 떼를 쓴다. 그런데 기도로도 해결이 안 되면 그때는 그 원인을 찾기 위해 철학원이나 작명소를 기웃거리며 세상의 변화에 촉각을 곤두세운다. 무엇보다 천기의 변화를 가장 빠르게 예측할 수 있는 것이 주역이다. 이는 예수께서 이미 말씀하셨던 부분이다.

> 너희가 저녁에 하늘이 붉으면 날이 좋겠다 하고. 아침에 하늘이 붉고 흐리면 오늘은 날이 궂겠다 하나니 너희가 천기는 분별할 줄 알면서 시대의 표적은 분별할 수 없느냐(마16;2-3)

이 말씀은 바리새인과 사두개인들이 와서 예수를 시험하기 위해 하늘로서 오는 표적을 보여달라고 할 때 그들한테 하신 말씀이다. 바리새인이나 사두개인들이 오늘날의 목사들이다. 그래서 큰 교회 목사일수록 말씀보다는 설교단상에서 성경 외적인 말들로 고객(교인)을 미혹시킨다. 꿈에 하나님의 계시로 교회가 이만큼 성장했다느니, 치유의 은사로 아무개가 병이 나아 헌금을 얼마를 했다느니, 방언의 은사로 아무개의 앞날을 예언했더니 그대로 이루어졌다느니 이러한 헛소리들을 많이 한다. 목사가 성경에 있지도 않는 말을 자주 하면 그게 바로 사단이 시키는 귀신의 소리다.

  교회 운영이 어렵거나 교회를 좀 더 크게 확장시키고 싶은 욕심에 사람들을 교회로 끌어들일 속셈으로 거짓말을 할 거라면 차라리 학술적으로 이론이 정립된 구성성명학을 배워 좋은 이름을 지어 주고 떳떳하게 그에 상응하는 작명료를 받아 교회 운영 자금에 쓰라는 거다. 그게 하나님의 말씀을 팔아먹는 것보다 훨씬 하나님 보시기에 합당하고 정당한 이유가 된다.

  또한 성경에서의 모든 이름에는 하나님의 이르신 말씀이 들어 있다. 그러기에 무조건 성명학을 미신이라 치부하지 말고 그만큼 이름이 중요성을 인지하고 성경에서의 이름이란 무엇인가? 를 깊이 상고해보라는 것이다.

  성경을 자세히 들여다보면 이름에 의해 그 사람의 정체성이 마비되거나 퇴보될 때 그때마다 하나님께서 새로운 이름으로 바꾸어 주셨고 그 이름을 부르도록 하셨다. 왜 인가? 바로 내(하나님)가 지어준 이름대로 살라는 뜻에서다.

  그런 차원에서 구성성명학도 이와 마찬가지다. 흉한 이름 때문에 삶이 곤고해 그런 문제로 하나님께 그 문제 해결을 위해 기도할거라면 차라리 좋은 이름으로 개명하고 하나님께는 영생을 위한 기도에만 매달리라는 것이다. 모든 이름에는 타인의 입을 통해 불리워지는 소리에서 파생되는 에너지가 있다. 그 파동의 에너지가 운명을 좌우하기 때문에 흉한 기운이 감도는 이름이라면 좋은 기운으로 전환하여 안정을 찾으라는 것이다. 그야말로 사람의 운명을 개운시켜 주는 성명학은 세계 그 어디에도 없는 구성성명학 하나밖에 없다고 자신있게 말할 수 있다. 따라서 한국정서에 잘 맞는 성명학이 바로 소리음인 한글이기에 더욱 더 한글 구성성명학을 더욱 강조하는 바다.

목사들이 지어준 이름 때문에

　나방이 고치 안에서 그 고치를 찢고 밖으로 나오는 것을 본 적이 있는가?
　나방이 고치 안에서 움직이기 시작하면 그 고치 아래로 바늘구멍만한 구멍이 난다. 도저히 나방이 나올 수없는 그런 구멍이다. 나방은 그 안에서 몸부림을 치다가 결국 고치를 찢고 창공을 나는 나방이 된다.
　나방은 고치 안에서 작은 바늘 구멍 속으로 보이는 세상의 찬란한 빛을 기대하고 사모하며 몸부림을 치면서 날개의 힘을 키운다. 나방이 고치 안에서 몸부림을 칠 때, 그때 몸에서 날개로 성장 액이 전해져서 날개에 힘이 가게 되고 비로소 날수 있게 된다.
　하나님께서 당신의 자식들이 이 땅에서 고통당하는 모습을 보시면서 정말 안쓰러우실 거다. 도대체 비상구가 없는 것 같고, 도대체 돌파구가 없는 것 같은 우리의 상황을 보시면서 우리가 갇혀있는 흉년과 고난의 고치를 찢어주고 싶으실 것이다.
　그게 우리 하나님 아버지의 마음이니까. 그러나 하나님께서 그렇게 하지 않으시는 이유는 우리를 하나님 나라의 용사로 훈련시키시기 위함인 거다. 그런데 하늘백성들이 그러한 하나님의 마음은 간파하지 않고 문제 해결을 해달라고 기도하면 그 기도를 하나님께서 들어주시겠는가?

그러니까 그런 문제로 교회에서 금식하며 기도하지 말고 차라리 좋은 이름으로 개명하라고 권하는 거다. 개명 자체가 바로 개운의 실체가 되기 때문이다. 따라서 영생을 위한 기도는 하나님께서 전부 다 들어 주신다고 약속하셨으니까 교회에서 하고, 어려운 문제 해결은 개명으로 하는 것이 훨씬 바람직하다. 하나님의 뜻과 마음을 정확히 아는 자들만이 고난과 환난을 가볍게 통과할 수 있다. 그 통과가 감당하기 어려워 하나님께 애걸복걸 할 거라면 차라리 개운의 실체가 개명이니 좋은 이름으로 바꾸라고 권면하는 것이다.

내가 하나님의 말씀을 복음으로 전하기 위해 그동안 여러 권의 책을 집필하면서 성경상의 이름들 또한 끊이지 않고 계속해 연구한 이유는 그만큼 이름 속에 내재된 하나님의 뜻과 계획이 그 안에 그대로 녹아 있기 때문이다.

특히 예수님의 족보에 올라온 이름들을 연구하면서 왜 이들만 족보에 올라와 있는가? 거기에는 하나님의 뜻과 계획과 명령과 언약들이 성서에 등장한 이름들을 통해 이어져 가고 있다는 것을 보여주고 있다. 그러므로 성경에서의 모든 이름은 예수님의 족보에서 정점을 찍었다 해도 과언이 아니다.

그러기 때문에 성경에 나타난 이름들은 그 이름이 갖고 있는 배경이나 의미나 환경 등에 깊은 뜻이 담겨 있다. 그만큼 이름의 역할에서 매우 중요한 작용을 했던 거다.

하나님이란 이름은 그 이름 자체만으로 영원하고 그 이름을 통해서만 영생이란 복이 주어진다. 아울러 장차 오실 예수 그리스도로 인해 열방이 구원을 얻게 되는 복음의 메시지가 바로 '예수'

란 이름 속에 담지하고 있다.

 따라서 한 사람을 대표하고 그 사람의 인격을 나타내는 것이 이름이라면 이 이름이야말로 시대와 역사를 아우르는 연결고리가 된다.

 하나님의 이름은 하나님의 성품을 나타내기도 하지만 그에 앞서 하나님의 백성들이 피할 곳이 되기도 한다. 그게 바로 은혜다. 따라서 은혜를 받은 자만이 하나님의 이름을 찬송하고 그의 이름을 사랑하며 그분의 언약을 굳게 지킬 수 있다. 그만큼 그리스도(메시아)와 연합한 자만이 여호와 하나님을 섬길 수 있으며 또한 그들만이 하나님의 이름을 구원의 도구로 쓸 수 있다.

 따라서 이름에서 파생되는 에너지(氣)가 그만큼 크고 그에 따른 의미가 깊기 때문에 하나님께서 이름을 지으실 때 그 안에 당신의 성품을 담아 놓으신 거다. 왜냐하면 이름을 통해 영원히 함께 하기를 원하셨기에. 그런 차원에서 나 또한 이름의 중요성을 성경을 근거로 언급하고 있는 것이다.

 그동안 국내에 많은 성명학이 유입되었지만 그 어떤 성명학도 사람의 운명을 직접적으로 개운시켜주는 성명학은 없었다. 내가 수십 년을 구성성명학을 통해 연구하면서 느낀 것이 있다면 불러주는 이름대로 살아간다는 사실이다. 그동안 잘못된 이름으로 불행하게 사는 사람들을 수없이 보아 왔고 또한 개명하고 달라진 사람들의 모습도 수없이 보아왔다. 특히 개명하고 달라진 사람들의 입을 통해 직접 구성성명에 대한 극찬을 듣다보니 더욱 더 이름의 중요성을 인지했다.

 그동안 구성성명학의 학술적인 이론과 논리를 서적이나 방송을 통해 널리 알려 왔고, 그러다 보니 이름에 대한 인식과 성명학에 대한 관심도 예전과 많이 달라졌다. 이제는 타고난 운명에 이름이 어떤 역할을 한다는 것쯤은 구성성명학을 한번쯤 접해본 사람이라면 이미 알고 있는 부분이라 이름의 중요성을 더욱 강조하여 언급하는 바다.

따라서 이름에는 파동의 에너지가 담겨있다. 그러기 때문에 함부로 지어서도 가볍게 여겨서도 안 된다. 그런데 목사들이 이러한 소리에너지를 무시하고 교인들이 이름을 부탁하면 자기 상념대로 이름을 지어준다. 이렇게 되면 한 사람의 운명을 그르치는 행위가 된다.

그러니까 불행한 이름 때문에 그에 따른 문제 해결을 위한 기도에 매달리고 있다. 그게 바로 믿음 생활에 걸림돌이 되게 한다는 사실이다. 그러므로 목사들이야말로 힘들고 어렵게 살아가는 교인들을 위해서도 성명학을 배워야 한다. 교인들이 진정으로 하나님의 은혜를 깨닫고 구원을 위한 기도에만 매달릴 수 있도록 좋은 이름을 지어주어야 한다. 그래야 그들이 안정된 가운데 하나님의 사랑이 무엇인지 은혜가 무엇인지 정확하게 깨닫고 신앙생활에만 전념할 수 있다.

또한 그에 앞서 목사들 스스로가 기도의 본질이 무엇인지 그걸 분명하게 깨닫고 교인들이 엉뚱한 문제로 기도에 매달리지 않도록 성명학에 대한 올바른 인식부터 정립해야 한다.

이름이 왜 중요한가?

어느 목사의 개척교회 시절 이야기다. 교회 재정이 어렵다보니 당연히 헌금에 관심이 쏠릴 수밖에 없었을 때다. 그런데 어느 날 새로 들어온 사람이 헌금봉투에 '백만원'이라 적었다. 그래서 목사는 그렇잖아도 교회 살림이 어려운 참에 새로 온 사람이 백만 원을 냈다고 생각하니 너무 고맙고 반가워 그 사람만을 위한 봉헌기도를 따로 해 주었다.

그리고 예배가 끝난 후, 모두 돌아간 다음 헌금봉투를 하나하나 열었다. 그런데 '백만원'이라 쓴 봉투에 백만 원을 없고 천 원짜리 한 장만 달랑 들어 있었다. 알고 보니 그 사람의 이름이 '백'씨 성에 이름이 '만원'이었다. 어쨌거나 잠시 동안 '백만원'이란 이름 때문에 행복할 수 있었으니 그나마 다행이라 해야 할까? 물론 웃자고 한 얘기가 될 수 있겠지만 아주 오래전 어느 목사의 실제의 이야기다.

그러나 이름은 단순히 웃고 넘어갈 정도의 가벼운 것이 아니라 이름에서 불리우는 소리 파동에 의해 흔히 일어날 수 있는 일이기에 매우 중요한 거다.

'백만원'이란 이름의 주인공은 그 이름의 소리 에너지에 의해 그야말로 백만 원 정도의 인생 밖에 살수 없게 된다. 차라리 그 이름이 아닌 다른 이름이었다면 그보다 훨씬 풍요로운 삶을 살 수도 있었을지 누가 알겠는가!

그렇다면 이름이 왜 중요한가?

입으로 불러서 겉으로 나타나는 음향을 소리음이라 한다. 짐승이 울거나 소리를 치거나 고함을 지르는 것은 자신이 생각했던 마음속의 뜻을 상대에게 알리기 위한 수단이다. 또한 노래를 부르거나 말을 하는 것도 그 뜻을 알리기 위한 수단으로 소리를 낸다. 소리가 입을 통해 뇌신경으로 전달 받고 난 다음에는 곧바로 소리는 죽어버리게 되지만, 이어서 뇌신경에서는 소리를 통하여 받아들인 상대방의 뜻을 분석한다. 그 소리의 뜻이 뇌신경에서 분석되면 또 다시 말초신경으로 보내져서 곧바로 그 뜻에 따라 각각의 반응으로 나타난다. 예를 들어 사랑과 정염의 뜻이 전달되면 신체에서 이상반응이 일어나고, 맛없는 음식의 뜻이 전달되면 코를 찡그리거나 구역질을 하고 눈살을 찌푸린다.

이와 같이 소리에는 그 소리 속에 깊고 강한 뜻이 담겨져 있다. 그러기 때문에 평생을 통해 타인의 입을 통해 불러주는 이름에는 그 속에 잠재한 뜻의 기운이 파장을 일으켜 운명에 영향을 미치게 된다. 따라서 이름을 부를 때의 소리는 금방 사라져 버리지만 이름의 좋고 나쁜 뜻에 의해 에너지가 쌓이고 또 쌓이면서 그 이름의 효과에 의해 운명이 만들어지게 된다.

모든 이름에는 그 부르는 소리에 의해 저마다의 성격이 형성되고 두뇌가 발달하며 정신과 건강에 영향력을 미치면서 좋고 나쁜 사람으로 분류된다. 그래서 아기가 출생하면 곧바로 좋은 이름을 지어서 불러주려고 노력들을 한다.

이와 같이 이름은 당사자의 운명에 상당한 영향력을 갖고 있기 때문에 함부로 지어서도 또한 가볍게 여겨서도 안 된다. 그런데 목사들이 이 이름의 중요성을 깨닫지 못하니까 아기가 태어나 목사한테 이름을 의뢰하면 주로 하나님의 은혜로 태어났다 하여 '하은' 혹은 하나님의 영광을 나타내라고 '영화', '영광', 또는 예수님의 지혜를 닮으라고 '지혜', '사랑', '은혜' 등의 이름으로 지어주곤 한다. 그러나 그러한 이름들이야 말로 구성성명학으로 풀이했을 때 당사자의 운명을 가난과 궁핍으로 몰아넣고 있다는 사실이다.

이들은 목사가 지어준 흉한 이름 때문에 사는 것이 고달프고 힘이 드니까 그 문제 해결을 위해 새벽 기도에 나가 죽어라 기도한다. 하지만 성경을 조금만이라도 이해한 사람이라면 하나님은 그런 기도에 응답하지 않으신다는 점이다. 만약 기도의 응답이 있다면 그거야 말로 거짓 악령의 짓이다. 앞서도 잠깐 설명했지만 영생을 위한 기도만 하나님께서 온전히 들어 주신다고 했다.

인간은 어머니 뱃속에서 생명의 씨앗이 형성될 때 이미 부모가 가지고 있는 천지의 기운과 우주(하나님)의 기운이 서로 합을 이루어 생명의 운을 틔우고 형상이 정해지기 시작한다. 그리고 세상에 태어나는 순간, 그에 적합한 자기만의 고유한 기운을 가지게 되고, 이 기운이 매일, 매월, 매년 그리고 매 십년을 주기로 찾아오는 여러 가지 성질의 기운에 의해서 서로 조화를 이루며 길흉화복의 운명을 만들어 낸다.

이름도 이와 마찬가지다. 이름에서 발현되는 소리의 에너지에 의해 당사자의 운명(컨디션)이 매일, 매월, 매년에 변화무쌍하게 나타난다는 사실이다. 흉한 이름을 평생을 통해 불러 주게 되면 그 이름의 흉한 기운에 의해 삶이 곤고하고 가난하여 풍파를 겪게 된다. 아울러 명예와 권력을 갖고 태어났더라도 이름에 흉한 기운이 감돌면 남들로부터 평가 절하되고 구설이 분분해진다.

그러므로 타고난 운명이 가난하게 태어났다면 그 운명대로 궁핍하게 살아갈 수밖에 없다. 즉 거지가 다 떨어진 옷을 입고 있으면 그대로 거지 취급을 받게 되지만, 비록 거지라도 그 운명에 고급스런 옷이라도 입고 있으면 최소한 남들로부터 거지 취급은 당하지 않게 된다.

이는 타고난 운명에 어떤 옷을 입히느냐에 따라 당사자의 운명이 달라진다는 점이다. 재물도 마찬가지다. 부자로 타고 났더라도 이름이 흉하면 즉 다 헤진 옷을 입고 있으면 빛 좋은 개살구가 된다. 그러므로 속빈 강정이 된다. 이와 같이 이름은 옷과 같은 존재다.

타고난 운명은 신의 영역이라 우리 스스로 바꿀 수 없지만 이름은 얼마든지 바꿀 수 있기에 그래서 이름이 매우 중요하다.

유독 우리나라만 성명학에 대한 종류가 다양하게 있다. 그중 가장 많이 사용하는 것이 한문획수로 풀이하는 81수리 원형이정의 수리학과 자음파동성명학 등이 있다.

그렇지만 그 어떤 성명학보다 구성성명학은 소리의 근간이라 할 수 있는 파동성명학이자 타고난 운명을 그대로 성명학에 접목한 파워(Power energy) 성명학이다. 그러므로 불러 주는 파동의 에너지에 의해 당사자의 운명이 좌지우지 된다. 즉 남들의 입을 통해 '너 망해라. 망해라'하면 망하고, '넌 성공할거야. 성공할거야' 하면 성공한다. 그러기에 부모가 작명가를 통해 이름을 지어 주었든, 아님 목사나 스님이 지어주었든 그렇지 않고 직접 지어주었던 간에, 재미있는 사실은 타고난 운명대로 이름을 짓는다는 점이다. 이게 바로 우주(하나님)의 기운인 소리에너지(氣)의 작용이다.

따라서 불러주는 이름 안에 흉한 기운이 감돌고 있으면 그 이름의 당사자는 실패와 좌절로 위축되어 그로인해 낙후된 삶을 살게 되므로 이름의 중요할 수밖에 없다.

 무엇보다 한글은 세종대왕께서 소리에 근간을 두고 창제된 독보적인 세계적 문화유산이다. 우리가 대한민국에 태어나 한글을 사용하는 것만으로도 충분히 자긍심을 가질 수 있다. 그 어떤 나라보다 이름을 통해 타고난 운명을 보완하고 개운하여 살 수 있으니 이 얼마나 복 받은 나라인가!

 한글은 입모양을 본 따 만든 소리글자다. 따라서 소리가 나는 모든 소리에는 그 오행에 따른 소리에너지가 태어난 년도와 이름에 조화를 일으켜 제 2의 후천적 운명을 생성해 내는 것이 이름이다.

 그렇다면 왜 구성(口聲) 성명(姓名)인가?

 낮에는 표정이나 제스처로 자신의 생각을 표현 할 수 있지만, 저녁때가 되면 날이 어두워 표정이나 제스처가 보이지 않는다. 그래서 입을 통해 자신의 의사를 전달하게 된다. 따라서 저녁 석(夕)자에 입 구(口)자를 합성해 명(名)이 되는 것이 이름(姓名)이다. 아울러 이름이란 사람들이 늘 불러주는 소리, 즉 입 구(口), 소리 성(聲)이 바로 한글구성(口聲)이다.

 한글은 발음기관과 천지인(天地人)을 본떠서 만든 닿소리 19자와 홀소리 14자로 모든 소리를 만들어 낼 수 있는 세계에서 가장 으뜸가는 소리글자다. 그래서 파동성명인 구성성명의 이름에 대한 중요성을 피력하는 것이다.

666은 태극기

성경을 읽다가 의외의 곳에서 놀라운 사실을 발견했다. 그러다 보니 아리랑과 계시록의 666과 태극기에 대해 관심을 갖기 시작했다.

'알이랑'을 통해 우리나라가 하나님께서 말세에 감추어둔 영적 이스라엘임을 깨닫고 놀라움과 경외함을 감추지 못했다. 그러고 나자 지금 돌아가는 모든 국제 정세나 한민족의 흐름이 쉽게 파악되었다. 앞서도 잠깐 언급했지만 목사이기 이전 나는 주역을 오랫동안 연구했던 사람이다. 그래서 그 누구보다 우리나라가 하님의 나라임을 태극기에 그려진 건곤감리(乾坤坎離)의 4괘와 성경을 통해 우리나라가 천손민족으로서 기독교의 종주국임을 더욱 실감했다.

홍수 후 셈계의 일신신앙은 에벨로부터 벨렉과 욕단 이 두 형제의 자손에게서 계승되었다. 따라서 셈에게 내린 복만은 아직도 완전히 소멸되지 않고 어느 한 때를 기다리며 흐르고 있다.

그리하여 벨렉의 후손 중에 그의 6대손 아브라함은 우상(偶像) 장사로 생계를 유지했던 아버지와는 달리 물론 아브라함도 본래

는 데라처럼 다신론자였지만 그는 하나님의 부름을 받고 그 복을 이어갔다.

따라서 하나님의 뜻에 따라 복의 근원인 믿음의 조상으로 계승되어갔지만 아브라함이야말로 그 행적에 있어 결코 우연만은 아니었던 것 같다. 여기에 욕단의 후손도 마찬가지다. 셈족에게 내린 복이 소멸되지 않고 오늘날까지 때를 기다리며 매장되어 있는 데에는 하나님의 크신 섭리가 숨어 있다. 성경에서 살펴보면 벨렉 계열인 유대민족을 먼저 사용하셨고 그들을 통해 구원사역을 여셨으며 또한 복음의 첫 번째 주자로 삼았다. 그러나 욕단 계열의 선민은 나중에 복음을 선도키 위한 계획으로 끝까지 매장하고 감추어 두셨으니 곧 열리리라. 그렇게 생각한 이유에는 태극기나 아리랑을 통해 복음의 마지막 주자로 계획되고 있음을 성경을 통해 충분히 파악되었기 때문이다.

우리나라 태극기를 살펴보면 지금은 가운데 문형이 양극이나 원래는 그림처럼 삼태극이었다. 이는 천지인 일체 사상을 표현하고 있을 뿐 아니라 삼위일체 하느님의 사상과도 일치하고 있다. 이와 같이 한국인은 옛날부터 삼위일체 하느님을 알았고, 그 삼일신(三一神)이신 성부. 성자. 성령 하느님을 섬겼다는 사실 앞에서 하나님의 궁극적인 계획을 느낄 수 있다.

문양의 빨강색은 양(陽)으로 천(天; 성부하느님)을 뜻하고, 파랑색은 음(陰)으로 지(地; 성령하느님)을 뜻하고, 노란색은 중

(中)으로 인(人; 성자하느님)을 뜻한다. 따라서 태극기의 삼태극 사상은 만물의 근원이신 삼일신 사상임을 알 수 있다. 2000년전 메시야가 이 땅에 오셨을 때, 천군 천사들이 삼음절로 찬양을 하였듯이 하늘에는 영광, 땅에는 기쁨, 사람들 가운데는 평화라고 노래했다.

한국인은 아득한 옛날부터 이러한 천지인 일체의 아름답고 평화로운 세계가 회복되기를 희구하며 살아왔다. 천지인 사상은 사실상 하느님 나라의 핵심 주체이자 성경의 결론이라 할 수 있다.

아직까지 과학이 명확히 밝혀내지 못한 우주의 비밀을 태극기는 태극문양과 건곤감리 4괘로 압축하여 하늘의 비밀을 함축하고 있다. 이를 간단히 설명하면 우주가 형성되어 돌아가는 이치를 건태리진손감간곤(乾兌離震巽坎艮坤)이라는 8괘(八卦)를 통해 형성화 한 것이다. 이중 동서남북 4정위에 배치되어있는 건곤감리(乾坤坎離)가 바로 태극기의 4괘로 하늘의 이치를 대변하고 있다.

따라서 건(乾)괘는 우주의 순수 양의 기운 자체로 하늘을 의미하는 것이고, 곤(坤)괘는 순수 음 기운으로 땅을 의미한다. 건곤(乾坤)은 천지만물이 생장할 수 있는 우주의 근원이 되고, 천지자연이 운행하는데 필요한 실제의 기운은 물(坎;水)과 불(離;火)이 담당한다. 만물이 탄생하고 자라고 열매 맺고 죽는 과정을 주관하는 주체는 감(水;말씀)과 리(火;성령)로서 해와 달이 된다. 낮에는 양 기운에 의해 생명력과 활동성이 부여되고 밤에는 달의 음 기운에 의해 쉼을 얻을 수 있어 해달별이 된다.

이와 같이 우주와 인간의 질서를 바로 잡아 주는 해달별은 이스라엘의 상징이기도 하다. 바로 영적 이스라엘을 상징하는 해달별이 우리나라 태극의 근본 원리와 일치하고 있다. 이와 같이 태극기에는 우리 민족의 역사와 문화와 민족혼이 담겨있을 뿐 아니라 유일신인 하나님만을 섬겨왔던 일신신앙의 종주국이라는 것을 태극기를 통해서 충분히 엿볼 수 있다.

앞에서 잠깐 언급했지만 한국인은 셈의 후손이며 욕단의 후손이다. 에벨로부터 셈계의 일신 신앙을 계승한 한국인의 조상 욕단 후손은 빛의 근원이신 하느님을 지극히 공경했었다. 또한 하늘 백성인 한민족은 하느님의 백성답게 밝고 환한 것을 유난히 좋아했다. 그리하여 아침에 해가 떠오르는 배달의 극동 아시아까지 수만리를 이동해 와서 하느님을 섬기는 백의민족답게 밝은 것을 좋아하였고 그러다보니 흰 옷을 즐겨 입었다. 하나님께서는 이미 태고 적부터 한국 백성을 통해 구원 사역을 펼치실 계획을 갖고 사람들 눈에 잘 띄지 않는 변방 구석진 모퉁이 작은 나라에 꼭꼭 숨겨 놓으셨다. 그러나 지금은 그 때가 차매 동방의 작은 나라 한국을 세계 속에 나타내시어 큰일을 계획하고 있으시다. 그러니 그 하나님의 섭리에 놀랍기만 할 뿐이다.

한국이야말로 대륙의 동쪽 모서리 가장 구석진 변방 한쪽에 자리하고 있음에도 불구하고 빠른 시간 안에 급속도로 교회가 확산되었다. 뿐만 아니라 세계 그 어떤 나라보다 기독교의 문화가 왕성하게 펼쳐질 뿐 아니라, 오늘날 미국에 이어 한국이 세계 2위의 선교대국으로 우뚝 서 있으면서 이단(사단)이 빠르게 확산되고 있다. 우리나라처럼 각양의 종파와 각종의 이단들이 활개 치는 곳도 드물다. 666은 마귀를 상징하는 숫자이다. 마귀는 사단으로 창세 때는 뱀이요, 초림 때는 바리새인이요, 종말에는 큰성 바벨론(대형교회)인 음녀(목사)들이다.

한국교회가 마귀의 숫자만큼이나 기하급수적으로 사단(이단)의 세력들이 빠르게 확산하는 것 같지만, 결국은 음녀(옛뱀;사단)와 하늘백성들을 가려내어 구원과 심판을 분리하시는 하나님의 의도가 분명하게 계획되어 있다. 그러기에 태극기에서 하나님의 위력을 더욱 실감하고 있다.

한국교회처럼 귀신들의 활동 무대가 크고 넓은 곳도 없다보니 사람들을 유혹함에도 타의 추종을 불허할 만큼 그 수위가 꽤나 높다. 한국교회가 강도떼들의 소굴이요, 도적떼들의 본향으로 되어버린 이유도 알고 보면, 욕단계 선조들의 계시의 영에 의해 만들어진 태극기에서 찾아 볼 수 있다. 건곤감리(乾坤坎離)가 666을 정확히 나타내고 있다면 이 또한 하나님의 섭리고 계획이라 아니할 수 없다.

이러한 사단의 미혹에 이끌리게 한 곳이 처음 시작인 동쪽의 에덴이라면 이 또한 시작한 곳에서 끝의 마무리도 해야 한다. 따라서 성경 곳곳에서 밝히고 있는 해 돋는 곳, 즉 동방에서 하나님의 구원사역이 마무리됨을 감지할 수 있다.

이와 같이 복음이 땅 끝까지 전할 것이라는 예수 그리스도의 말씀처럼 바로 해 돋는 데 곳, 곧 아시아 변방 땅 끝에 위치하고 있는 동방(한국)에서 복음의 선진들이 이를 회복해 나갈 것이다.

이름에는 하나님의 뜻과 계획이

　운동장 맞은 편 길가에 나무로 생활용품을 깎아 파는 노인이 있었다. 마침 칼국수용 널따란 도마가 필요해 주문을 했다. 마땅한 크기의 나무를 고르더니 열심히 깎아 나갔다. 처음에는 빨리 깎는 거 같더니 이리 돌려보고 저리 돌려보며 굼뜨더니 자꾸만 더 깎는 것이었다. 곁에서 보기에 그만하면 다 된 것 같은데 계속해 깎아 나갔다.
　시외로 떠나는 차 시간 때문에 조바심이 나서 이젠 다 됐으니 그냥 달라고 했다. 그런데도 못들은 척했다. 그래서 반복하여 더 깎지 않아도 좋으니 그냥 달라고 했다. 그랬더니 신경질적인 말투로,
"끓을 만큼 끓어야 밥이 되지 생쌀을 재촉한다고 밥이 되우?"
이렇게 짜증스럽게 대꾸하고 계속 모른 척 했다.
"그래도 살 사람이 좋다는데 그냥 주시죠?"
그러자 노인이 퉁명스럽게,
"다른 데 가서 사우. 난 팔지 않을 테니"
　그렇지만 요즘은 수제로 만든 나무 도마를 구하기가 어려운 때

라 포기하고 그냥 갈 수가 없었다.

"어르신 차 시간이 없어서 그래요."

그런데도 계속 못들은 척하는 노인장 때문에 어쩔 수 없이 체념하고 기다리고 있는데 그 앞에 목판으로 새긴 '盧誠眞'이란 한자가 궁금해 물었다.

"어르신 함잔가요?"

'노성진'이란 문구가 상호인지 이름인지 몰라 목판을 가리키며 물었다.

"그렇다우"

딸만 일곱인 집에 아버님이 당신을 오십 넘어 낳은 아들이라 했다. 그러면서 훈장이셨던 조부가 정성 성(誠), 참 진(眞)으로 지어주셨다는 말까지 덧붙였다. 젊은 시절부터 부친 밑에서 목공을 배운 노인은 늘 듣는 소리가 '너는 이름값을 해야 한다'는 소리였다. 이름 자체가 정성 성에, 참 진이니 꼭 그렇게 살아야 한다는 부친의 당부였다.

비록 길가에 앉아 나무를 깎아 파는 목공예로 평생을 살았지만 노인은 자신이 하는 일에 애착과 긍지를 갖고 있었다. 만약 단지 돈벌이의 수단으로 그 일을 하고 있었다면 대충 깎아 하나라도 더 만들어 팔았을 게다. 그러나 노인은 자신이 하는 일에 대충하고 돈 받고 싶은 마음은 없었다. 그런 올 곧은 성정이 행여 이름 때문이 아닌가 싶어,

"연세가 어떻게 되세요?"

"보기보다 그리 많지 않다우"

그러면서 48년생 쥐띠라고 했다. 우선 노(盧)씨 성에 천간(天干) 3.7과 이름 끝자 진의 지지(地支)가 3.4.8로 되어 있어 평생을 목공예로 살아갈 수밖에 없는 이름이었다. 7.8이 직업인데 3.4의 파극(破剋)을 받으면 죽었다 깨어나도 직장(조직)생활

을 못한다. 아울러 이름 첫 자에 9.2.2는 모든 세력이 자기를 중심으로 집중되어 있어 한번 마음먹은 일은 무엇이든 굽히는 법이 없고, '진'의 0.9.3 또한 융통성 부족으로 사람들과의 융화가 어렵다. 그러므로 이런 이름의 주인공들은 혼자 하는 일이 적성에 가장 잘 맞는다. 따라서 노인이 평생 동안 목공예를 하게 된 삶 또한 어떻게 보면 생활비를 버는 방편이 아니라 그의 재능의 목적이었다고 볼 수 있고 삶 자체였다고 볼 수 있다.

완성된 도마를 포장해 건네주면서 나무 깎는 일은 정성과 마음이 들어가야 좋은 제품이 되는 거라면서 자기처럼 외길 인생을 살다 가신 아버님을 지금도 존경한다고 했다. 이 세상에 끝까지 아들을 믿고 기다려준 분은 아버님 한분밖에 없었다는 말을 곁들이면서 많이 기다리게 해 미안하다는 인사까지 했다.

"나무를 깎는 일 자체가 내 삶의 인생을 깎고 다듬는 일이라우"
다소 철학적인 말을 건네며 연한 미소를 지었다.
"어쨌거나 완성되지 않은 상태에서 줄 수 없었다우."
자신의 고집스런 성격을 이해하고 기다려 줘서 고맙다며 거듭 인사했다.

도마를 받아들고 돌아서는 마음 한 켠에, 오래 전에 돌아가신 부친을 지금도 존경하고 신뢰한다는 노인의 말이 자꾸 귓가에 맴돌았다. 그리고 '너는 이름값을 해야 한다'는 그 말이 성명학을 연구하는 사람으로서 다시 한 번 실감나게 했다.

모든 사람들은 자신과 꼭 닮은 자녀를 갖기를 소망한다. 그래서 손(孫)이 귀한 아들일수록 자식의 이름을 짓는데 심사숙고하면서 오랫동안 고심한다. 이름을 지으면서 그 이름에 뜻을 더하고, 그 뜻과 같이 자식의 잘 되길 바라는 마음을 담는다. 그리고 인생을 살아가는 동안 좋은 일과 행복한 일만 가득하길 이름을 통해 그렇게 살게 되기를 부모라면 누구나 다 똑같이 바라는 마음이다.
　세상사의 아버지도 이와 같은데 하물며 우리를 위해 천지를 창조하신 하나님 아버지의 마음은 어떠하시겠는가? 그래서 창세기 1장을 시작으로 요한계시록까지 그 마음의 표현을 이름에 다 담아 놓으신 거다.
　따라서 빛의 백성한테는 '그리스도인'이란 이름이 붙는다. 그러므로 다른 이름을 내려 하지 말아야 한다. 그래야 우리의 이름이 생명책에 기록이 된다. 그런 의미에서 호랑이는 죽어서 가죽을 남기고 사람은 죽어서 이름을 남긴다는 격언은 기독교인들한테는 옳지 않다. 격언에서의 이름은 자기애(愛)다. 즉 자신의 업적이나 공로를 하나님보다 우선으로 삼는 것을 말한다.
　하늘(빛) 백성들은 하나님의 이름을 위해 살게 되는 자들이다. 그들을 위해 하나님께서 천지를 창조하셨기 때문에 그들의 이름은 이미 하늘나라의 생명책에 기록해 놓으셨다고 하셨다. 그러면서 기적과 능력으로 기뻐하지 말고 너희의 이름이 하나님 나라에 기록된 것으로 기뻐하라고 말씀하셨다. 그만큼 이름은 성경에서도 가장 중요하게 여기는 부분이다.
　따라서 고대 사회에서 이름은 그 사람의 성품이나 인생의 내용과 그 사람의 정체성을 나타낸다. 그래서 아브람의 이름을 하나님께서 아브라함으로 바꿔주신 이유도 바로 그거다. 요즘말로 하면 그게 개명이다.
　하나님께서는 아브라함의 이름을 통해 '믿음의 조상'으로서의 삶을 살도록 나타내셨다. 아브람(존귀한 아버지)을 아브라함(모든 민족의 아버지, 믿음의 조상)으로 개명하여 주시기까지 약 24년 동안 아브람은 인본주의적인 믿음으로 살았고 하나님에 대하여 제대로 알지 못했다. 그래서 99세에 아들을 주시겠다는 하나님의 말씀에 아내(사래)까지 웃었다. 그래서 자식에 대한 소망이 사라졌다고 생각되어 아내의 몸종 하갈과 관계하여 이스마엘이란 아들을 낳았다. 그로인해 오늘날의 아랍민족의 조상으로 이스마엘, 즉 현재 이슬람 종교를 세상에 존재케 한 근원이 되었다.

  이와 같이 모든 이름은 하나님의 뜻과 계획에 의해 행해지고 있음을 성경을 통해 익히 알 수 있다. 하나님은 이 역사 속에서 그것을 증명하기 위해 일부러 이름을 지어주면서 이 세상 자체가 하나님의 뜻과 계획에 의해 움직여지고 있음을 성경에 등장하는 이름들을 통해 암시하고 있다. 그게 바로 하늘나라의 축소판으로 하나님께서 이름을 지어주시고 개명하시는 것도 이런 연유에서다.

  그 증거가 하나님의 말씀(성경) 속에 등장 하는 인물들의 이름 안에 그 뜻이 다 함축되어 있기 때문이다. 따라서 아담이 지은 이름들은 짐승의 이름이었으나 하나님이 지어주신 이름은 바로 사람(아담)이다.

  사람 속에 하나님의 생명력을 불어 넣으시므로 사람인 아담만이 생령된 자가 된 거다. 따라서 하나님께서 모든 영혼을 창조하시고, 그 뜻을 모든 사람에게 알리기 위해 성경에 등장한 인물들의 이름을 지어주셨다. 그 이름 속에 함축된 뜻에 따라 하나님의 계획이 성취되고 이루어져 가고 있음을 교회라면 알아야 한다.

복 받기위해 기도할 거면 차라리 개명을!

할머니 한 분이 버스를 탔는데 짐을 올려놓고 주머니를 뒤지니 돈이 없었다. 그래서 기사한테,
"기사 양반, 미안한데 돈이 없구려."
그러자 기사가 차를 출발시키지 않고,
"돈도 없는데 왜 타요! 빨리 내리세요."
무뚝뚝하게 소리 질렀다. 할머니는 무안하고 창피하기도 해서 계속 미안하단 말만 했다. 마침 출근길이라 버스 안에 손님들이 많았다. 무리 중에는 그냥 출발하자는 사람도 있고 할머니더러 바쁘니 빨리 내리라고 소리치는 사람도 있었다. 기사 역시 차를 출발시키지 않고 계속 내리라고만 소리치니까 그때 중학생이 만원 지폐를 요금함에 넣었다. 그러면서,
"이걸로 할머니 차비를 대신하고 남은 거스름돈은 돈 없는 분이 타면 화내지 말고 태워주세요"
순간 버스 안은 조용해졌고 기사는 말없이 차를 출발시켰다. 그야말로 점점 삭막해져가는 요즘 세상에 그 중학생의 마음씨가 아침 출근길을 재촉하는 승객들의 마음을 따뜻하게 했다.

왜 세상이 이렇게 점점 더 삭막하게 변해가고 있는가? 그러한 것도 엄밀히 따지면 이름 속에 내재된 파동의 에너지가 그렇게 만든다는 사실이다.

사람을 죽이는 것도, 강도짓을 하고 어린아이를 유괴하는 것도 다 흉한 이름 때문이다. 각 개개인의 삶이 편하고 행복하다면 과연 그런 흉한 일들이 일어나겠는가? 그렇다면 이와 같이 사람들의 마음을 강팍하게 하는 이유가 무엇인가? 좋은 이름만 갖고 있어도 최소한 험난한 세상에 행복을 누리며 살 수 있고, 인생의 반 이상은 파극으로 치달게 되는 일은 없다. 그런데 교인들은 이름을 마치 우상숭배로 여기면서 막상 아기가 태어나면 목사한테 이름을 의뢰한다.

나의 고객 중에 80%가 기독교인들이다. 이들은 자신의 삶이 자식이나 남편 때문에 팍팍하고 힘이 들 때는 교회 가서 그 문제를 놓고 열심히 기도한다. 문제 해결을 위하여 금식하며 기도하지만 풀리지 않을 때가 더 많다. 그러다보니 그 원인이 무엇인지 궁금하여 철학관이나 작명원을 찾게 된다.

타고난 운명이야 신의 영역이니 주어진 운명대로 힘들게 사는 거야 어쩔 수 없지만 이름에 의해 힘들게 사는 사람들을 보면 매우 안타깝다. 그래서 개명을 권유하면 한사코 목사님이 지어준 이름이라 바꿀 수 없다고 고집한다. 그런 교인들을 보면 성경을 몰라도 너무 모른다는 생각이 들어 답답할 때가 많다.

하나님은 세상을 말(稱)로 창조하셨고, 그 말씀으로 낮(하나님의 백성)과 밤(사단과 거짓목사)을 창세기 1장에서 나누어놓았다.

성경 자체가 하나님의 뜻과 계획이 담겨있기 때문에 모든 만물에 하나님께서 직접 이름을 붙이셨다. 그런데 그 본질 자체를 깨닫지 못하고 이름을 무조건 미신으로 치부하는 교회들을 보면 답답하고 안타까운 생각이 든다.

　교인들 대부분이 흉한 이름 때문에 어렵고 힘들게 살고 있고 그로인해 고통스런 삶의 문제를 해결하기 위해 잠을 설쳐가며 새벽기도, 철야예배, 금식기도를 통해 무던히 애를 쓴다. 그렇게 열심히 기도해 보지만 정작 그 원인이 흉한이름 때문이란 걸 모르고 오해하고 있다. 그래서 이름을 미신(우상숭배)으로 치부하고 있는데 정작 성경에서 말하는 우상숭배가 바로 탐심이고 간음이다. 하나님보다 세상을 더 사랑하는 것이 간음이요, 탐심이 우상숭배라 했다.

> 그러므로 땅에 있는 지체를 죽이라 곧 음란과 부정과 사욕과 악한 정욕과 탐심이니 탐심은 우상숭배니라(골3;5)

　오늘날 처처에 수많은 교회들이 우상숭배를 하고 있음에도 그게 우상숭배인줄 모르고 있다. 그러다보니 예수를 믿으면 잘 먹고 잘산다고 착각한다. 예수를 잘 믿어야 하나님께서 복을 주실거란 그 생각자체가 불신앙이다.
　기독교는 눈에 보이는 것을 추구하는 종교가 아니다. 비록 눈에 보이지 않아도 하나님의 약속이 있기에 그것을 실제로 받아들이는 믿음을 발휘하며 사는 자들이다. 이 세상 문제 해결이나 복을 받기 위해 교회를 다니고 기도하는 것이라면 차라리 좋은 이름으로 바꾸는 것이 교회에서 복을 구하는 것보다 현실적으로 훨씬 더 빠르게 나타난다. 왜냐하면 모든 사람들은 불러주는 이름대로 살아가기 때문이다. 이름이 좋으면 여유로운 행복한 삶을 살고, 이름이 흉하면 불행하여 척박한 삶을 살게 된다.
　그러니까 교회에서 영생의 복이 아닌 엉뚱한 복(물질) 구하지 말고 차라리 힘들고 어려우면 좋은 이름으로 개명해야 한다. 무엇보다 현실 속의 어려운 문제는 좋은 이름을 통해 극복하고, 교회서는 하늘나라(영생)만 소망하며 기도해야 안온한 가운데 올바른 믿음생활을 할 수 있다.

이름을 남기고 싶어 하는 이유는

어느 교회에 담임 목사가 막걸리를 먹다가 들켰다. 그런데 교인들이 반응이 제각각으로 나타났다. 초신자는 충격을 받아 교회에 나오지 않았고, 오래된 신자는 충격 받은 초신자를 데리러 갔다가 도리어 목사의 또 다른 비리를 듣고 충격을 받아 딴 교회로 갔다.
  그때 청년들은,
  "역시 우리 목사님은 앞서가는 분이야"
  이렇게 말하면서 청년회 다음 월례회 장소를 호프집으로 정했다.
  총무집사는 충격 받고 다른 교회로 떠난 오래된 신자를 찾아가서,
  "세상에 하나님 말고 믿을 놈이 어디 있냐?"
  그러면서 목사들을 싸잡아 욕하고 난 다음에.
  "당장 재직회를 열어 노회에 보고해야겠다."
  이렇게 으름장을 놓았다.
  그런데 안수집사는 수석 장로를 찾아가서,

"목사청빙 광고를 내야 하지 않는가요?"

이렇게 문의했다. 그리고 1년차 장로는 다른 교회 친구한테 좋은 목사를 소개해 달라고 부탁했다. 아울러 5년차 장로는 잘 아는 좋은 목사가 있는데 그 목사를 모셔오는 게 낫지 않겠냐며 교인들을 설득했다. 그러나 그 중에 원로장로만 재직회를 열기 위해 찾아온 당회원들에게 이렇게 말했다.

"그거 술 아니고 우유야. 나도 먹어봤는데 진짜 우유야."

이와 같이 처한 환경과 위치와 상황과 생각하는 사고에 따라 생각들이 다 제 각각이다. 물론 웃자고 유머로 한 얘기지만 교회가 한번쯤은 깊이 생각해 봐야 할 문제라고 생각한다.

무엇이 죄인지 조차 모르니까 엉뚱한 막걸리로 목사를 정죄하는 그 자체가 바로 교회들의 문제점인 것이다. 그런 면에서 이름도 마찬가지다. 성경에서 나타나는 이름의 속성을 모르고 무조건 미신으로 몰아붙이는 행위가 막걸리(술)의 뜻이 성경에서 무엇을 뜻하는 것인지 조차 모르고 정죄하는 그것과 같은 것이다.

성경에서 나타내는 술의 의미가 무언지 정확하게만 알아도 그런 무지로 인해 사람을 정죄하는 일은 없다. 술에는 누룩이 들어가 있다. 누룩이 바로 비 진리다. 비 진리는 하나님의 말씀에 다른 것을 섞어 전하는 것이 비 진리다. 그러기 때문에 성경에 술에 취하지 말라고 한 거다. 성경이 얼마나 귀하고 보배로운 책인데 그깟 세상 사람들이 마시는 소주(알콜)를 마시지 말라고 했겠는가?

그런데 교회가 그렇게 생각하는 것에는 세례요한이 술을 마시지 않았기 때문이다.

> 이는 저가 주 앞에 큰 자가 되며 포도주나 소주를 마시지 아니하며 모태로부터 성령의 충만함을 입어(눅1;15)

세례요한은 모태로부터 성령 충만함을 입었기 때문에 비 진리를 배척하고 하나님의 말씀만 전했다. 그러므로 누룩이 들어간 포도주나 소주를 마시지 않았다는 뜻은, 성령이 충만하여 비 진리를 배격하고 하나님의 말씀만 전했다는 거다. 그러니까 '천국이 가까이 왔다, 회개하라'의 외침만 세례요한이 외칠 수 있었던 것이다.

아울러 예수께서 40일간 금식하시고 광야에서 마귀의 시험을 통과하신 후에 제일 첫 번째 하신 이적이 바로 가나의 혼인(천국)잔치였다. 천국잔치에 초청을 받으려면 누룩이 들어간 포도주로는 절대 들어갈 수 없기 때문에 예수께서 물로 포도주를 직접 만드셨다.

그런데 지금은 예수 그리스도가 누구시며 그분이 하신 일이 무엇인지를 일목요연하게 설명해 주는 성경이 완성되었고 그것을 이해시켜 주시는 성령 하나님께서 직접 우리 안에 내주하시기 때문에 이제는 기적이 필요 없게 되었다. 그야말로 성령하나님께서 직접 성경말씀을 통해 믿음을 설명해 주시는데 기적이 왜 필요한가?

아담이 지은 이름들은 짐승의 이름들이었다. 이 이름들로 인해 하나님의 뜻에 합당하지 않을 때는 당신께서 이름을 직접 지어주시거나 바꿔주셨다. 따라서 예수님의 족보에 이름을 올린 자들이 바로 하나님의 백성들이다. 그러므로 예수님의 족보에 우리의 이름이 올라가야 한다. 그게 생명책에로의 기록이다. 그만큼 성경상에서의 이름들이 이와 같이 매우 중요하다.

무엇보다 창세전에 선택받은 하늘백성들한테는 이름이 생명책에 이미 기록되어 있기 때문에 굳이 자신의 이름을 세상에 남기려 애쓰지 않아도 된다. 그들은 이미 영생이 보장되어 있기에 믿음만 발휘하면 된다. 그러므로 하늘백성과 유기된 자들의 구별의 대척점이 바로 이름이다. 하늘 백성들은 하늘나라의 생명책에 이름을 남기고 싶어 하지만, 이 땅에서의 사람들은 자기의 이름을 세상에 남기고 싶어 한다. 그러므로 교인들에게 당부하고 싶은 것이 있다면 이 세상의 복(물질)을 구할 거면 좋은 이름으로 바꾸는 것이 현명한 방법이고, 반대로 영생을 위한 복을 구할 거면 수시로 생명책에 자신의 이름이 기록되었나를 점검하라는 거다. 그게 바로 신앙인의 올바른 믿음의 척도기 때문이다.

묵시와 아리랑

　창세기는 모든 역사의 시작과 기원을 기록한 책으로서, 신구약 계시의 발원지가 된다. 또한 전체구약의 열쇠임과 동시에 전 성경의 열쇠인 셈이다. 무엇보다 창세기 10장은 노아의 후손들에 의해 형성된 기원에 대한 기록이 담아 있다.

　　셈은 에벨 온 조상이요 야벳의 형이라 그에게도 자녀가 출생하였으니. 셈의 아들은 엘람과 앗수르와 아르박삿과 룻과 아람이요. 아람의 아들은 우스와 훌과 게델과 마스며. 아르박삿은 셀라를 낳고 셀라는 에벨을 낳았으며. 에벨은 두 아들을 낳고 하나의 이름을 벨렉이라 하였으니 그때에 세상이 나뉘었음이요 벨렉의 아우의 이름은 욕단이며(창10;21-25)

　이는 특별히 셈의 셋째 아들 아르박삭의 손자 에벨의 혈통이 하느님께로부터 선택된 종족이라는 것이다. 선택의 계통을 따져보면 셈-아르박삭-셀라-에벨의 하나님으로서, '벨렉 자손'과 '욕단 자손의 하나님이신 것이다. 욕단의 후손은 아벨의 혈통으로 엄연히 신적 선택을 받은 하느님의 백성이다. 따라서 히브리 민족은 에벨로부터 두 가계, 곧 벨렉과 욕단 계통을 잇는 자손으로, 벨렉의 후손은 명시적 하나님의 자손이요, 욕단의 후손은 '묵시적 언약 백성'임을 알 수 있다. 아울러 계시록과 아리랑을 연관 지어 살펴보기에 앞서 아리랑의 유래에 대해 고찰해 보면 무소부재하신 하나님의 뜻을 감지할 수 있다.

하느님은 어느 시대나 배교가 극심할 때 참된 믿음을 지닌 소수의 무리를 항상 남겨 두셨다. 그들은 '남은 자(the Remnant)'라고 하는데 욕단 족속이 바로 이 시대의 '남은 자' 였다.

그런데 놀라운 사실은 한민족의 애환이 담긴 아리랑이란 노래가 바로 욕단 후손들이 즐겨 부른 찬송가라는 점이다. '아리랑'은 '알이랑' 으로써 즉 '하느님과 함께'의 의미를 담은 하나님을 향한 애틋한 노래였다. 아리랑이야말로 배달민족의 역사적 사연을 간직한 찬송가로 셈족의 직계인 욕단이 바로 단군의 시조이다.

무엇보다 욕단은 홍수 후 하나님을 섬기는 믿음을 포기하지 않았고 그러기에 험준한 산악지대를 넘어가면서도 끝없이 '알이랑'을 불렀다. 그들은 유일신 신앙을 보존하고자 새 땅을 찾아 알이랑 고개를 넘어 동방의 아시아로 멀리 이동했다.

벨렉의 후손들은 동방으로 옮기다가 서방에서 바벨탑을 쌓고 거기서 안착했지만 한국인의 선조인 욕단 족속은 '알이랑'을 찬송하면서 '하느님과 함께' 계속해 동방으로 이동했다. 따라서 '알이랑' 은 욕단 족속의 중앙아시아와 시베리아를 거치면서 이곳 동방에 오기까지 끊임없이 불리어졌던 찬송가 였다. 따라서 아리랑은 겨레의 역사 노래로서 우리의 먼 조상들이 이 땅에 정착하기까지 끊이지 않고 불러왔던 이별의 아픔과 작별의 슬픔을 찬송으로 승화시킨 노래였다.

아리랑 아리랑 아라리요. 아리랑 고개를 넘어간다. 나를 버리고 가시는 님은.
십리도 못가서 발병난다.

따라서 하늘민족인 욕단 가계의 이 노래만큼 기쁠 때나 슬플 때나 우리 민족의 애환을 달래 온 노래도 없다. 실로 아리랑만큼 아득한 옛날부터 지금에 이르기까지 남녀노소 할 것 없이 누구나 불러도 싫증나지 않은 노래다.
아리랑의 어원을 살펴보려면 우선 성경에서 그 근원을 찾아봐야 한다.
창조주 하나님께서 동방 에덴에서 천지를 창조하셨다. 그러나 인간이 패역하여 노아 때 물로 세상을 쓸어버리시고 나서 홍수 후, 배가 정착한 곳이 바로 서방 아랏산이다.
아라랏 산은 터키 동부 고원지대에 위치한 산인데, 노아로부터 일신신앙을 계승한 셈은 자신으로부터 일신신앙을 상속한 그의 셋째 아들 이름을 아르박삭이라 지었다. 아울러 아르박삭의 증손자로서 에벨로부터 셈계의 일신신앙을 계승한 욕단은 자신의 맏아들의 이름을 알모닷이라 지었다. '알'은 주로 셈계통의 민족들에게 그들의 신을 나타내는 말로 쓰여져 지금까지 내려오고 있다. 유대인은 '엘(el)'이라고 쓰고 있는데 아랍인들은 그들이 믿고 있는 신의 이름을 '알(알라)'이라고 부른다. 특히 한국인은 아직도 창조주 하느님을 '한울님'이라 부른다.
엘(EL), '얼', '알' 과 같은 말들은 바로 이 '알'의 변음이다. 우리 조상은 이와 같이 아주 오랜 옛적부터 여호와를 하느님으로 부르며 예배했다.
욕단의 후손인 한민족의 선조들이 '메사'에서 '스발'을 향해 긴 여행을 시작하면서 불렀던 아리랑은 이와 같이 겨레의 노래이며 인류 최고의 가장 오래된 찬송가였던 것이다.

한국인의 선조들은 바이칼 호수를 거쳐 동쪽으로 계속 이동하다가 마침내 아시아 동녘에서 제일 높고 밝은 백두산에 이르러 배달 나라를 세웠다. 따라서 그들은 백두산 산정에 올라 창조주 하느님께 천제를 드렸다. 이와 같이 험준한 산악지대를 넘어오면서 부른 찬송가가 바로 아리랑이다.

알이랑 알이랑 알알이요. 알이랑 고개를 넘어간다.

알(EL)이랑은 '하느님과 함께' '하느님과 함께' '하느님과 함께' 하느님이요. '하느님과 함께' 고개를 넘어간다.

나를 버리고 가시는 님은,

'하느님을 섬기는 나를 버리고 가는 님'으로서 알이랑 고개를 넘어 간다의 바로 앞에 '하느님과 함께' 고개를 넘어간다는 뜻이다.

십리도 못가서 발병난다.

'십리도 못가서 발병난다'는 것은 나를 버리고 가시는 님에 대한 악담이나 저주가 아니고, 발병이 나서라도 더 떠나가지 못하고 나의 품으로 다시 돌아오라는 회귀원망의 연정을 노래한 것이다. 이는 창조주 하느님에 대한 믿음을 버린 자들을 향해 다시 순수한 하느님 신앙으로 되돌아 올 것을 사랑으로 촉구한 노래이다.

이렇게 겨레의 노래 '알이랑'은 '하느님을 위한 열정'과 잃은 자를 위한 연민이 배어 있는 노래로서 하느님을 섬기든 자들의 찬송이며 믿음의 고백이다. 또한 창조주 하느님을 섬기던 고대 한국인이 이 땅에 오기까지 수많은 언덕과 산과 숱한 고원들을 넘으면서 부르고 찬양한 노래였다.

또한 천국백성들의 옷은 모조리 흰옷인데 배달민족 백성들도 백의민족답게 모두가 흰옷을 입고 살았다. 이와 같이 여호와 하나님께서는 셈족의 진정한 장자인 욕단 가계를 광명의 본원지인 동방의 땅 끝 '스발'로 탈출시켜 천국을 닮은 이상향을 세우셨던 것이다. 이것이 알이랑 민족 우리 한국인의 원형이다. 말세에 욕단계 선민 한국인을 통해 다시 회복시킬 것을 염두해 두고 남긴 소수의 남은 자였다.

벨렉계 유대인들은 열심히 우상을 섬기고 있을 때 이와 같이 욕단계 한국인은 아시아의 동쪽에서 제천의식을 통해 열심히 유일신 하느님을 섬기고 있었다. 그래서 우리나라 제사 예복이 구약의 레위기 옷과 같을 뿐 아니라 사람이 죽으면 입는 삼베옷 또한 계시록의 세마포와 같다. 한국인의 직계 선조인 욕단 족속은 그 숱한 고개들을 넘어갈 때마다 '알이랑' 고개인 '하느님과 함께' 넘어간다며 찬송하면서 이와 같이 믿음으로 전진했다.

이름(稱) 속에 담긴 의미는?

하나님께서 천지를 창조하시면서 가장 먼저 하신 일이 이름을 짓는 일이었다.

그 이유는 말(성경)이 영(하나님)이니까. 따라서 모든 이름 속에는 하나님의 영(말씀)이 들어 있다. 즉 하나님의 계획과 섭리가 들어 있기 때문에 이름이야말로 매우 중요하다. 따라서 하나님께서 창세기 1장에 만물마다 그 각각의 이름을 지어 놓고 그 이름들에 호칭을 명확하게 구분지어 구별시켜 놓으셨다.

> 하나님이 가라사대 빛이 있으라 하시매 빛이 있었고. 그 빛이 하나님이 보시기에 좋았더라 하나님이 빛과 어두움을 나누사. 빛을 낮이라 칭하시고 어두움을 밤이라 칭하시니라
> (창1;3-5)

하나님께서 빛을 낮이라 칭(이름)하시고 어두움을 밤이라 칭(이름)하셨다. 칭(稱) 자체가 일컫는다는 뜻이다. 따라서 모든 성경은 일컫는다는 '칭(이름)'에 초점이 있다.

하나님이 가라사대 물 가운데 궁창이 있어 물과 물로 나뉘게 하리라 하시고. 하나님이 궁창을 만드사 궁창 아래의 물과 궁창 위의 물로 나뉘게 하시매 그대로 되니라. 하나님이 궁창을 하늘이라 칭하시고. 하나님이 뭍을 땅이라 칭하시고 모인 물을 바다라 칭하시니라. (창1;6-8.10)

이와 같이 모인 물을 바다라 칭(이름)하시고, 뭍을 땅이라 칭(이름)하시고, 궁창을 하늘이라 칭(이름)하신 게 바로 이름(하나님의 뜻)이다. 칭(이름)하심 속에는 하나님의 엄청난 비밀들이 들어있다. 따라서 이름 자체의 글자의 '이'는 '이것을' 가리키는 것이고 '름' 속에는 '름'은 '이르는 말'의 뜻을 담고 있다. 그러므로 예수님도 부활하신 후 제자들에게 아버지와 아들과 성령의 이름으로 세례를 주라고 하셨다.

그 이유는 하늘과 땅의 모든 권세를 갖고 계신 주님이 세상 끝 날까지 우리와 항상 함께 있으실 것이기 때문에 그런 분부를 하셨다, 그래서 삼영(三靈:성부, 성자, 성령)의 이름으로 세례를 주라 하셨다. 그러면 우리의 모든 기도를 하나님께서 판단하시고 들어주신다는 거다.

이와 같이 이름에는 하나님의 명령과 하나님의 이르신 말씀이 이름 속에 전부 함의 되어 있다. 아담이 아내의 이름을 '하와'라 이름 지어 주자 '산 자의 어미'가 되었고, 그러자 하나님께서 가죽옷을 지어 입혀주셨다.

아담이 그 아내를 하와라 이름하였으니 그는 모든 산 자의 어미가 됨이더라. 여호와 하나님이 아담과 그 아내를 위하여 가죽옷을 지어 입히시니라(창3;20)

아울러 '옷을 입힌다.'는 말씀(이름) 속에는 '가리운다' 즉 허물을 가리운다는 뜻이 내포 되어 있다. 따라서 '옷을 입히고'의 이 한 단어 속에 어둠에 거할 때 빛이 이르면 어두움이 가리 운다(물러간다)가 담겨 있다.

그러므로 모든 글자(이름) 속에는 하나님의 영(靈)이 들어 있다. 궁창을 하늘이라 칭(이름)하시고 아담은 자기 아내의 이름을 '하와'라 이름 지었고, 하나님은 하와를 '여자'라 칭(이름)하셨다. 따라서 여자(교회)라고 칭하신 그 이름 속에 하나님의 비밀이 있다. 그러므로 하나님의 백성들이 이름을 잘 지어주면 그들이 산 자가 된다.

아담이 지어준 이름은 짐승이라 죽은 이름들이다. 그러나 하나님이 지어주신 이름은 생명력이 있어 살아 움직인다. 그래서 이삭은 태어나기도 전에 하늘에서 먼저 지어준 이름이다. 따라서 이삭의 이름의 뜻은 '비웃음'의 뜻이지만 본질적으로 산자의 이름으로 생명을 이어가는 이름이다. 그러나 이스마엘은 인간 측의 노력으로 탄생된 인물이다. 그러기 때문에 그 어미의 울부짖음을 듣고 이스마엘(하나님께서 들으심)의 탄생을 허락하신 것은 하나님의 택한 아들(이삭)과 유기된 자(이스마엘)의 양자 구도를 뚜렷하게 구별하기 위해 허락하신 생명이고 그에 따른 이름이다.

이삭의 아들인 야곱의 이름은 그 아비가 지어준 이름으로 그 뜻은 '발꿈치를 잡다', 또는 '속이는 자'다. 아울러 에서의 이름의 뜻은 '붉고 털이 많음'이다.

하나님께서 왜 야비하고 거짓투성이의 삶을 살았던 차자인 야곱을 끝까지 사랑하고 그나마 남자답고 씩씩하며 효심마저 끔찍했던 장자인 에서를 끝까지 유기시켜 버리셨는가?

결론부터 말하면 세상 속에서의 행위로는 절대 인간을 악하게 만들 수도 없고 선하게 만들 수도 없다는 것을 이들의 이름을 통해 알게 하기 위해서다. 즉 '에서'는 장자의 명분을 고작 붉은 팥죽 한 그릇에 팔정도로 경홀히 여겼고, '야곱'은 '에서'의 장자의 명분을 획득하기 위해 아버지를 속여 가면서까지 형의 장자권을 가로챘다. 이와 같이 '야곱'이나 '에서'의 이름 속에 그 뜻이 함의되어 있음을 확인할 수 있다.

  인간이 지은 '야곱'이란 이름을 바꾸어 주므로 야곱이 '이스라엘(교회)'로 환골탈퇴하면서 교회들이 탄생했다. 그게 성경에서 나타내고자 하는 이름의 의미고 실체다.

성서의 이름에는 하나님의 섭리가

　우리 삶에 닥치는 시험이나 흉년은 거의 죄의 증상들로 인해 발생하는 일들이 대부분이다. 그렇지만 하늘백성들한테의 시험과 흉년은 이와는 매우 다르다. 이들은 창세전에 창조의 목적과 함께 이미 정해진 하나님의 백성들로 이루어진 하나님의 사랑하는 자들이다. 그러기 때문에 이들이 하나님의 뜻을 따르지 않고 세상적인 일에 마음을 빼앗기고 살게 되면 가차 없이 그 모든 것들을 빼앗아 버린다. 처음엔 작은 매질로 시작되었다가 그래도 듣지 않으면 차츰 그 매질의 수위가 높아져 그 다음은 죽지 않을 만큼 더 큰 매질로 다스리신다.
　이름도 마찬가지다. 흉한 이름 때문에 자신의 삶이 힘들고 고통스럽다는 것을 알았을 때, 그 고난 또한 구원의 도구로 주신 하나님의 뜻이라고 생각해 기꺼이 감내하겠다는 믿음이라면 모르지만, 그 고난이 견디기 힘들어 하나님께 자신의 문제 해결을 위해 기도하는 사람이라면 차라리 좋은 이름으로 개명하는 것이 믿음생활에 훨씬 도움이 된다.
　그래서 성경에 등장한 인물들이나 성경 책 이름조차도 그에 합당한 이름들로 지어진 것이다. 왜냐하면 그 이름 속에 하나님의 계획과 섭리가 들어 있기 때문이다.

따라서 다윗의 아들 솔로몬 이름의 뜻은 '평화의 왕' 이라는 의미다. 이는 솔로몬의 겸손함과 백성을 공의롭게 다스리려는 마음을 하나님께서 아셨기에 생전에 평화를 주실 것에 대해 '솔로몬'이란 이름으로 대신 하셨다. 그리고 솔로몬이 성전을 건축할 것에 대해 그 아비 다윗에게 언급하셨지만 그에 반해 솔로몬이 이방여자들을 좋아하여 그들의 신에게 우상숭배 할 것도 미리 알고 계셨다. 그래서 하나님께서 예수님이 재림하여 새로운 성전을 세우실 것을 말씀하신 것이 바로 '솔로몬'이란 이름 속에 그 뜻이 다 담겨 있다.

그렇다면 성경 저자들의 이름 속에 무슨 뜻이 담겨 있는지 신약부터 살펴보자.

마태의 이름의 뜻은 '하나님의 은혜'
마가의 뜻은 '여호와는 은혜로우시다.'
누가의 뜻은 '총명하다, 빛나다.'
요한의 뜻은 '여호와는 은혜로우시다.'
빌립의 뜻은 '말(horses)을 사랑하는 자'
골로새의 뜻은 '버림'
데살로니가의 뜻은 '데쌀리의 승리'
디모데의 뜻은 '하나님을 영화롭게 하는 자, 하나님을 찬양하는 자'
디도의 뜻은 '공경하다'
빌레몬의 뜻은 '사랑을 간직한 자'
히브리의 뜻은 '강을 건너온 사람'
야고보의 뜻은 '발꿈치를 잡다'
베드로의 뜻은 '반석, 돌, 바위'

유다의 뜻은 '찬양(감사, 신앙)하다, 찬송(하나님은 찬송을 받을지어다)'

아울러 구약의 이름을 살펴보면 다음과 같다.
레위의 뜻은 '연합하다, 결합하다'
민수기의 뜻은 '수를 세다'
여호수아의 뜻은 '예수, 호세아, 하나님이 구원 하신다'
룻의 뜻은 '아름다움, 친구, 우정, 자손'
사무엘의 뜻은 '기도하여 얻은 아들'
에스라의 뜻은 '도움'
느헤미야의 뜻은 '여호와께서 위로 하셨다.'
에스더의 뜻은 '별, 처녀'
욥의 뜻은 '울부짖는다, 핍박받는다, 회개한다, 사랑을 입는다, 원한다'
아가의 뜻은 '노래들 중에 노래'
이사야의 뜻은 '여호와께서 구원하신다.'
예레미야의 뜻은 '여호와께서 높여 주신다. 세우신다. 들어 올리신다'
에스겔의 이름의 뜻은 '하나님께서 강하게 하신다'
다니엘의 이름의 뜻은 '하나님은 나의 심판, 지혜로운 자'
호세아의 뜻은 '여호와께서 구원하신다.'
요엘의 뜻은 '여호와께서 하나님이시다.'
아모스의 뜻은 '주님을 짊어진 사람, 무거운 짐진 자, 양심이 있는 양치기'
오바댜의 뜻은 '여호와의 종'
요나의 뜻은 '비둘기'
미가의 뜻은 '누가 여호와와 같은가?'

나훔의 뜻은 '위로하는 자, 인정 많은, 위로, 동정'
하박국의 뜻은 '포옹하다, 껴안은 자, 박하'
스바냐의 뜻은 '여호와는 감추심, 여호와께서 비축해(숨겨)두셨다.'
학개의 뜻은 '축제, 명절, 즐거움'
스가랴의 뜻은 '여호와께 기억된 자'
말라기의 뜻은 '나의 사자'

무엇보다 구약의 마지막 책이 말라기다. 이는 '내가 나의 사자를 보내리라'이다. 즉 인간 스스로는 절대 회개가 되지 않는다는 것을 폭로하시고 구약의 문을 닫으면서 하나님의 사자를 보내겠다는 하나님의 선포다. 그러면서 마태로 문을 여시면서 첫 포문으로 예수의 족보가 등장했다. 족보에는 하나님의 뜻과 계획과 섭리가 고스란히 담겨 있다는 것을 나타내기 위해서다.

따라서 이러한 이름들을 대략적으로 간추리면 나훔의 이름은 '위로'라는 뜻이다. 그래서 나훔서의 내용을 보면 이스라엘이 심판 속에서도 위로를 받을 것이란 내용이 들어 있다. 학개는 축제, 잔치, 절기라는 뜻이다. 따라서 학개서는 성전이 재건되고 축제의 잔치가 열리며 성전에서 절기를 지키는 일들이 기록되어 있다. 스가랴는 '하나님이 기억하심'이란 뜻이고 요나는 어리석은 비둘기(성령)라는 뜻이다.

뿐만 아니라 인류를 다루시는 하나님의 성품에 따른 다양한 이름이 구약성경 안에서 자세히 밝히고 있다. 즉 야훼, 하나님, 여호와, 엘로힘, 아도나이, 엘샤다이, 엘(EL), 여호와 샬롬, 여호와 삼마 등 이러한 하나님의 여러 이름들은 각각 하나님의 성품과 양상을 계시하여 밝혀주고 있다. 그 이름들의 의미와 중요성은 구약시대뿐만 아니라 오늘날에도 마찬가지이다.

그만큼 이름에 나타나는 모든 이름 속에는 하나님의 뜻과 섭리가 고스란히 우리에게 전가되고 있다.

　이러한 연유로 성경에서의 이름들을 연구해 나아갈 때 구약시대에 나타난 여호와 하나님의 다양한 이름들뿐만 아니라, 신약시대에 예수님의 다양한 이름 속에서도 그 하나님의 섭리를 느낄 수 있어야 한다. 즉 임마누엘. 메시야, 그리스도, 퀴리오스, 호산나 등의 호칭에서 그분의 인격과 사역 안에서 그 각각의 이름들이 온전히 나타났을 뿐만 아니라 하나님의 뜻과 섭리가 숨어 있다.

　성경에서의 이름에 하나님의 뜻과 섭리가 담겨 있듯이, 이 세상 부모들 또한 자식을 향한 염원과 바람을 이름 안에 똑같이 담고 싶어 한다는 점이다. 그런 부모들의 마음을 누구보다 목사인 내가 성경을 통해 너무나 잘 알고 있기에 교회들한테 이름에 대한 중요성을 언급하고 있는 것이다.

　모든 소리에는 그 소리만이 갖고 있는 파동의 에너지가 있다. 천지창조가 바로 하나님의 '가라사대'의 말씀(파동)에 의해 만물이 창조되었듯이, 구성성명학 또한 입에서 불리워지는 파동의 에너지에 따라 그 소리에 담겨 있는 기운이 당사자한테 고스란히 전달되는 운명의 실체라 할 수 있다.

　그러기 때문에 이름이 흉하면 흉한 기운 그대로 전달되고, 좋으면 좋은 기운 그대로 당사자한테 전달되는 것이 파동의 힘인 구성성명학의 이름의 본질이다. 하나님의 이르신 말씀이 이름 속에 고스란히 담겨 있는 이름의 뜻을 교회가 성경을 통해 알고 있다면, 오늘날의 이름 또한 가볍게 여겨서는 안된다.

신앙생활에는 개명이 도움을

　머리숱이 없는 대학생 남자가 있었다. 이 학생은 고민 끝에 방학이 되자 힘들게 아르바이트해서 번 돈으로 마침내 머리를 심는 수술을 받게 되었다. 거울을 본 대학생은 정말로 몰라보게 많아진 그의 머리숱을 보고 너무 기뻐 그날로 당장 어머니가 계시는 시골집으로 달려갔다. 집에 이르자 대문을 힘차게 열며 크게 외쳤다.
　"어머니, 제 머리 좀 보세요. 이젠 더 이상 머리 때문에 걱정 안 하셔도 돼요. 기쁘시죠?"
　그런데 그렇게 평소 아들의 머리숱이 적어 걱정만 하던 어머니가 기쁜 내색을 하지 않고 조용히 말했다.
　"애야, 너 영장 나왔다"
　혹여 라도 우리의 신앙생활이 이 학생과 같지 않은지 한번쯤 곱씹어 봐야 한다. 지옥 가는 것이 두려워 열심히 노동해서 원하는 것을 얻었다고 생각했는데 그게 도로 아미타불이 된다면 어떻게 되겠는가?
　어떤 스님(교인)이 모든 중생을 제도(선교)하겠다는 대원(大願)

을 품고 성불(십일조)하므로 극락(천국)에 간다고 믿고 열심히 수행정진(구제와 봉사)을 했는데, 훗날 영계의 세계에 가서 그게 헛것임을 알고 지옥에 떨어졌다면 얼마나 억울하고 분한 심정이겠는가?

그러기 때문에 목사라면 설교단상에서 우리의 죄를 지적하고 어떤 것이 하나님의 심판인가를 정확하게 전달해야 한다. 그리고 그걸 덮어 버리는 하나님의 은혜(십자가)가 어떻게 우리에게 전가되어 구원이 되는지를 성경말씀을 통해 대언만 해야 한다.

대부분의 사람들은 교회만 가면 그게 신앙생활인 줄로 착각한다. 그러니까 내 자식을 잘 가르쳐주고 내 자식이 좋아하는 프로그램을 많이 만들어 즐겁게 해주는 교회는 무조건 최고라 생각한다. 그렇지만 이걸 분명하게 깨달아야 한다. 그 사람이 정말 하나님 자녀가 맞다면 하나님은 그 사람한테 분명히 손을 대실 거다. 맘몬(물질, 자식, 명예, 인기, 재능 등)과 하나님을 동시에 섬길 수 없기에 하나님은 그런 상태를 끝까지 보고 있지 않으신다. 그 자식을 치므로 은혜가 무엇인지를 가르쳐 주기 위해 하나님께서 직접 손수 끊어내신다는 사실이다. 그게 바로 하나님의 징계다.

대부분의 사람들은 자기의 의와 평판과 인기를 위해 교회에 앉아 있다. 그들은 전부 율법에 사로잡혀 선교도 하고 구제도 하고 헌신도 죽어라 한다. 그래야 자신들의 자존심이 추켜세워지고 명분도 뚜렷하게 생기기 때문이다.

인간은 명분을 주면 목숨도 아끼지 않고 버린다. 그렇지만 복음은 그런 게 아니다. 자신의 연약함을 알고 힘이 없는 존재임을 처절히 깨달아 하나님께만 의존하는 것을 믿음생활이라 한다. 교회에서는 그걸 덮고 가시는 하나님의 은혜와 긍휼과 사랑을 성경말씀을 통해 배우는 거다. 그런데 그걸 제대로 가르치는 교회가 얼마나 되는가?

 오늘날의 교회는 십일조 꼬박내고 구제와 봉사와 선교와 주일 잘 지키면 그걸 신앙생활이라 착각한다. 그런 것은 정확하게 말하면 종교생활이지 믿음생활이 아니다. 그런데 교회들이 왜 그런 것에 목숨 걸고 지키려고 노력하는가?

 이유는 간단하다. 천국 가는 티켓을 사기위해 미리 보험 들고 보험료 지불하기 위해서다. 안 가면 왠지 찝찝하고 두려우니까 그거라도 내고 앉아 있으면 맘이 편하다. 그런데다 마침 내가 듣기 좋아하는 말들만 골라서 해주니까 거기에 위안을 삼고 매달 꼬박꼬박 보험료(십일조) 이외에 건축헌금도 척척 투척하는 거다. 그래야 복 많이 받는다고 하는데, 그깟 건축 헌금 많이 내고 또 그에 따른 상급으로 많이 받으면 밑지는 장사는 아니라고 생각해서다.

 성경에서의 사랑이 뭔지 아는가? 내가 마음 아파도 참고 인내하며 그를 살려내는 걸 사랑이라 한다. 모든 인간들이 집착을 하면서 그걸 사랑이라 착각하고 있다는 점이다.

 그러기에 성경을 읽고 복음을 알아들어야 믿음이 생기고, 믿음이 발휘 되어야 이 땅의 것에 연연하지 않고 예수(십자가의 삶)만 좇을 수 있다. 그러려면 하나님(말씀)만을 간절히 사모해야 한다. 그리되었을 때 구구절절이 써 놓으신 하나님의 연애편지(성경)가 바로 나를 위한 사랑의 고백임을 깨닫게 된다. 그동안 부흥사들한테 들었던 엉터리 복음 같은 것들은 다 버려야 성경(말씀) 안에서 하나님(말씀)을 만날 수 있다.

 하나님의 말씀이 심령 안에 심겨진 자들만이 천국행 티켓이고, 그 외는 전부 멸망하는 짐승(거짓목사)으로 지옥행 티켓이다.

 그러기에 심판과 구원을 분류하여 구분시키기 위해 창조 시에 하나님께서 피조물들에게 각각의 이름을 지어 주셨다. 이는 곧 모든 만물을 하나님께서 직접 통치하고 관리하신다는 것을 의미하는 것이다. 그래서 유독 아담만 하나님의 형상을 따라 지음을 받았다. 그러므로 '하나님의 형상'(image of God)이란 개념 속에는 하나님께서 직접 지으신 '사람'이란 이름 속에 잘 녹아져 있다.

그러기 때문에 다윗(예수)이란 이름 속에 하나님의 뜻과 계획(십자가)이 담겨 있기에 당시 왕이었던 사울보다 다윗의 이름을 더 귀히 여겼다.

하나님께서 이름을 부여해주는 것에는 재산권이나 책임권을 수여하는 권위적인 행동과 함께 하나님의 통치권을 나타내신다. 그러기에 성경에서의 모든 이름에는 그 이름의 당사자나 혹은 어떤 대상물에 대한 보호의 의미도 함의하고 있다. 따라서 교회라면 이러한 이름의 중요성을 인지하고 세상 부모들이 지어주는 이름 또한 가볍게 여겨서는 안된다. 왜냐하면 불러주는 이름 속에 파동의 기운이 당사자한테 고스란히 전달되기 때문이다. 그러므로 미래에 대한 불안이나 궁금증을 조금이나마 해결해 보고자 하는 마음이 있다면 그게 바로 개명이라 생각한다.

그래야 평안한 가운데 온전히 말씀만을 상고하고 영생을 위한 기도만을 할 수 있다. 그래서 개명하고 안정적인 생활을 찾는 것이 신앙생활에 도움이 된다고 반복해 강조하고 있는 것이다. 따라서 교회들이야말로 하나님의 말씀을 알아가기 위한 노력의 일부로 개명을 한다면 그것만큼 믿음생활에 떳떳하고 당당한 것은 없다.

책을 마치면서

　가지지 못한 것에 대한 갈망보다 가지고 있는 것을 소중하게 여기는 마음이 중요하다. 최고의 자리에 있으면서 최고의 것을 탐하지 않는 안분지족(安分知足)하는 마음을 가진 사람만이 최상의 행복을 누릴 수 있다. 그런 사람들은 어디에도 흔들리지 않는다.
　무엇보다 완전한 인간은 하나도 없다. 흔히 말해 완전무결한 사람이 없다면 누가 누구를 나무라며 돌을 던질 수 있겠는가? 그러나 세상 사람들은 서로 상대방을 평할 때 자기 기준으로 평하기 때문에 오해를 불러일으키는 일이 허다하다. 그렇지만 어떤 면에서는 다소 결점이 있는 사람이 다른 면에서는 엄청난 능력을 발휘하는 경우가 있고, 어떤 면에서는 장점을 가지고 있는 사람이 다른 면에서는 놀랄 만큼 수준 이하의 행동을 하는 사람들도 있다. 학교 다닐 때 우등생이 사회에서도 우등생이 되라는 법은 없다. 학교에서는 열등생이 도리어 사회에 나오면 현실에 안주하지 않고 거친 세파를 헤쳐 나가므로 성공하는 예가 더 많다. 모든 일에 적극성을 띤다는 것은 알게 모르게 열등의식을 탈피하기 위해 나름대로의 노력을 힘껏 기울이기 때문에 열등생이 오히려 인재가 될 수 있다는 말이다.

이름도 이런 맥락에서 같다고 본다. 노력(개명)하면 열등인생을 우등인생으로 충분히 전환 할 수 있다. 다시 말해 좋은 이름을 가진 사람은 흉한 이름을 가진 사람에 비해 그만큼 성공의 폭도 넓어질 수 있다는 뜻이다. 대개의 경우 좋은 이름을 가진 사람들은 건강을 잃거나 수명이 짧은 사람이 없거니와 성공하지 못한 사람도 드물다. 그런데 대부분의 사람들이 우리 구성성명학을 몰라 자기가 왜 힘들게 사는지를 모르고 살아가고 있다. 다시 말해 자기 이름에서 발현되는 기운에 어떤 흉한 작용을 하는지 제대로 알지 못해 삶의 풍파를 수없이 겪고 산다.

소리에 의해 나타나는 파동의 힘이 그대로 태어난 연도와 사주상의 육친의 기운과 서로 상호작용하면 그대로 그 사람의 운명을 창출해 낸다. 그러므로 이름에서 나타난 뜻 그대로가 그 사람의 운명과 부합된다.

좋은 이름을 사용한다는 것은 흔들리지 않는 가정과 건강, 안락한 행복을 누릴 수 있는 미래를 창출해 내는 개운의 요체가 된다. 그런 사람들은 억지로 밝게 꾸미지 않아도 환한 표정에서 그 사람의 마음을 대신해 준다. 그래서 논어에 이르기를 달콤한 말과 좋게 꾸민 얼굴에는 인(仁)이 드물다고 했다.

그런 점에서 규보스님의 밝은 표정에서 언제나 인(仁)을 느끼곤 한다. 뵐 때마다 느끼는 감정이지만, 당신이 한번 옳다고 생각하면 어디에도 걸림이 없이 최선을 다하는 모습이 항상 보기 좋았다.

그래서 규보스님을 알게 된지 얼마 되지 않았지만 그런 모습 때문에 사단법인 한글구성성명학회를 과감하게 맡길 수 있었던 것도 그런 연유에서다. 옳고 그름의 한계를 스스로가 분명하게 꿰고 있는 분이기에 사업법인 다지음과 사단법인 한글구성성명학회를 분리하기로 마음먹은 것도 그분의 그런 모습을 보고 내린 판단이다.

왜냐하면 앞으로 사단법인에서 해야 할 일이 너무나 많다. 우선은 '한글학회'를 시작으로 다지음 대학을 설립할 계획을 갖고 있다. 한글성명학을 세계적으로 알리기 위해선 '한글'이란 소리음을 이름을 통해 널리 알려할 필요성을 느꼈고, 그런 추진력에 있어서 규보스님만한 적임자가 없다고 생각했기 때문이다.

우리는 마땅히 해야 할 일, 또는 옳은 일에 최선을 다해 정성껏 하는 사람들한테 아낌없는 찬사를 보낸다. 반대로 부질없는 욕심 때문에 이것저것 벌여만 놓고 마무리를 못하는 사람들을 보면 혀를 끌끌 찬다. 능력도 되지 않으면서 욕심만 많은 사람들은 자신은 물론 주변까지 망치게 한다. 그래서 부질없는 욕심처럼 허망한 것은 없다. 모든 일에는 그에 따른 뚜렷한 목적과 명분이 수반되어야 가치 있는 성과가 창출된다.

사업법인을 처음 설립할 때 이미 소리음인 한글을 통해 다지음을 세계적인 기업으로 성장시킬 계획을 갖고 그동안 줄곧 준비해 왔다. 그래서 사단법인 한글구성성명학회도 설립했던 것이다.

이제 그때가 되었다고 생각해 규보스님과 함께 다지음의 '구성성명학'을 세계 속의 '한글성명학'으로 힘차게 키워나갈 생각으로 분주한 요즘이다.

솔향 가득한 강릉 본사 뜨락에서
예지연

부록

(사)다지음 한글구성성명학회 활동 계획

(주)다지음 가맹지사 모집

(주)다지음의 도서들

(사단법인) 다지음 한글구성성명학회 활동 계획

1. 법인 사업 계획
    가. 사업 목표
    - 한글구성성명학에 관한 학술연구
    - 한글구성성명학 교육 및 교육자료, 관련서적 발간
    - 한글구성성명학에 관한 학술강연 기타 회원 상호간의 친목 및 공익에 관한 사업
    - 기타 법인의 목적 달성에 필요한 사업

2. 사업기대 효과
    - 한글구성성명학 연구를 통하여 학회발전에 기반 조성
    - 구성성명학 분야 전문가 양성 및 교육을 통한 학회 대중화에 기여
    - 세미나 및 다양한 교육을 통한 학회 발전에 기여
    - 한글구성성명학 관련 출판을 통하여 학회보급에 기여

3. 사업추진 전략
    가. 교육내용
    - 훈민정음 해례본을 바탕으로 한글구성성명학 발전 방안 연구
    - 훈민정음 해례본에 나타난 음양 오행사상 연구
    - 훈민정음 해례본의 자음발음에 따른 한글구성성명학 연구
    - 발음오행의 다수설(술사오행) 및 소수설(정음오행)에 대한 연구

- 한글구성성명학의 체계 정립 및 발전 방안연구
- 한글구성성명학의 효율적인 보급 방안 연구

나. 한글소리작명법(한글구성성명학) 박사논문 발간

4. 한글구성성명학 전문가 양성교육 과정

   가. 한글구성성명학 대중화를 위한 상담사 양성교육

      교육과정 : 총 20시간(연장수강 10회 가능)

      인　　원 : 1회당 20명

      교육방식 : 온라인 강의(ZOOM) 및 오프라인 강의

      수 강 료 : 330만원(부가세 포함)

      시　　간 : 매주 화요일 (ZOOM 강의)

               통변(오전 11시-13시)

               기초(오후 15시-17시)

      강　　사 : 예지연 or 강의권이 있는 지사

5. 정기 모임 및 세미나 개최

   가. 회원기준
- 다지음 지사회원(다지음 가맹지사 계약자)
- 다지음 상담사회원(다지음 작명상담사 자격증 소지자)
- 일반회원(구성성명학에 관심 있는 자)

   나. 정기모임
- 한글구성성명학의 발전 방안 토론
- 애로사항을 수렴하여 관련기간 건의
- 한글구성성명학의 발전 방향을 모색

- 다양한 공동 사업 추진 기반 마련
  (정기모임 전체 년 1회. 지역별모임 년 1회)

다. 세미나 개최
- 한글구성성명학 관련 연구 및 동향 관련 세미나
- 한글구성성명학 발전을 위한 정보 제공
- 구성성명학 최근 연구관련 정보제공
- 구성성명학 체계 정립 및 위상 강화를 위한 다양한 발전방안 마련(년 1회)

라. 모임 및 개최 장소
- 강릉 다지음연수원(전체모임 및 지역별 모임)

마. 참가비
- 지사(3만원)
- 연구원(3만원)

6. 도서출판 다지음 출판등록에 따른 계획

가. 한글구성성명학회 홍보서적 출간
- 국내외 인기 성명학 분야 교재 출간
- 일반인도 혼자서 익힐 수 있는 흥미유발의 서적
- 다양한 분야에서 활용 가능한 서적 출간

나. 전국서점의 효율적인 보급을 위한 방안
- 교보문고 구매 시(20% 할인혜택)
- 교보문고인터넷 구매 시(서점 10%. 다지음본사 10% 할인)
- 교보문고 구매 시 영수증(010-3024-0342) 문자로 발송

- 필히 구매자 할인금액 환급받을 계좌번호 기재
  - 도서출판 다지음서 구매서 정가 판매

  다. 교재 및 홍보물 제작

7. 회원모집 및 가입비
  가. 기존회원
  - 다지음 지사회원(다지음 가맹지사 계약자)
  - 다지음 상담사회원(다지음 작명상담사 자격증 소지자)

  나. 일반회원
  - 구성성명학에 관심 있는 모든 자

  다. 회원 가입비
  - 지사 - 매년 330,000원(1월 납부)
  - 연구원(작명상담사) - 매년 220,000원(1월 납부)
  - 일반 회원 - 매년 30,000원(1월 납부)

  라. 일반회원 확보를 위한 특전
  - 가입 시 다지음 출판서적 3권 무료증정
  - 강릉펜션 숙박무료이용

  * 농협 가입계좌 : 351-1185-0498-13
    예금주: 사단법인 다지음한글구성성명학회

(주)다지음 가맹지사 모집

1. 지사 자격 조건
    - 가. 다지음 작명상담사 민간자격증 취득자
    - 나. 전문대 이상의 학력 소지자
    - 다. 1970년 이후 출생한 자

2. 국내 150개 지사 한정모집
    - 가. 국내(잔여부분만 모집)
    - 나. 국외(미국, 유럽, 중국, 일본, 베트남, 필리핀, 러시아 등)

3. 다지음 가맹지사가 왜 좋은가?
    - 가. 적은 투자로 평생사업
    - 나. 고령화시대에 이상적인 사업
    - 다. 상호나 이름은 선택이 아니라 필수
    - 라. 세계적인 글로벌 사업
    - 마. 상표권, 저작권, 지식재산권의 독점사업

4. 가맹비 및 로열티
    - 가. 가맹비 : 11,000,000원(부가세포함)
    - 나. 로열티 : 매출 건당 10%(부가세포함)

가맹문의 1644-0178

사이트 : www.dajium.com
블로그 : https://blog.naver.com/yejiyeon7
youtube : 다지음tv
이메일 : yejiyeon7@naver.com

다지음의 도서들

『세계인도 놀라는 이름의 비밀』
도서출판 다지음. 값 18,000원

세계인들의 핫이슈가 되고 있는 유명인들의 이름을 풀이하므로 이름대로 살아가는 그들의 인생여정과 통일교가 개입된 아베의 피살사건과 푸틴이 벌이고 있는 우크라이나 전쟁이 등의 이유를 그들의 이름에 통해 세세히 밝혀 놓았다.

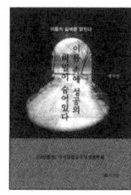

『이름 속에 성공의 비밀이 숨어 있다』
도서출판 다지음. 값 12,000원

구성성명학은 사주 푸는 원리를 그대로 성명학에 접목한 사주성명학이다. 그러므로 이름 석자만으로 당사자의 운명을 80%이상 유추해 낼 수 있다. 따라서 전국 지사들의 상당 사례와 함께 구성성명학이 왜 중요한가에 중점을 두었다.

『운명의 비밀이 이름(성경)에 있다』
도서출판 다지음. 값 12,000원

저자는 파동성명인 구성성명학을 국내최초로 연구 개발한 성명학자이자. 목회학 박사다. 이름에는 하나님이 이르신 파동(가라사대)의 에너지가 있다. 그만큼 강한 생명력을 소유하고 있기에 이름을 중히 여겨야 한다고 강조하고 있다.

『성경과 이름』
도서출판 다지음, 12,000원

교회가 믿음의 본질조차 모르는데 어떻게 우리(교회)한테 보내는 하나님의 연애편지인 성경을 이해할 수 있겠는가? 그래서 1부는 믿음에 초점을 두었고, 2부는 성경에서 말하는 '이름이란 무엇인가?'를 밝히는 데 주안점을 두었다.

『이름을 좋게 지으니 행복하더라』
도서출판 등대지기, 값 17,000원

사람이 태어나서 제일 첫 번째 받는 선물이 이름이고, 태어나서 죽을 때까지 가장 많이 불리는 것이 이름이다. 따라서 이번 책자는 이름의 중요성을 강조하기 위해 전국지사장들의 경험한 상담사례와 개명후기의 증언들로 담았다.

『성공하는 이름. 흥하는 상호』
도서출판 신지평. 값 25,000원

성공하는 이름이나 흥하는 상호 등을 통해 이름에 담긴 뜻과 의미를 풀어보므로, 이름 때문에 운세가 풀리지 않는다고 생각하는 사람, 잘못된 회사 이름 때문에 부도 위기에 처한 사람 등을 위한 개운 비법을 소개한 이론서다.

『이름이 성공을 좌우한다』
도서출판 강남출판사. 값 18,000원

이름이 성공을 좌우한다는 성명학자 예지연이 이름과 상호의 중요성에 대해 재미있는 사례를 들어 알기 쉽게 설명한 책이다. 유명인사들 즉 기업인, 스포츠인, 연예인 등의 이름과 운명의 상관관계를 분석하였다.

『누가 대권의 이름을 가졌는가!』
도서출판 신지평. 값 10,000원

성명학자 예지연의 세 번째 칼럼집이다. 이름이 운명에 얼마나 영향을 끼치는지를 구체적으로 알리고 있다. 먼저 유명 인사들의 이름과 운명의 상관관계를 분석하여 이름과 상호의 중요성에 대해 재미있는 사례를 들어 설명하였다.

『만복진결』
도서출판 삼원출판사. 값 25,000원

이 책은 학문적 지식이나 기법 없이도 조견표에 의해 쉽게 운세를 찾을 수 있는 획기적인 방식의 개인별 운명예언서다. 향후 2048년까지 자신의 매년 운세를 파악 할 수 있도록 구성된 비결서다.

『귀한사주, 천한팔자』
도서출판 강남출판사. 값 10,000원

운명의 네비게이션이 바로 역학이다. 나는 누구인가? 누구와 살 것인가? 무엇을 하며 살 것인가? 나는 왜 살고 있는가? 등 4부로 나누어져 있다. 마음의 풍경 소리를 듣고자 하는 이들에게 소중한 책이 되길 바란다고 한다.